딱.방

돈과 사람을 잇는
마법사 RM 이야기

딱.방

돈과 사람을 잇는
마법사 RM 이야기

지은이	제갈길(필명)
만든이	최수경
만든날	2025년 8월 1일
펴낸날	2025년 8월 7일
만든곳	글마당 앤 아이디얼북스
	(출판등록 제2008-000048호)
	서울 종로구 삼봉로 95 대성스카이 102/ 603
전　화	02)786-4284
팩　스	02)6280-9003
이　멜	madang52@naver.com
	jechanggil2@gmail.com
ＩＳＢＮ	979-11-93096-12-3(03320)

책값 19,800원

** 허락없이 부분 게재나 무단 인용은 저작권법의 저촉을 받을 수 있습니다.
** 잘못된 책은 바꾸어 드립니다.

| 추천사 1

저자의 생생한 경험담은
독자들에게 깊은 공감과 영감을 선사

박성택(산하그룹 대표이사 회장,
전 중소기업중앙회 회장)

존경하는 제갈길 저자의 신간 『닥.방-닥치고 방문 마케팅』 출판을 진심으로 축하합니다. 38년 은행 인생을 녹여낸 이 책은 단순한 영업 기술서가 아닌, RM으로서의 삶과 철학, 그리고 성공을 향한 뜨거운 열정을 담아낸 역작입니다.

1. 살아있는 RM의 교과서

이 책은 이론과 경험이 완벽하게 조화를 이룬, 살아있는 RM의 교과서입니다. 신입 행원 시절의 좌충우돌 경험부터 억대 연봉 RM, 그리고 리더로서의 성공 노하우까지, 제갈길 저자의 생생한 경험담은 독자들에게 깊은 공감과 영감을 선사합니다.

특히, '닥치고 방문 마케팅'이라는 독창적인 영업 전략은 RM이라면 반드시 새겨들어야 할 핵심 비법입니다.

2. 고객을 향한 진심, 따뜻한 금융의 실현

저자는 '고객의 주치의, 담임 선생님, 그리고 생명의 전화'가 되어야 한다고 강조합니다. 이는 단순히 금융 상품을 판매하는 것이 아니라, 고객의 삶에 깊이 관여하고 함께 성장하는 진정한 파트너십을 의미합니다. 고객을 향한 저자님의 진심은 따뜻한 금융을 실현하는 RM의 표본을 제시합니다.

3. 끊임없는 자기 계발, RM의 무한한 성장 가능성

저자는 끊임없는 자기 계발을 통해 RM으로서뿐만 아니라 한 인간으로서도 성장하는 모습을 보여줍니다. 퇴근 후 공인중개사 자격증 취득, 스피치 학원 수강 등 끊임없이 배우고 도전하는 모습은 RM의 무한한 성장 가능성을 보여줍니다.

4. RM을 꿈꾸는 모든 이들에게

이 책은 RM을 꿈꾸는 사람들에게는 훌륭한 길잡이가, 현직 RM들에게는 든든한 동반자가, 그리고 리더들에게는 탁월한 지침서가 되어줄 것입니다. '닥.방-닥치고 방문 마케팅'을 통해 RM의 세계를 경험하고, 성공적인 RM으로 성장하는 기쁨을 누리시길 바랍니다.

마무리

제갈길 저자의 『닥.방-닥치고 방문』은 RM의 과거, 현재, 그리고 미래를 조망하는 기념비적인 작품입니다. 이 책을 통해 더 많은 RM들이 꿈을 향해 나아가고, 금융업계가 더욱 발전하기를 기대합니다.

   감사합니다.

| 추천사 2

저자의 오랜 경험과 깊은 열정,
빛나는 지혜가 고스란히 담겨

최병화(경기신용보증재단 감사, 전 신한은행 부행장)

제갈길 저자의 신간 『닥.방-닥치고 방문 마케팅』 출간을 진심으로 축하합니다. 이 책은 38년간 금융 현장에서 고객과 동고동락하며 쌓아온 저자의 깊이 있는 경험과 지혜가 고스란히 담겨 있는 역작입니다. 특히 저자의 삶과 철학, 그리고 성공을 향한 뜨거운 열정은 금융인 뿐만 아니라, 모든 업종에서 고객과의 관계를 통해 성공을 꿈꾸는 이들에게 본보기가 될 것이라 확신하며, 깊은 공감과 함께 이 책을 강력히 추천합니다.

저자는 이 책을 통해 마케팅의 본질이 단순히 상품이나 서비스를 판매하는 것을 넘어, 고객과의 '진정한 관계 형성'에 있음을 강조합니다. '닥치고 방문 마케팅'이라는 저자만의 독창적인 철학은 빠르게 변화하는 디지털 시대에도 불구하고 직접 발로 뛰며 고객의 목소리에 귀 기울이는 것이 얼마나 중요한지를 역설합니다. 어떤 분야에서든 고객의 니즈를 정확히 파악하고, 신뢰를 기반으로 한 깊은 관계를 구축하는 것이야말로 지속 가능한 성장을 위한 핵심이라는 사실을 저자의 경험을 통해 생생하게 배울 수 있습니다. 고객의 삶과 비즈니스에 실질적으로 관여하고 도움을 주는 '진정성 있는 관계 형성'이야말로 오늘날 마케팅의 궁극적인 목표임을 이 책은 강조합니다.

저자께서 고객을 '기업의 주치의, 담임 선생님, 그리고 생명의 전화'로 정의한 부분은 특히 인상 깊습니다. 이는 모든 비즈니스 인이 고객을 대하는 자세에 대한 중요한 시사점을 던져줍니다. 우리는 고객의 문제를 해결하고, 그들의 성장을 돕는 '진정한 파트너'가 되어야 합니다. 단순히 이윤 추구를 넘어, 고객의 삶과 비즈니스에 긍정적인 영향을 미치려는 저자님의 '따뜻한 금융' 철학은 업종을 불문하고 모든 마케터와 영업인이 추구해야 할 '고객 중심'의 가치를 명확히 보여줍니다. 고객에게 진심으로 다가갈 때 비로소 강력한 입소문과 지속적인 성장이 가능함을 의미합니다.

또한, 신입 시절의 좌충우돌 에피소드부터 시작하여 억대 연봉을 달성한 베테랑 전문가, 그리고 팀을 이끄는 리더로 성장하기까지 끊임없이 자신을 갈고닦았던 저자의 자기 계발 스토리는 모든 비즈니스 인에게 큰 본보기가 될 것입니다. 퇴근 후 공인중개사 자격증 취득, 스피치 학원 수강 등 쉼 없이 배우고 도전하며 자신을 발전시켜 온 과정은 끊임없이 변화하는 시장에서 경쟁력을 확보하고 성장하기 위한 끈기와 열정이 얼마나 중요한지를 여실히 보여줍니다.
이러한 자기 계발은 단순히 개인의 성공을 넘어, 고객에게 더 나은 가치를 제공하고 궁극적으로는 비즈니스 전반의 성과를 끌어내는 필수적인 요소입니다. 급변하는 시장에서 살아남고 성공하기 위해서는 현상 유지에 안주하지 않고 끊임없이 배우고 시도해야 함을 저자님의 이야기는 증명하고 있습니다.

결론적으로, '닥.방-닥치고 방문 마케팅'은 RM이라는 특정 직무의 성공 사례를 넘어, 모든 마케터와 비즈니스 인이 고객과의 관계를 통해 성공을 끌어내는 방법을 배울 수 있는 탁월한 지침서입니다. 이 책은 마케팅 분야에 입문하려는 젊은 인재들에게는 실질적인 길잡이가, 현직 마케터들에게는 새로운 동기 부여와 현장에서 즉시 적용 가능한 아이디어를 제공할 것입니다. 또한, 기업의 리더들에게는 조직원들이 고객과의 관계를 어떻게 구축하고 발전시켜야 하는지에 대한 통찰을 선사할 것입니다.

저자의 오랜 경험과 깊은 열정, 그리고 빛나는 지혜가 고스란히 담긴 이 책이 대한민국 비즈니스 전반에 새로운 활력을 불어넣고, 고객과 기업이 함께 성장하며 상생하는 아름다운 동반 관계를 더욱 공고히 하는 데 크게 이바지하기를 진심으로 기대합니다.

닥치고 방문,
현장에서 길을 찾다

"은행 문턱이 닳도록 뛰어다녔다!"

이 한마디는 저를 만든 원동력이자, 제 인생의 모토입니다. 누군가는 의아하게 고개를 갸웃거리며 묻습니다. "은행원이 무슨 영업을 그렇게 열심히 뛰어다녀?"라는 질문이죠. 일반적으로 은행원에 대한 이미지, 편안한 사무실에 앉아 돈을 관리하는 모습은 이러한 의문을 낳는 것일지도 모릅니다. 하지만 저는 알고 있었습니다. 'RM(Relationship Manager)'에게 영업은 숙명과도 같다는 사실을. 고객을 직접 찾아가지 않고서는, 기다리는 고객만을 상대해서는 결코 살아남을 수 없다는 것을….

손가락 하나로 전 세계 금융 시장을 실시간으로 조망하고, 인공지능이 복잡한 데이터를 분석해 내는 21세기. '발품'이라는 단어가 구

시대의 유물처럼 들릴지 모릅니다. 그런데도, 지난 38년간 대한민국 금융 최전선, 기업 금융 RM으로서 제가 터득하고 증명해 보인 가장 강력한 성공 비결은 바로 '닥치고 방문'이었습니다. 사무실에만 머물던 날들은 한계에 부딪혔고, 결국 고객의 문을 두드리는 것만이 유일한 해답임을 깨달았습니다. 현장이 곧 답이었고, 그곳에서의 진심 어린 만남이야말로 모든 마법의 시작이자, 관계의 굳건한 근간이었습니다.

지금부터 제가 들려드릴 이야기는 단순히 한 금융인의 냉철한 성공담이 아닙니다. 'Part 1: RM의 길, 시작과 마인드의 정석'에서는 저의 RM 철학, RM이란 무엇이며, 왜 관계에 집중해야 하는가? 왜 '관계'가 핵심인가? 에 대해서 다룹니다. 특히 '군대보다 엄격했던' 새내기 시절, 좌충우돌하며 "은행을 뒤집어 놓으셨다"라는 소리를 듣던 신입 행원의 이야기입니다.

8억 원 어음 실종이라는 절체절명의 위기 속에서 '부산-앙코르와트'를 넘나드는 기적 같은 인연을 만들고, 징계 위기를 오히려 도약의 발판으로 삼았던 저의 치열하고 뜨거운 성장기입니다. 동시에 대한민국 중소기업의 흥망성쇠를 가장 가까이서 지켜보며, 때로는 그들의 등불이 되고, 때로는 함께 울고 웃었던, 지극히 현실적이고 인간적인 기록이기도 합니다.

저는 RM을 '돈과 사람을 잇는 마법사'라고 감히 정의합니다. 이 마법사는 차가운 숫자로 가득한 재무제표 속에서 기업의 잠재력을 꿰뚫어 보고, 예측 불가능한 시장의 흐름 속에서 부실의 징후를 감지하며 '소방관'처럼 달려가 위기의 불씨를 끄는 역할을 합니다. 단순히 금융 상품을 판매하는 것을 넘어, 기업의 주치의처럼 경영 전반을 진단하고, 담임 선생님처럼 성장을 밀착 지원하며, 절체절명의 순간에 기댈 수 있는 '생명의 전화'가 되어주는 존재. 이 모든 것이 지난 세월 동안 제가 고객과의 '신뢰'라는 견고한 토대 위에서 길러낸 RM의 본모습입니다. RM의 성공은 고객과 깊은 유대, 즉 '릴레이션십(Relationship)'에 달려 있다는 진리를 저는 현장에서 몸소 깨달았습니다.

현장을 꿰뚫는 '닥치고' 철학 : 영업의 모든 것

'Part 2: RM의 핵심 전략: 현장 실전 노하우'에는 제가 현장에서 직접 부딪히며 터득한 모든 영업 비법과 고객 관리 노하우를 고스란히 담았습니다. 영업을 '낚시'에 비유하며 "잡어는 가라! 돔 한 마리 낚는 '핵인싸' RM의 비밀"을 공개하고, "영업? 그거 완전 공포 체험 아니야?"라는 질문에 '두려움을 극복하는 것'이라는 좌우명으로 답하며 '닥치고 방문' 정신으로 무장했던 순간들을 생생하게 풀어냈습니다.

'따뜻한 금융'이 어떻게 강력한 마케팅 핵무기가 되어 입소문의 기적을 만들어냈는지, '키맨, 대표이사 면담'을 성공으로 이끄는 황금률, 그리고 '콜드 콜'의 '10% 법칙' 속에 숨겨진 끈기의 미학까지. 이 모든 것은 여러분이 금융 현장에서 마주할 수많은 도전을 기회로 바꾸는 데 필요한 가장 실질적이고 구체적인 나침반이 될 것입니다. 특히 신규 부임 RM을 위한 5대 섭외 방향은 수십 년간 다져진 저의 현장 경험이 압축된 보물과도 같습니다. 영업은 '연애'이자 '낚시'라는 비유처럼, 결국 '진심'과 '끈기'로 고객의 마음을 사로잡는 것이 핵심

임을 강조합니다.

또한, '기존 고객(집토끼)'을 관리하는 섬세한 노하우와 '신규 거래처(산토끼)'를 확보하는 대담한 전략을 상세히 다루며 RM의 양대 축을 명쾌히 제시합니다. "고객 지도를 그려라!"라는 말처럼, 고객을 세분화하고 분석하며 AP(Account Planning)에 기반한 **완벽한 제안 영업 계획**을 세우는 과정은 마치 한 편의 치밀한 사냥 다큐멘터리입니다.

'토끼와의 교감'을 통해 릴레이션십을 유지하고 강화하는 방법, 그리고 '독심술사 RM'처럼 경영자의 행동 특성을 읽어내는 기술은 RM에게 관계 구축의 중요성을 다시 한번 상기시켜 줍니다. 새로운 사냥감을 찾아 잠재 고객을 발굴하고, '황금 토끼'라 불리는 우량 기업을 잡기 위해 타겟 고객을 선정하며, 두려움을 넘어 고객에게 다가가는 용기는 RM이 끊임없이 도전하고 혁신해야 할 이유입니다.

"다른 은행과의 경쟁에서 '산토끼'를 사수하라!"는 외침처럼, 고객 중심의 패러다임으로 무장하고 '점주권'을 나의 왕국처럼 여기며 관리하는 것이 RM의 생존 전략입니다. 이 모든 과정의 시작과 끝에는 고객에게 직접 다가가 그들의 목소리를 듣고, 눈빛을 마주하며, 현장을 이해하려는 '닥치고 방문'의 진심이 깊이 자리 잡고 있습니다. 리스크 관리와 이상 징후 포착 능력 또한 끊임없는 현장 방문과 관찰을 통해 길러진 RM의 핵심 역량입니다.

끊임없는 도전과 성장의 기록: 열정과 지성의 시너지

'Part 3: RM의 전문성 및 성장 그리고 소통: 자기 계발의 힘'에서는 RM의 전문성과 성장에 관한 이야기를 풀어냅니다. 무엇보다 RM의 전문성은 필수 불가결인 요소임을 강조합니다. 여신 심사의 중요성, 재무제표 10분 속독법을 들여다보는 능력은 RM이 단순히 영업맨이 아닌, 기업의 재무 상태를 정확히 진단하고 미래를 예측하며, 때로는 구조조정을 끌어내는 진정한 금융 전문가이자 기업 컨설턴트로 거듭나야 함을 보여줍니다. 또한, 심사역의 마음을 훔치는 여신 승인 공략법은 RM이 단순히 서류를 접수하는 것을 넘어, 기업의 가치를 설득하고 투자를 끌어내는 전략가가 되어야 함을 의미합니다. 이 모든 전문 지식은 결국 현장 방문을 통해 얻은 고객의 생생한 정보와 결합할 때 비로소 진정한 가치를 발휘합니다.

제 개인적인 경험 또한 끊임없이 배우고 성장하는 삶의 중요성을 보여줍니다. 퇴근 후 공인중개사 시험을 준비하며 어려움을 겪었던 일, 그리고 무대 공포증을 극복하고 400명 앞에서 발표하며 '1등의 비결은 닥.방'이라고 외쳤던 저의 고백은, "10년 안에 전문가가 되자"라는 목표 아래 꾸준히 노력해 온 저의 지난 시간을 증명합니다. 이러한 과정은 특정 분야에 한정되지 않고, 어떤 분야에서든 전문가를 꿈꾸는 모든 이들에게 의미 있는 메시지를 전달할 것으로 생각합니다.

RM의 일상과 성공의 유산 : 현장의 마법

'Part 4: RM의 일상 및 성공 사례: 현장의 마법'에서는 RM의 일상과 실제 성공 사례들을 소개합니다. 저의 일상 역시 RM의 삶을 풍성하게 만듭니다. 탁구와 골프를 즐기며 건강과 스트레스를 관리하고, "닥.공? 그럼 난 닥.방이다!"라는 저의 슬로건처럼, 삶의 모든 순

간에 '닥치고 방문'의 열정을 담았습니다. '난(蘭) 선물 68개의 비밀'
처럼, 소소한 정성이 고객의 마음을 움직이는 마법이 되는 이야기는
RM의 삶이 단순히 업무의 연속이 아니라, 사람과 사람의 정이 오가
는 따뜻한 관계의 장임을 보여줍니다.

이 책의 마지막 장에는 '닥.방의 RM, 제갈길'이라는 거창한 제목
아래, 제가 은행 생활하면서 경험한 180가지의 사례 중 엄선한 7가
지의 생생한 영업 우수 사례를 수록했습니다. 80억 퇴직연금 유치
대작전, 꿀잠 베개로 맺어진 따뜻한 동행, 벼랑 끝 IT 기업을 구원한
신의 한 수, 적자 늪에서 흑자 기업으로 변모시킨 외국인 투자기업의
비상, 이 모든 이야기는 여러분에게 뜨거운 영감과 자신감을 불어넣
어 줄 것입니다. 특히 "인사가 뭐길래?" 수십억 원의 대출을 불러온
기적 같은 이야기들은 RM의 작은 행동 하나하나가 얼마나 큰 파급
력을 가질 수 있는지를 보여줍니다.

이 책을 읽어야 할 독자!

이 책은 단순히 금융업에 종사하는 RM들에게만 국한되지 않습니다.

영업 현장에서 고군분투하는 모든 직장인: '닥치고 방문'의 정신과 두려
움을 극복하는 자세, 그리고 마음을 다한 관계 구축의 중요성을 배울
수 있습니다.
자기 계발과 성장을 꿈꾸는 모든 이들: 끊임없이 배우고 도전하며 '전
문가'로 거듭나는 저자의 열정적인 삶이 당신의 잠재력을 일깨우고,
'억대 연봉'을 향한 로드맵을 제시할 것입니다.

'돈'과 '사람'의 관계에 대한 본질적인 통찰을 얻고 싶은 독자: 금융이라는 도구를 통해 사람과 사람을 잇고, 새로운 가치를 창출하는 '마법'의 의미를 발견하게 될 것입니다.
성공적인 비즈니스를 위한 관계 구축의 노하우를 알고 싶은 기업인: 고객 심리를 꿰뚫고, 신뢰를 쌓으며, 난관을 돌파하는 저자의 실전 경험은 당신의 비즈니스에 혁신적인 영감을 줄 것입니다.

『제갈길 RM의 닥.방, 돈과 사람을 잇는 마법사 이야기』는 당신의 잠재력을 일깨우고, '돈'이라는 수단이 '사람'과의 관계 속에서 어떻게 마법 같은 가치를 창출하는지 깨닫게 해줄 것입니다. 이제 저의 38년 RM 이야기가 시작됩니다. 여러분의 앞날에도 현장에서 피어나는 기적이 언제나 함께하기를 진심으로 응원하며, '**닥치고 방문**'의 힘이 여러분의 삶 변화시키기를 바랍니다.

여러분이 이 책을 통해 얻은 지식과 경험을 바탕으로, 고객과의 관계를 더욱 깊고 의미 있게 만들어 가길 성원하겠습니다. 성공적인 RM이 되는 길은 고단할 수 있지만, 그 과정에서 얻는 기쁨과 성장은 여러분의 삶을 더욱 풍요롭게 만들어 줄 것입니다. 제 이야기가 여러분에게 영감을 주고, 여러분의 여정에 도움이 되기를 진심으로 기원합니다.

이제, '**닥치고 방문**' 마케팅의 세계로 함께 떠나볼까요? 여러분의 성공적인 여정이 시작됩니다. RM으로서의 길을 함께 개척해 나갑시다!

3 추천사
9 **프롤로그** 닥치고 방문, 현장에서 길을 찾다

제1장 ▶ RM이란 무엇이며, 왜 관계에 집중해야 하는가?

23 관계 마케팅(RM)의 시대 : 왜 '관계'가 핵심인가?
25 돈과 사람을 잇는 마법사, RM
27 RM의 빛과 그림자 : 현실적인 조언
30 RM 헌장 : 가슴에 새기는 성공의 주문!
34 RM 사냥꾼의 설계도 : 주간/월간 계획 수립 노하우

제2장 ▶ 파릇파릇 새내기 시절: 좌충우돌 성장기

40 금융맨의 첫발 : 군대보다 엄격했던 서열문화 속에서
44 좌충우돌! 신입 행원, 은행을 뒤집어 놓다?
46 8억 어음 실종 사건의 전말 : 범인은 바로 나?
49 앗! 내 징계는 어디로? 부산-
앙코르와트를 날다 추락한 나의 은행 인생!

제3장 ▶ RM, 당신은 누구인가?

52 RM은 '신뢰'라는 어항 속 물고기 : 고객 관계의 본질
56 RM은 기업의 주치의, 담임 선생님, 생명의 전화
58 "불났어요? RM이 출동합니다!" : 닥.방과 소.방의 환상적인 콜라보
60 RM이 꼭 해야 할 일! 3가지
66 고객의 마음을 사로잡는 베스트 RM의 특징

PART 1

RM의 길, 시작과
마인드의 정석

CONTENTS

제4장 ▶ 제갈길 RM의 영업 비법 대공개!

영업은 낚시다!: 잡어는 가라! 돔 한 마리 낚는 '핵인싸' RM의 비밀	72
"영업? 그거 완전 공포 체험 아니야?": 영업은 두려움을 극복하는 것	75
두려움은 없다! '닥치고 마케팅' 정신으로 승부한다	77
'따뜻한 금융'이 마케팅 핵무기가 되는 순간: 입소문의 놀라운 힘	79
RM 부임 후 가장 먼저 할 일: 거래처 파일 만들기	83
첫인상: RM 성공을 결정하는 Golden Time!	86
콜드 콜, 10번 찍어 안 넘어가는 나무 없다!: '10%의 법칙'	89
RM 비즈니스 매너: 이것만 알면 당신도 매너 왕	93
키맨, 대표이사 면담 성공 전략: 첫 대화의 중요성	96
'키맨(Key man)'을 잡아야 계약이 성사된다!	98
신규 부임 RM을 위한 5대 섭외 방향 : 고객 확보 꿀팁 대방출	102

제5장 ▶ 기존 고객 관리 (집토끼) : 섬세한 관계 구축

사냥꾼 제갈길 RM, 드디어 사냥터에 발을 들이다!	106
'고객 지도를 그려라!': 사냥꾼의 필수품, 기존 고객 현황 파악	108
토끼 굴 지도 완성하기: 고객 세분화 및 분류 전략	112
토끼 알아가기: 기존 고객 분석 심화	116
토끼와의 교감: RM의 핵심 역량으로 고객과 파트너 되기	122
독심술사 RM이 되어라: 경영자의 속마음 읽어 성공을 예측하다	129

제6장 ▶ 신규 거래처 확보 (산토끼) : 대담한 확장 전략

산토끼 사냥, 백발백중 명중률! : 신규 고객 접촉 준비 사항	134
우량 기업, 황금 토끼를 잡아라! : 우량 업체 세일즈 착안 사항	137
토끼들의 커뮤니티를 만들어라! : 고객 조직화 전략	139
새로운 사냥감이 필요하다! : 잠재 고객 발굴 노하우	141
기록은 기억을 지배한다! : 섭외 기록 관리의 중요성	148
두려움을 용기로 바꿔라! : 신규 거래 유치 단계 핵심	152
다른 은행과의 경쟁에서 '산토끼'를 사수하라!	154
리스크 관리, 방패를 세워라!	159

PART 2

RM의 핵심 전략 :
현장 실전 노하우

제7장 ▶ RM, 금융 전문가를 꿈꿔라!

- 166   여신 심사에서 중요한 것은 무엇일까요?
- 170   재무제표 10분 속독법 : 숨은그림찾기처럼 기업 분석하기
- 173   RM이 꼭 알아야 할 재무제표 주요 체크 항목
- 179   여신 지원, 신중 또 신중! : 지원 시 고려할 점
- 182   부실 예방, RM의 숙명! : 중소기업 부실 발생 원인
- 185   심사역 마음을 훔쳐라! : RM의 여신 승인 공략법 대공개

제8장 ▶ RM, 끊임없이 성장하라!

- 189   "10년 안에 전문가가 돼라? 까짓것! 해보겠습니다!" : 끊임없이 배우는 RM의 자세
- 192   "실적? 그건 바로 RM의 자존심이지!" : 성과 창출을 위한 피나는 노력
- 195   "나를 알려라!" : 오른손이 한 일을 왼발이 알게 하라!
- 199   스피치 학원에서 울다! : 150만 원짜리(?) 특급 과외
- 203   무대 공포증 RM, 400명 앞에서 발표하다! : '1등의 비결은 닥.방'
- 206   앗! 내 머리에 쥐가 난다! : 퇴근 후 펼쳐지는 눈물겨운 공인중개사 도전기
- 209   은행 생활, 그 빛과 그림자 : 승진, 그리고 지점장으로서의 성장

PART 3

RM의 전문성 및 성장 그리고 소통 : 자기 계발의 힘

제9장 ▶ 고객과 마음으로 소통하라!

- 224   적과의 동침? 알고 보면 든든한 아군, 다른 은행 RM들
- 227   좌충우돌 신입 시절, 섭외의 달인이 되기까지
- 230   선입견은 금물! 열린 마음으로 진짜 소통을 해봐요.
- 232   '윈-윈' 전략, 최고의 비즈니스 헌법
- 237   RM, 직원들과 함께 성장하는 법: 정보 공유 & 소통의 기술
- 240   나의 든든한 지원군: 인맥 관리, RM의 숨겨진 무기

제10장 ▶ RM, 생존을 위한 업무 꿀팁!

디지털 전환! RM도 이제 스마트하게 일한다: 필수 앱 목록 대공개　246
RM, 이제 스마트하게 일하자!: 효율적인 부서 운영 & 회의 관리　249
신보, 기보 팀장님들과 친해지기? 어렵지 않아요!:
RM의 특급 친화력　251

제11장 ▶ RM의 삶, 즐거움도 놓치지 말자!

탁구왕 RM, 피땀 눈물 어린 훈련 끝에 영광을 잡다!　254
골프채 휘두르다 골병들 뻔한 사연: 닭장 탈출기!　257
"닥.공? 그럼 난 닥.방이다!": 최강희 감독님, 감사합니다!　261
"열정? 그건 바로 성공으로 가는 급행열차!"　263
은행? 그건 바로 인생의 길잡이지!　266
난(蘭), 그것은 축하와 감사의 마법: 68개 난(蘭) 선물의 비밀　268

제12장 ▶ 닥 방의 RM, 제갈길! 영업 우수 사례 모음!

닥치고 정보 공유! 80억 퇴직연금 유치 대작전　271
꿀잠 베개로 맺어진 따뜻한 동행　274
벼랑 끝에 선 IT 기업, '제갈길' RM의 신의 한 수　276
적자 늪에서 흑자 기업으로! 외투 기업의 화려한 비상　279
베트남에서 날아온 SOS! '수출 보증' 히든카드로 응답하다　282
스크린 골프 인연으로 해외 전환사채
0백만 불과 운전자금 00억 유치　284
"인사가 뭐길래?": 00억 대출을 불러온 제갈길 RM의 매직　287

에필로그: "닥치고 방문", 돈과 사람을 잇는 영원한 마법의 유산　290

PART 4

RM의 일상 및 성공 사례 :

현장의 마법

RM의 길, 시작과 마인드의 정석

영업은 사람의 마음을 움직이는 섬세한 예술입니다. 닫힌 고객의 마음을 열고, 신뢰를 구축하며, 최종적으로 거래를 성사하기 위해서는 뛰어난 언변, 깊이 있는 전문 지식, 그리고 무엇보다 "꺼지지 않는 열정의 불꽃!"이 필요합니다.

제1장

RM이란 무엇이며,
왜 관계에 집중해야 하는가?

'RM'. 혹시 방탄소년단 리더 RM을 떠올리셨나요? 물론 그는 시대의 아이콘이자 멋진 아티스트입니다. 하지만 금융의 세계에도 빛나는 또 다른 RM, 바로 'Relationship Manager(RM)'입니다.

이들은 단순히 금융 상품을 판매하는 사람이 아닙니다. 고객 한 명한 명과 깊은 신뢰를 바탕으로 금융 여정을 함께하는 **진정한 파트너죠**.

기업의 성장을 위한 **든든한 조력자**가 되기도 하고, 개인의 꿈을 현실로 만들어 주는 **금융 설계자**가 되기도 합니다. 이 장에서는 돈과 사람을 잇는 매력적인 마법사, RM의 세계로 당신을 초대하며, 그 본질과 성공을 위한 마인드를 탐구할 것입니다.

1. 관계 마케팅(RM)의 시대 : 왜 '관계'가 핵심인가?

우리는 전례 없는 속도로 변화하는 시장 환경 속에서 살고 있습니다. 기술의 발전은 고객의 접근 방식을 바꾸었고, 정보의 홍수 속에서 고객은 더욱 현명해졌습니다. 이러한 시대에 기업의 지속적인 성장을 위한 핵심 전략은 바로 'RM(Relationship Marketing)'입니다. 이는 단순히 제품이나 서비스를 판매하는 것을 넘어, 고객과 깊은 유대감을 형성하고 충성도 높은 **단골을 확보하는 것**을 핵심 가치로 삼습니다.

RM 마케팅은 고객 한 명 한 명과 진심으로 소통하며, "어서 오세요"라는 형식적인 인사보다는 **따스한 눈 맞춤과 미소**가 고객과의 신뢰를 쌓는 것에서 시작합니다. 그들의 니즈를 파악하여 맞춤형 가치를 제공함으로써 **장기적인 관계를 구축하는 마법과 같은 전략**이죠. 왜 우리는 지금 '단골'에 주목해야 할까요?

높은 구매율과 안정적인 수익 : 충성도 높은 단골은 새로운 고객보다 훨씬 높은 구매율을 보이며, 기업의 안정적인 수익 창출에 크게 이바지합니다. 여러분이 자주 가는 단골 카페나 식당에서 늘 추가적인 소비를 하는 것처럼 말이죠!

강력한 입소문 마케팅 효과 : 만족한 단골은 자발적으로 긍정적인 후기를 공유하고 주변에 추천하며 강력한 마케팅 효과를 창출합니다. **"여기 진짜 좋아!"**라는 친구의 한마디는 그 어떤 비싼 광고보다 강력한 힘을 지닙니다. 여러분도 친구의 추천으로 새로운 맛집을 찾아가거나, 좋은 제품을 구매해 본 경험이 있지 않으신가요?

경쟁사의 공격에도 끄떡없는 방패 : 탄탄한 단골 고객층은 외부의 경쟁적인 제안에도 쉽게 흔들리지 않는 강력한 방어막이 되어줍니다. 마치 든든한 성벽처럼, 고객의 마음속에 견고하게 자리 잡은 신뢰는 다른 유혹으로부터 여러분의 비즈니스를 지켜줄 것입니다.

기존 마케팅이 단기적인 매출 증대에 초점을 맞추는 경향이 있다면, RM 마케팅은 장기적인 관점에서 고객과의 관계를 심화해 지속적인 성장을 추구합니다. 이는 마치 씨앗을 심고 정성껏 가꾸어 풍성한 결실을 보는 농부의 마음과 같습니다. 당장의 수확보다는 땅을 비옥하게 하고, 씨앗을 돌보며 꾸준히 노력하는 것이죠.

구분	기존 마케팅	RM 마케팅
목표	단기적인 매출 증대, 일회성 거래 성사	장기적인 고객 관계 구축, 충성도 및 평생 가치 증대
전략	대량 광고, 판촉 활동, 가격 할인 중심	개인 맞춤형 소통, 관계 강화, 가치 제안 중심
핵심	제품 중심 (무엇을 팔 것인가?)	고객 중심(누구에게 어떤 가치를 줄 것인가?)
지표	매출액, 시장 점유율, 신규 고객 확보율	고객 충성도, 재구매율, 고객 이탈률, 입소문 지수

RM 마케팅의 핵심은 단연 '관계'입니다. 고객에게 꾸준한 관심과 정을 쏟고, 일회성 만남이 아닌 지속적인 소통과 특별한 경험을 통해 끈끈한 유대감을 형성하는 것이 중요합니다.

끊임없는 소통 : 전화, 문자 메시지, 이메일, SNS 등 다양한 채널을 통해 고객과 꾸준히 소통하며 친밀감을 높여야 합니다. 단순히 안부를 묻는 것을 넘어, 고객의 관심사나 최근 동향에 맞는 유익한 정보를 제공하여 "관심 가져줘서 고마워요~"라는 느낌을 고객에게 전달하는 것이 중요합니다.

깜짝 선물 공세 : 생일 쿠폰, 할인 이벤트는 물론, 고객이 예상치 못한 혜택은 큰 감동을 선사하고 긍정적인 기억을 심어줍니다. 예를 들어, 고객의 투자 포트폴리오에 도움이 될 만한 최신 시장 분석 리포트를 먼저 제안하거나, 고객의 관심사를 기억해 두었다가 관련 세미나 초대권을 제공하는 등 고객의 마음을 사로잡는 섬세한 전략이 필요합니다.

고객의 목소리에 귀 기울이기 : 고객의 불만이나 의견을 소중히 여기고 적극적으로 반영하여 서비스 개선에 힘써야 합니다. 진심으로 고객의 이야기에 귀 기울이는 태도는 신뢰 구축의 첫걸음입니다.

커뮤니티 형성 : 온라인 또는 오프라인 커뮤니티를 통해 고객들이 서로 소통하고 정보를 공유하며 유대감을 형성하도록 돕는 것도 좋은 전략입니다. 예를 들어, 고객 초청 재테크 강의, 소규모 골프 모임, 특정 투자 주제에 대한 온라인 포럼 운영 등을 통해 '우리끼리'라는 소속감을 부여하면 고객 충성도를 높이는 강력한 힘이 됩니다.

2. 돈과 사람을 잇는 마법사, RM

RM 마케팅 전략의 최전선에서 고객과의 관계를 직접 구축하고 관리하는 핵심 인력이 바로 'RMM(Relationship Marketing Manager)'입니다. 이들은 기업과 고객을 잇는 튼튼한 다리와 같은 존재입니다. 단순히 금융 상품을 판매하는 것이 아니라, 고객의 니즈를 정확히 파악하고 맞춤형 솔루션을 제공하며 장기적인 신뢰 관계를 구축하는 전문가입니다.

RM 매니저는 담당하는 고객의 특성에 따라 크게 **기업형 RM과 리테일형 RM**으로 나눌 수 있습니다. 각 유형의 RM은 고유한 특징과 전문성을 지닙니다.

먼저, 기업의 성장을 이끄는 전략가, 기업형 RM입니다.
기업형 RM은 주로 법인 고객을 담당하며, 기업의 금융 파트너로서 전략적인 임무를 수행합니다.

냉철한 분석력 : 기업 고객의 재무 상태를 정확하게 분석하고, 시장 동향을 예측하여 최적의 금융 솔루션을 제시합니다.

미래를 함께 설계 : 기업의 장기적인 목표를 공유하고, 성장을 위한 맞춤형 금융 전략을 함께 고민하며 최고의 파트너가 되어줍니다.

뛰어난 협상 능력 : 때로는 냉철한 협상가의 모습으로 기업의 이익을 보호하고, 유리한 조건으로 금융 거래를 성사합니다.

탁월한 리더십 : 팀을 이끌고 내부 자원을 효율적으로 활용하여 최고의 성과를 창출하는 리더십을 발휘합니다.

다음으로, 개인과 SOHO 고객의 든든한 지원군, 리테일형 RM입니다.

리테일형 RM은 개인 고객 및 소규모 사업자(SOHO) 고객을 담당하며, 고객의 삶에 밀접하게 다가가는 역할을 합니다.

따뜻한 공감 능력 : 개인 및 소규모 사업자 고객의 이야기에 진심으로 귀 기울이고, 금융에 대한 고민을 편안하게 나눌 수 있는 친근한 파트너가 되어줍니다.

꿈을 응원하는 조력자 : 고객의 인생 목표와 재정 상황을 고려하여 맞춤형 재테크 전략을 제시하고, 꿈을 현실로 만들어 나갈 수 있도록 든든하게 지원합니다.

지역 사회의 친근한 이웃 : 격식 없이 편안하게 다가갈 수 있는 친근함으로 고객과의 신뢰를 쌓고, 장기적인 관계를 유지합니다.

뛰어난 소통 능력 : 고객의 눈높이에 맞춰 금융 상품 및 서비스를 쉽게 설명하고, 궁금증을 명쾌하게 해결해 주는 탁월한 소통 능력을 발휘합니다.

3. RM의 빛과 그림자 : 현실적인 조언

RM이라는 직업은 매력적인 측면만큼이나 현실적인 어려움도 따릅니다. RM의 긍정적인 면과 동시에 감춰진 고충까지 솔직하게 이야기하며 이 직업의 실체를 파헤쳐 보겠습니다.

RM의 빛 : 성장과 보람

  RM은 단순히 돈을 관리하는 직업이 아닌, 사람과의 관계를 통해 성장과 보람을 동시에 느낄 수 있는 매력적인 분야입니다.

빠른 성장과 높은 보상 : 전문적인 지식과 뛰어난 성과를 인정받아 빠른 승진 기회를 얻고, 높은 연봉을 기대할 수 있습니다.

다양한 사람들과의 만남 : 폭넓은 인맥을 쌓고, 다양한 분야의 사람들과 소통하며 세상을 보는 시야를 넓힐 수 있습니다.

끊임없는 자기 계발 : 급변하는 금융 시장에 발맞춰 꾸준히 학습하고 발전하며, 자신의 역량을 강화해 갑니다.

고객 성공을 돕는 보람 : 고객의 금융 문제를 해결하고, 성공적인 미래 설계를 돕는 과정에서 큰 보람과 성취감을 느낄 수 있습니다.

  RM은 단순한 직업을 넘어, 고객의 삶에 긍정적인 영향을 미치고 함께 성장하는 가치 있는 역할입니다. 금융 전문가로서 성공적인 커리어를 쌓고 싶고, 사람들과의 진솔한 소통을 통해 의미 있는 관계를 만들어 나가고 싶다면, 지금 바로 RM의 세계에 도전해 보세요! 당신 안의 잠재된 가능성이 빛을 발할 것입니다.

RM의 그림자 : 감춰진 어려움

  화려하고 매력적인 RM의 세계에도 그림자는 드리워져 있습니다. 긍정적인 측면만 강조할 수는 없겠죠. RM으로서 겪을 수 있는 현실적인 어려움들을 솔직하게 이야기해 보겠습니다.

실적 압박감에 따른 숫자의 무게 : RM은 결국 '실적'으로 평가받는 직업입니다. 아무리 고객과의 관계가 좋다고 해도, 목표로 한 금융 상품 판매나 자산 증대 등의 수치를 달성하지 못하면 압박감에 시달릴 수밖에 없습니다. 매달, 매 분기 주어지는 목표는 때로는 숨 막히는 무게로 다가오기도 합니다.

감정 노동의 심화, 가면 뒤의 고충 : 고객을 최우선으로 생각하고 친절하게 응대해야 하는 RM은 감정 노동 강도가 높은 직업입니다. 때로는 비합리적인 요구를 하는 고객, 불만을 쏟아내는 고객을 마주해야 할 때도 있습니다. 속으로는 힘들어도 항상 밝은 미소를 유지해야 하는 어려움이 따릅니다.

끊임없는 학습의 필요성으로 지식의 무게 : 금융 시장은 끊임없이 변화하고 새로운 상품과 정책들이 쏟아져 나옵니다. RM은 이러한 변화에 발맞춰 꾸준히 공부하고 전문성을 유지해야 합니다. 잠시라도 방심하면 고객에게 정확한 정보를 제공하기 어렵고, 이는 신뢰도 하락으로 이어질 수 있습니다.

워라밸의 어려움에 따른 시간의 제약 : 고객과의 약속은 언제든지 발생할 수 있고, 때로는 예상치 못한 상황에 대처해야 할 때도 있습니다. 특히 기업형 RM의 경우, 고객사의 일정에 맞춰 움직여야 하므로 개인적인 시간을 확보하기 어려울 수 있습니다. 잦은 야근이나 주말 근무도 감수해야 합니다.

경쟁 심화에 따른 살아남기 위한 노력 : 금융 시장은 경쟁이 치열한 분야입니다. 수많은 RM 같은 사람들 사이에서 자신의 역량을 입증하고 고객을 확보하기 위해서는 끊임없이 노력해야 합니다. 경쟁에서 뒤처지지 않기 위한 압박감 또한 무시할 수 없습니다.

이처럼 RM이라는 직업은 매력적인 측면도 있지만, 절대 쉽지만은 않은 길입니다. 높은 성과를 위해서는 끊임없는 노력과 인내, 그리고 정신적인 강인함이 요구됩니다. 이러한 어려움들을 충분히 인지하고 준비하는 자세가 필요합니다.

4. RM 헌장 : 가슴에 새기는 성공의 주문!

"영업은 왕도가 없다. 현장에 답이 있다." 이 문장은 단순한 슬로건이 아닙니다. RM으로서 성공을 향한 여정을 시작하는 모든 이들이 가슴에 새겨야 할 강력한 주문이자 나침반입니다. 제가 2009년 RM의 세계에 첫발을 내딛던 그날, 이 문구를 현수막으로 만들어 걸어두며 스스로에게 다짐했던 것처럼, 이 헌장은 힘난한 영업의 길에서 길을 잃지 않도록 우리를 이끌어 줄 것입니다.

RM 성공의 핵심 철학은 바로 "현장에 답이 있다"라는 굳건한 믿음에서 시작합니다. 책상에 앉아 서류만 들여다보는 것으로는 고객의 진정한 목소리를 들을 수 없습니다. 고객의 마음은 차가운 모니터 속이 아닌, 그들이 숨 쉬고 살아가는 현장 속에 있습니다. 발로 뛰고, 고객의 사무실 문턱을 넘으며, 그들의 사업장을 방문하고, 그들의 이야기를 직접 들어야 합니다. 시장의 흐름과 경쟁사의 움직임 또한 현장에서만 얻을 수 있는 살아있는 정보입니다. 현장은 두려움의 대상이 아니라, 당신의 영업 능력을 단련하고 살아있는 지혜를 가르쳐주는 최고의 스승입니다. 현장에서 부딪히고 경험하며 얻는 깨달음이야말로 당신을 진정한 RM으로 성장시키는 밑거름이 될 것입니다.

RM의 길은 때로는 거친 비바람과 눈보라를 만나기도 합니다. 예상치 못한 시장의 변화, 냉담한 고객의 반응, 끊임없는 거절의 아픔 등 수많은 난관이 우리를 기다립니다. 하지만 "비가 오나 눈이 오나 바람이 부나!"라는 꺾이지 않는 의지로 이 모든 어려움을 헤쳐 나가야 합니다. 어떠한 상황에서도 고객과의 약속을 지키고, 새로운 기회를 찾아 끊임없이 현장을 누비는 강인한 정신력이야말로 진정한 RM의 모습입니다. 궂은 날씨를 뚫고 고객에게 달려가고, 수많은 거절에도 굴하지 않고 새로운 거래처를 개척하는 당신이야말로 이 헌장을 실천하는 RM입니다.

영업은 단순히 상품이나 서비스를 판매하는 행위를 넘어, 사람의 마음을 움직이는 섬세한 예술입니다. 닫힌 고객의 마음을 열고, 신뢰를 구축하며, 최종적으로 거래를 성사하기 위해서는 뛰어난 언변, 깊이 있는 전문 지식, 그리고 무엇보다 "꺼지지 않는 열정의 불꽃!"이 필요합니다. RM 헌장은 당신의 열정이 식지 않도록 끊임없이 동기를 유발하는 강력한 에너지원입니다. 매일 아침, 이 헌장을 소리 내어 읽으며, 당신 안에 잠재된 열정을 다시 한번 깨우십시오. 고객에게 최고의 가치를 제공하고, 회사의 성장에 이바지하겠다는 뜨거운 마음이야말로 당신을 성공적인 RM으로 이끄는 원동력이 될 것입니다.

RM 헌장 : 성공을 위한 여섯 가지 지침
RM 헌장은 성공적인 RM이 되기 위한 여섯 가지 구체적인 지침을 담고 있습니다. 이 핵심 가치들을 마음속 깊이 새기고 실천한다면, 당신은 영업의 꽃을 활짝 피우는 진정한 프로페셔널 RM으로 거듭날 것입니다.

1) "영업은 왕도가 없다. 현장에 답이 있다!" 고객의 목소리에 귀 기울이고, 그들의 니즈를 현장에서 파악하십시오. 현장은 당신의 무대이자 스승입니다.

2) "비가 오나 눈이 오나 바람이 부나!" 어떤 어려움에도 굴하지 마십시오. 고객과의 약속을 지키고, 새로운 거래처를 개척하며 현장을 누비는 자만이 진정한 RM입니다.

3) "꺼지지 않는 열정의 불꽃!" 영업은 사람의 마음을 움직이는 예술입니다. 뛰어난 화술과 전문적인 지식, 그리고 뜨거운 열정으로 고객에게 다가가십시오.

4) "고객과의 신뢰를 쌓아라!" 고객은 단순한 거래 대상이 아닌, 평생을 함께할 파트너입니다. 끊임없는 소통과 진심 어린 관심으로 굳건한 신뢰를 구축하십시오. 고객의 성공이 곧 당신의 성공입니다.

5) "끊임없이 배우고 성장하라!" 금융 시장은 쉴 새 없이 변화합니다. 새로운 지식을 적극적으로 습득하고, 자신을 끊임없이 업그레이드하는 RM만이 변화에 발맞춰 살아남을 수 있습니다.

6) "윤리와 원칙을 지켜라!" 영업은 돈을 다루는 섬세한 영역입니다.

윤리적인 기준과 원칙을 철저히 준수하고, 고객과의 신뢰를 깨는 그 어떤 행동도 하지 마십시오. 정직하고 투명한 RM만이 장기적인 성공과 존경을 얻을 수 있습니다.

RM 헌장은 단순한 글귀의 나열이 아닌, 돈과 사람을 잇는 특별한 능력을 지닌 당신, 바로 RM으로서의 사명감과 뜨거운 열정을 상징하는 숭고한 선언문입니다. 이제 당신의 사무실이나 방에 RM 헌장 현수막을 걸어두십시오. 매일 아침, 힘찬 목소리로 헌장을 낭독하며 하루를 시작하십시오. 현장을 두려워하지 말고, 고객과의 관계를 소중히 여기며, 끊임없이 배우고 성장하십시오. 당신은 이미 돈과 사람을 연결하는 매력적인 마법사입니다. RM 헌장을 가슴 깊이 새기고 실천하는 순간, 당신의 열정과 노력은 눈부신 결실을 볼 것입니다.

RM 헌장 실천법 요약!
RM 헌장을 일상에서 실천하기 위한 핵심 요약입니다.

매일 아침 헌장 읽기 : 헌장을 소리 내어 읽으며 하루를 시작하고 마음을 다잡습니다.

현장 방문 계획 수립 : 매주 구체적인 현장 방문 계획을 세우고 고객과의 만남을 최우선으로 합니다.

고객 피드백 수렴 : 고객의 의견을 적극적으로 듣고 개선 방안을 모색하여 신뢰를 쌓습니다.

자기 계발 실천 : 금융 시장의 최신 트렌드를 학습하고 전문성을 꾸준히 키워 변화에 대비합니다.

5. RM 사냥꾼의 설계도 : 주간/월간 계획 수립 노하우

치열한 금융 시장이라는 정글에서 성공적인 RM 사냥꾼이 되기 위해서는 **명확한 설계도가** 필요합니다. 마치 전쟁터에 나서는 병사가 치밀한 작전 계획 없이 승리할 수 없듯이, 우리 RM에게도 꼼꼼한 주간 계획과 큰 그림을 그리는 월간 계획은 필수적인 성공 도구입니다. 이 장에서는 백전백승을 위한 RM 사냥꾼의 설계도를 함께 그려보며, 실제 업무에 적용할 수 있는 구체적인 계획 수립 노하우를 제시할 것입니다.

먼저, **RM 사냥꾼의 주간 계획** : 승리의 일주일을 위한 설계도입니다.
주간 계획은 다가올 일주일의 활동을 구체적으로 설계하는 과정입니다. 이는 단순히 할 일 목록을 작성하는 것을 넘어, 목표 달성을 위한 전략과 전술을 담는 그릇이 되어야 합니다. 월요일 아침, 여러분의 일주일을 어떻게 구성할지 명확히 그려봅시다.

1) KPI 항목과의 연계 : 목표를 명확히 하라!

우리의 나침반인 'KPI(핵심성과지표)'는 나아가야 할 방향을 제시합니다. 주간 계획은 KPI 달성을 위한 구체적인 활동 계획이 되어야 합니다. 단순히 '고객 유치'라고 적는 것보다 더 상세하게 작성할수록 목표 달성 가능성은 높아집니다.

예시 : 이번 달 KPI가 '신규 고객 유치 10건'이라면, 주간 계획에는 '월요일 오전 10시, A 기업 담당자와 오찬 미팅을 통해 신규 대출 상품 제안', '수요일 오후 3시, B 고객과 신규 펀드 가입 상담', '목요일 오전 9시, 잠재 고객 리스트 50곳에 콜드콜 진행'과 같이 상세한 활동이 포함되어야 합니다.

2) 역할 검토 : 나는 무엇을 해야 하는가?

팀의 목표 달성을 위해 나의 역할은 무엇인지 명확히 파악하는 것이 중요합니다. "나는 신규 고객 발굴에 집중해야 하는가?", "기존 고객 관리에 힘써야 하는가?" 스스로에게 질문하고 답을 찾아야 합니다. 만약 팀 내에 신규 고객 발굴을 전담하는 RM이 있다면, 나는 기존 고객 관리 및 이탈 방지에 집중하여 팀 전체의 균형을 맞추는 데 이바지할 수 있습니다. **팀 내 역할 분담을 명확히 이해하고 나의 강점을 극대화할 부분을 계획에 반영하세요.**

3) 활동 목표 확인 : 이번 주에 무엇을 달성할 것인가?

주간 계획은 단순히 할 일 목록이 아닙니다. "이번 주에는 몇 명의 고객을 만날 것인가?", "어떤 상품을 집중적으로 판매할 것인가?", "몇 건의 계약을 성사할 것인가?"와 같이 명확한 활동 목표를 설정해야 합니다.

예시 : '이번 주에는 잠재 고객 5개 기업체에 전화하여 방문 약속 잡기', '기존 VIP 고객 3명에게 자산 포트폴리오 리밸런싱 제안 완료하기'와 같이 구체적인 목표를 설정하면 실행력이 높아집니다.

4) 주간 계획 수립 : 구체적으로 계획하라!

이제 머릿속에 있는 계획을 현실로 옮길 시간입니다. '월요일 오전 10시 A 기업 방문', '화요일 오후 2시 B 고객과 상담', '수요일 오전 10시 C 고객 대출 연기 자서 처리'와 같이 **요일별, 시간대별로 세부적인 계획**을 세우십시오. 이때, 이동 시간이나 예상치 못한 변수 발생 가능성을 고려하여 여유 시간을 확보하는 것도 중요합니다.

핵심 팁 하나! 계획표에 '전주 추진 사항 점검' 칸을 만들어 지난주 계획을 평가하고 개선하는 시간을 갖는다면 더욱 효과적으로 다음 주를 설계할 수 있습니다.

예시 : 지난주에 방문하기로 했던 C 기업 방문이 미뤄졌다면, 이번 주 계획에 C 기업 방문을 최우선 순위로 배정하여 즉시 실행에 옮기도록 계획을 수정할 수 있습니다.

5) 평가: 계획은 수정하기 위해 존재한다!

금요일 오후에는 반드시 주간 계획을 평가하는 시간을 가지십시오. 계획대로 실행되었는지, 목표를 달성했는지, 개선할 부분은 없는지 꼼꼼하게 점검해야 합니다. 이러한 평가는 다음 주 계획을 더욱 효율적으로 수립하는 데 귀중한 밑거름이 됩니다. **실패는 실패가 아니라 더 나은 계획을 위한 바로미터입니다.**
예시 : 이번 주에 D 고객에게 새로운 금융 상품을 제안했지만 거절당했다면, 단순히 실패로 치부하지 마세요. 거절당한 이유(상품의 매력 부족, 고객 니즈 불일치, 경쟁사 제안 등)를 분석하고 다음 주에는 다른 접근 방식을 시도해 볼 수 있습니다.

다음으로, RM 사냥꾼의 월간 계획 : 큰 그림을 그려라!
주간 계획이 전투라면, 월간 계획은 전쟁입니다. 장기적인 관점에서 큰 그림을 그리고 전략을 세워야 합니다. 월간 계획은 한 달 동안 달성해야 할 주요 목표와 이를 위한 큰 방향을 제시하며, 주간 계획들의 총합이 됩니다.

1) 전월 현황 점검 및 이번 달 계획 작성: 되돌아보고, 앞으로 나아가자!

지난달의 성과와 실패를 분석하는 것은 매우 중요합니다. "무엇이 잘 되었고, 무엇이 부족했는가?"를 냉정하게 평가하고, 이를 바탕으로 이번 달 목표와 계획을 수립해야 합니다. **숫자 뒤에 숨겨진 진짜 원인을 파악하는 것이 핵심입니다.**
예시 : 지난달에 기업 대출 상품 판매 실적이 저조했다면, 단순히 노

력이 부족했다고 생각하기보다 원인(경쟁사 프로모션, 신용 경색, 상품 경쟁력 약화 등)을 분석하고 이번 달에는 마케팅 전략을 수정하거나, 다른 상품군에 집중하는 등의 개선 방안을 마련해야 합니다.

2) 월간 활동 평가를 통한 이번 달 목표 재설정: 유연하게 대처하라!

시장 상황은 끊임없이 변화합니다. 월 중간이라도 계획을 수정해야 할 필요가 있다면 주저하지 마십시오. **유연함은 정글 속 RM에게 필수적인 생존 능력입니다.**
예시 : 새로운 경쟁 상품이 출시되었다면, 이에 대한 대응 전략(벤치마킹, 우리 상품의 강점 부각 등)을 마련하고 월간 목표를 수정해야 합니다. 또한, 예상치 못한 금리 인상이나 경기 침체 등 외부 요인 발생 시에도 목표를 재검토하고 계획을 수정하는 유연함이 필요합니다.

3) 동료와 정보 공유 및 영업점 현황 리뷰 : 함께 성장하라!

혼자서는 아무리 뛰어난 RM이라도 한계가 있습니다. 동료들과 정보를 공유하고 서로 협력해야 시너지를 새로 마련할 수 있습니다. 정기적인 회의를 통해 영업점의 현황을 공유하고, 성공 사례와 실패 경험을 함께 나누십시오. **'함께'라는 가치는 개인의 성과를 넘어 팀 전체의 성공을 끌어냅니다.**
예시 : 매주 월요일 아침 팀 회의를 통해 지난주 실적을 공유하고, 우수 사례를 발표하는 시간을 갖는다면 서로에게 동기 부여가 되고 팀워크 향상에도 큰 도움이 될 것입니다. 특정 고객의 어려운 케이스에 대해 함께 고민하고 해결책을 찾는 과정은 모두의 역량을 강화합니다.

4) 본부 전략 방향 점검: 큰 흐름을 읽어라!

본부의 전략 방향을 이해하고, 이를 영업 활동에 반영하는 것은 매우 중요합니다. 본부의 지원 정책이나 새로운 상품 정보를 숙지하고, 이를 활용하여 고객에게 더 나은 서비스를 제공해야 합니다. **숲을 봐야 나무를 제대로 심을 수 있습니다.**

예시 : 본부에서 새로운 고객 유치 프로모션을 진행한다면, 이를 적극 활용하여 잠재 고객에게 홍보하고, 프로모션 기간 목표를 상향 조정하는 등 유연하게 대처해야 합니다. 또한, 본부에서 특정 산업군에 대한 집중 영업 전략을 수립했다면, 해당 산업군의 기업 고객 발굴에 더욱 힘쓰는 것이 효과적입니다.

"계획은 성공의 어머니입니다!"

계획적인 RM은 시간을 지배하고, 목표를 달성합니다. 꼼꼼한 주간 계획과 큰 그림을 그리는 월간 계획을 효과적으로 활용하여 금융 시장의 뛰어난 RM 사냥꾼이 되시기를 응원합니다.

제2장

파릇파릇 새내기 시절 :
좌충우돌 성장기

1. 금융맨의 첫발 : 군대보다 엄격했던 서열문화 속에서

1990년대 중반, MS 지점의 뜨거웠던 여름.

 스물 몇 살, 풋풋한 혈기로 가득했던 그 시절, 저는 '6급 장'이라는 어깨띠를 두르고 MS 지점에 첫발을 내디뎠습니다. 빡빡 깎은 머리와 군대식 각 잡힌 자세는 은행이라는 새로운 전쟁터에 임하는 제 결의를 보여주는 듯했습니다. 2년간의 은행 생활 후 군 복무를 마치고 돌아온 제게 MS 지점은 단순한 금융 상품 거래 공간이 아닌, 사람과 사람 사이의 신뢰와 관계를 쌓아가는 특별한 무대였습니다.

"여기서부터가 진짜 시작이다!"

저는 굳게 다짐하며 저를 따르는 다섯 명의 후배와 함께 업무를 시작했습니다. 출납, 교환, 계산, 감사, 서무… 각자의 자리에서 묵묵히 최선을 다하는 후배들을 보며 가슴 한편이 벅차올랐습니다. 하지만 기쁨도 잠시, 예상치 못한 사건이 터지고 말았습니다.

"저기! 김 주임님!"

어느 날, 고객들로 북적이던 은행 안에서 누군가의 우렁찬 외침이 울려 퍼졌습니다. 순간, 모든 시선이 한 곳으로 집중되었고, 정적만이 감돌았습니다. 저도 모르게 숨을 죽였습니다.

"이봐, 6급 장 제갈길!"

저를 부른 사람은 다름 아닌 대출 담당 책임자 대리님이었습니다. 군기가 바짝 들어있던 저는 '얼차려'라는 단어가 머릿속을 스치는 것을 느끼며 서무계로 향했습니다.

"자네 밑에 직원들 교육 똑바로 해야 할 거 아닌가!"

대리님의 불호령에 저는 그저 입을 꾹 다물 수밖에 없었습니다. 그분의 눈빛은 마치 전쟁터에 나선 전사의 그것처럼 결연했습니다.

"모두 회의실로 집합!"

그날 저녁, 선임들이 모두 퇴근한 후 저는 후배들을 회의실로 불러 모았습니다. 굳게 닫힌 입술과 불안한 눈빛에서 긴장감이 느껴졌습니다.

"오늘 조 주임이 한 행동이 왜 잘못된 건지 아나?"

저는 군대식으로 쩌렁쩌렁하게 물었습니다. 후배들은 고개를 숙인 채 아무런 대답도 하지 못했습니다.

"고객들이 있는 곳에서 큰 소리로 직급을 부르는 것은 예의에 어긋나는 행동이야. 상대방에 대한 존중도 없을뿐더러, 은행의 이미지를 실추시키는 행동이지. 우리는 고객의 돈을 다루는 신뢰의 기관이잖아. 은행원 한 명 한 명의 행동이 곧 은행의 얼굴이라는 걸 잊지 마라."

저는 예의범절과 직장 생활의 기본적인 규칙에 대해 훈계했습니다. 후배들은 진지한 표정으로 제 이야기에 귀를 기울였습니다.

"자, 이제 정신을 가다듬을 시간이다!"

제 말에 후배들의 눈이 동그래졌습니다. 저는 잠시 그들과 함께 자세를 고쳐 잡으며 스스로를 돌아보는 시간을 가졌습니다. 어색함 속에서도 진지한 분위기가 감돌았고, 후배들의 얼굴은 금세 붉게 달아올랐습니다.

"이제 알겠나?"

"네!" 우렁찬 대답이 회의실에 울려 퍼졌습니다. 저는 흐뭇한 미소를 지었습니다.

"자, 이제 소주 한잔하러 가자!"

퇴근 후, 우리는 함께 소주잔을 기울이며 그날 있었던 일에 대해 이야기꽃을 피웠습니다. 후배들은 진심으로 반성했고, 앞으로는 더욱 예의를 갖춰 행동하겠다고 다짐했습니다.

"우리 모두 예의 바른 은행원이 되자!"

잔이 부딪치는 소리와 함께 웃음꽃이 피어났습니다. MS 지점의 뜨거웠던 여름날의 추억은 훗날 우리 모두에게 잊지 못할 이야기가 되었습니다.

그날 이후, 우리는 매일 서로를 격려하며 함께 성장해 갔습니다. 후배들은 제게 은행원으로서의 예의와 자세를 배웠고, 저는 그들의 성장을 지켜보며 큰 보람을 느꼈습니다. 시간이 흐르면서 그들은 제 기대 이상으로 훌륭하게 성장했고, 저 또한 그들과 함께 발전할 수 있었습니다. RM에게 '예의'는 단순히 지켜야 할 규범이 아닙니다. 고객에게 신뢰를 주고, 장기적인 관계를 구축하는 가장 기본적인 토대라는 것을 이때부터 체감했습니다.

이제 그 시절의 기억은 단순한 과거가 아닌, RM으로서 제 정체성을 형성하는 데 큰 역할을 한 소중한 자산이 되었습니다. MS 지점에서의 첫걸음은 제게 은행원으로서의 길을 안내한 소중한 경험이었고, 앞으로도 이 길을 걸어갈 수 있는 원동력이 될 것입니다.

P.S.
서 부행장님, 그때 일은 평생 잊지 못할 겁니다! 덕분에 저희는 예의 바른 은행원이 되었답니다.

2. 좌충우돌! 신입 행원, 은행을 뒤집어 놓다?

"어서 오세요~!"

새파란 정장에 빳빳한 명찰을 단 저는 은행에 입행한 지 갓 1년 된 신입 행원입니다. 제게 맡겨진 업무는 은행의 돈줄을 관리하는 출납과 교환! 돈을 다루는 일이다 보니 긴장감은 100%였죠. 하루하루가 긴장과 설렘으로 가득 찼고, 고객의 신뢰를 얻기 위해 최선을 다하고자 했습니다.

그러던 어느 날, 박 차석 주임님께서 저에게 특명을 내리셨습니다. "시재가 자꾸 안 맞아! 창구 직원들이 멋대로 돈을 가져다 쓰는 것 같으니, 자네가 교육 좀 해 봐!"

"네? 제가요?"

갑작스러운 지시와 함께 제 심장은 쿵쾅거렸습니다. 선배님들에게 교육을 시킨다는 건, 신입인 제가 감히 할 수 있는 일이 아닐 것 같았기 때문입니다. 하지만 어쩔 수 없이, 저는 떨리는 마음으로 텔러 선배님들 앞에 섰습니다.

"선배님들, 시재 좀 제대로 관리해 주세요! 가져가실 땐 꼭 말씀해 주시고요!" 그러나 돌아오는 건 냉담한 반응뿐. "아, 알았어, 알았어." 그들의 반응은 저를 더욱 긴장하게 했습니다.

결국, 참다못한 저는 폭발하고 말았습니다. "선배님들! 이러시면 안 됩니다! 시재 관리 제대로 해주세요!" 은행이 떠나가라 고함을 질렀죠. 순간, 창구 직원 선배님들의 눈이 동그래졌습니다.

"저, 저 녀석이 미쳤나?"
"어디서 감히 신입이!"

그제야 제가 무슨 짓을 저질렀는지 깨달았습니다. 얼굴이 화끈거리고, 손발이 덜덜 떨렸습니다. "이제 끝장이다!"라는 생각이 머리를 스쳤습니다.

그때, 구세주처럼 나타난 김OO 수석 행원님! "워, 워, 진정하게나. 아무리 옳은 말을 해도, 선배들한테 그렇게 함부로 하면 안 되지! 예의를 갖추는 게 중요해."

"네, 죄송합니다…"
제 목소리는 작아지고

말았습니다. 김 수석님은 부드러운 미소를 지으며 저를 다독여 주셨습니다. 그 순간, 저는 '예의'의 중요성을 뼈저리게 느꼈습니다. 아무리 옳은 말이라도 상대방에 대한 존중이 없는 전달은 오히려 반감만 산다는 것을 말이죠.

이후로 저는 창구 직원 선배님들께 깍듯이 존댓말을 쓰고, 시재가 안 맞으면 "혹시 실수하신 건 없으실까요?"라며 조심스럽게 여쭤보았습니다. 그랬더니 선배님들도 마음을 열고 저를 도와주기 시작했습니다. 서로 존중하고 배려하는 관계가 형성되자, 업무도 한층 원활하게 진행되었습니다.

좌충우돌 신입 행원 시절의 실수! 하지만 그 덕분에 저는 소중한 교훈을 얻었습니다. 바로 **'예의'**와 더불어 **'상대방을 존중하는 소통 방식'**의 중요성입니다. 은행 생활뿐 아니라 사회생활, 특히 사람과의 관계가 핵심인 RM에게는 상대방을 존중하는 태도가 신뢰 구축의 가장 기본임을 이때 깨달았습니다. 이 경험은 단순한 업무 수행이 아닌, 사람과 사람 간의 관계를 어떻게 형성해야 하는지를 가르쳐 주었습니다.

3. 8억 어음 실종 사건의 전말: 범인은 바로 나?

"어, 어음이 없어졌다?!"

대출 업무 담당 시절, 저는 할인어음 관리를 맡고 있었습니다. 돈 냄새가 풀풀 풍기는 어음 뭉치들을 수제 금고에 고이 모셔두고, 한국은행에 재할인 차입 신청까지 하는 중요한 임무였죠. 그래서 매일 아침 출근할 때마다 저는 그 금고를 바라보며 다짐했습니다. "오늘도 안전하게 지켜내야 해!" 그런데 어느 날, 월별 감사 중 청천벽력 같은 사건이 터졌습니다. 8억 원에 달하는 어음 7장이 감쪽같이 사라진 겁니다!

"모든 업무 스톱! 당장 어음 찾아!"

대출 담당 책임자의 불호령이 떨어지자, 2층 대출계는 그야말로 아수라장이 되었습니다. 직원들이 쏜살같이 움직이며 책상, 서랍, 서고는 물론이고, 쓰레기통까지 샅샅이 뒤졌습니다. 심지어 3일 치 쓰레기가 담긴 은행 쓰레기 보관 장소까지 싹 긁어모았습니다. 마치 CSI 수사대가 출동한 듯한 분위기였습니다. 하지만 어음은 코빼기도 보이지 않았습니다.

"범인은 이 안에 있어!"

모든 시선이 저에게 집중되었습니다. 식은땀이 후드득 떨어지며, 제 가슴이 쿵쾅거렸습니다. "어떡하지? 이 모든 게 나 때문인가?" 아찔한 생각이 스쳐 지나갔습니다. 저는 식은땀을 흘리며 어음의 행방을 떠올리려 애썼습니다. 2일 전 한국은행에 재할인 차입 신청을 하러 갔던 기억, 그리고… 아뿔싸! 한국은행에서 돌아오는 길에 OO 증권에 근무하는 친구를 만나러 잠깐 들렀던 것이 떠올랐습니다.

"설마… 거기서?"
불길한 예감이 들었습니다.

저는 곧바로 OO 증권으로 달려가 쓰레기통을 뒤졌지만, 그건 허사였습니다. 결국, 저는 지점장님께 불려 가 엄청난 꾸중을 듣고 좌절감에 빠졌습니다. "이제 어떡하지?"

최후의 수단으로 법무사를 통해 어음 분실 신고를 하고 제권판결을 받기 위한 절차를 밟기 시작했습니다. 그렇게 1주일이라는 시간이 흘렀습니다. 매일매일, 이 사건이 머릿속을 떠나지 않았고, 주변 동료들에게도 미안한 마음이 가득했습니다. 8억이라는 엄청난 금액 앞에서 저의 실수는 걷잡을 수 없는 공포가 되어 저를 짓눌렀습니다.

"어음 건철 좀 가져와 봐."
대출 담당 책임자의 말에 저는 1층 금고로 달려갔습니다. ㈜OO업체의 할인어음 건철을 꺼내 책임자에게 전달했죠. 그 순간, 책임자가 건철을 펼치는 모습이 느리게 진행되는 것처럼 보였습니다. 그리고 그때, 제 눈앞에 펼쳐진 광경은 믿기 어려웠습니다.

"세상에…"
분실된 줄 알았던
　8억 원어치의 어음 7장이 그대로 건철 안에 꽂혀 있는 겁니다! 알고 보니 제가 어음을 건철에 넣어둔 채 금고에 보관했던 것이었습니다. "휴, 살았다…" 안도감에 그 자리에 주저앉을 뻔했습니다.

　그날 이후, 저는 어음을 보면 무조건 수제 금고에 넣는 습관이 생겼습니다. 업무 마감 후에는 가장 먼저 수제 금고를 대 금고에 입고하고, 고객들의 눈에 띄지 않도록 따로 보관했습니다. 마치 8억 원짜리 보물을 다루듯 조심스럽게 말입니다.

　"어음도 현금이나 마찬가지야! 잃어버리면 큰일 나!" 이 사건을 계기로 저는 직원들에게 어음 관리의 중요성을 강조하며 잔소리를 퍼붓기 시작했습니다. 물론, 제 흑역사는 쏙 빼놓고 말이죠. 하지만 제 경험이 신입 행원들에게는 귀중한 교훈이 되길 바랐습니다.
　"여러분, 어음 관리 소홀히 하면 큰일 나요! 저처럼 되지 않으려면 꼭 주의하세요!" 이제는 후배들이 저의 경험을 통해 더욱 철저하게 어음을 관리할 수 있도록 전달해 주고 싶었습니다.

　이 사건은 단순한 실수가 아닌, 저에게 큰 교훈을 남겨주었습니다. 금융인에게 가장 중요한 '책임감'과 '정확성', 그리고 "작은 실수도 큰 문제로 이어질 수 있다"는 사실을 깊이 깨닫게 된 계기였죠. 고객의 자산을 다루는 RM에게 이 경험은 앞으로의 제 은행 생활에 있어 중요한 이정표가 되었고, 저는 더욱 현명하고 신중한 RM으로 성장하게 되었습니다.

4. 앗! 내 징계는 어디로? 부산 – 앙코르와트를 날다 추락한 나의 은행 인생!

"이번에 앙코르와트 노선이 생긴다면서? 대박 기회야!"

2007년, 저는 00억 원 규모의 시설자금 대출을 취급했습니다. 부산과 앙코르와트를 잇는 새로운 항공 노선이 생긴다는 소식에, 비행기 담보와 대표이사 모친의 부동산까지 얹어 대출을 실행했죠. 마치 제가 부산-앙코르와트 노선을 개척하는 개척자인 것처럼 가슴이 벅차올랐습니다. '황금알을 낳는 거위'를 잡았다는 생각에 제 금융 인생의 '돈길'이 활짝 열리는 듯했습니다. 초반에는 순조로웠습니다. 분할 상환도 꼬박꼬박 잘 들어왔고, 대표이사 모친께서 담보 해제까지 요청하셔서 흔쾌히 해드렸죠.

하지만 2008년, 금융 위기라는 거대한 태풍이 몰아치면서 제 인생은 180도 바뀌었습니다. 부산-앙코르와트 노선은 쥐도 새도 모르게 사라졌고, 대출 상환은 멈췄습니다. 담보로 잡았던 비행기는 어디 있는지조차 알 수 없었죠. "설마… 이대로 끝?" 제 머릿속은 혼란으로 가득 차고, 가슴은 조여오는 듯했습니다.

채권 보전은커녕 조건 변경 과정에서의 업무 처리 미숙으로 중징계를 받았습니다. 당시, 급변하는 시장 상황 속에서 고객의 부담을 덜어주기 위해 채무 조건 변경을 시도했지만, **담보 가치 변동에 대한 면밀한 재평가나 충분한 채권 보전 조치 없이 진행했던 것이 문제였습니다.** 은행 생활은 이제 끝이라고 생각했습니다. 3개월 동안 독산동 강가 버드나무 아래에서 술잔을 기울이며 신세 한탄만 했습니다.

승진은 물 건너갔고, 사랑하는 가족들에게 면목이 없었습니다.

"다시 일어설 수 있을까?"

절망의 늪에서 허우적거리던 저에게 고맙게도 고 센터장님과 선배들의 따뜻한 격려가 이어졌습니다. "괜찮아, 다시 시작하면 돼!" 그들의 진심 어린 조언에 용기를 얻어 마음을 다잡았습니다. '인생사 새옹지마'라는 말처럼, 이 위기를 기회로 삼아 더 열심히 해보기로 결심했습니다. RM에게 시련은 피할 수 없는 통과 의례와 같다는 것을 그때 어렴풋이 깨달았습니다.

"산토끼처럼 빠르게, 거북이처럼 꾸준하게!"

저는 이 문장을 되뇌었습니다. 고객의 니즈를 파악하고 새로운 기회를 포착하는 데는 **산토끼처럼 민첩하고 빠른 판단력**이 필요했습니다. 하지만 한 번 맺은 고객과의 관계를 꾸준히 유지하고, 신뢰를 더욱 깊게 쌓아가는 데는 **거북이처럼 끈기 있고 변함없는 노력**이 중요하다는 것을 이 시련을 통해 뼈저리게 체감했습니다. 용왕님의 병을 고치기 위해 토끼의 간을 구하러 갔던 거북이처럼, 저도 **간절함과 절박함으로 매일 아침 출근하며 주어진 업무에 최선을 다했습니다.** 마치 집을 나설 때 간을 두고 나오는 심정으로, 모든 것을 걸고 영업에 임했습니다.

업체 방문 섭외에 열정을 쏟았고, 밤낮없이 일했습니다. "고 센터장님, 그리고 사랑하는 가족들, 믿어주세요!"라고 센터장님의 격려와 가족들의 믿음에 힘입어 저는 다시 영업에 집중했습니다. 그리고 마침내, **베스트 RM이라는 영광**을 안았습니다. 징계라는 큰 시련을 겪었지만, 오히려 더욱 성장할 수 있었던 소중한 경험이었습니다. **금융**

인으로서의 신중함과 고객을 향한 진정성이라는 두 가지 핵심 가치를 뼈아프게 배우고 제 것으로 만든 시간이었죠.

이 사건은 단순한 실패가 아니라, 제 인생의 전환점이었습니다. 저는 후배들에게도 이 이야기를 들려주며, 어려움을 극복하는 법을 가르치게 되었습니다. "어떤 위기든지 절대 포기하지 마라. 그러면 반드시 길이 열린다." 이 말을 통해 후배들은 힘을 얻고, 저의 경험을 통해 자신도 성장할 수 있다는 희망을 느꼈습니다.

시간이 흘러, 저는 이 모든 경험을 바탕으로 저 자신을 돌아보게 되었습니다. 이제는 과거의 실수들이 저를 더욱 강하게 만들었고, 그 덕분에 저는 더 많은 고객과의 관계를 맺고, 더 나은 금융 서비스를 제공할 수 있게 되었습니다.

이제는 제 경험을 바탕으로 더 많은 신입 직원들에게 멘토 역할을 하며, 그들이 겪을 어려움에 대한 조언과 지원을 아끼지 않고 있습니다. **"우리가 겪은 어려움은 절대 헛되지 않다. 그것이 우리를 더욱 강하게 만들어 줄 것"**이라는 믿음으로 그들을 이끌고 있습니다.

이 글을 읽고 계신 여러분도 힘든 일이 있더라도 포기하지 마세요! 용기와 희망을 잃지 않는다면, 언젠가는 밝은 미래가 기다리고 있을 겁니다. 그리고 그 여정 속에서 자신이 얼마나 성장했는지를 느끼게 될 것입니다.

제3장

RM, 당신은 누구인가?

1. RM은 '신뢰'라는 어항 속 물고기: 고객 관계의 본질

RM, Relationship Manager는 단순히 금융 상품을 판매하는 사람이 아닙니다. 그들은 **고객과의 신뢰**라는 어항 속에서만 비로소 살아 숨 쉬는 물고기와 같습니다. 은행, 증권사, 보험사 등 금융권에서 RM은 고객의 이야기에 귀 기울이고, 그들의 니즈를 파악하여 최적의 솔루션을 제공하는 금융 전문가입니다. 마치 어항 속 물고기를 돌보는 사람처럼, 고객을 세심하게 관리하고, 고객과의 관계를 돈독히 유지하는 것이 RM의 가장 중요한 역할입니다.

신뢰라는 어항을 만들다!

어항 속 물고기가 살아가기 위해서는 깨끗한 물, 적절한 온도, 풍부한 먹이 등이 필요합니다. 마찬가지로 RM은 고객과의 신뢰라는 어항을 만들기 위해 끊임없이 노력해야 합니다. 고객에게 진심으로 다가가고, 고객의 처지에서 생각하며, 고객의 니즈를 충족시켜 주어야 하죠. 이러한 노력을 통해 RM은 고객과 깊은 유대감을 형성하고, 군건한 신뢰 관계를 구축할 수 있습니다.

진심으로 다가가기 위해서는 고객이 필요로 하는 것을 이해하고, 그들의 이야기에 귀 기울여야 합니다. "고객님, 요즘 어떤 점이 가장 고민인가요?"라고 질문함으로써 고객의 마음을 여는 것이 중요해요. **고객의 처지에서 생각하기**는 신뢰를 쌓는 중요한 첫걸음입니다. 고객이 원하는 것이 무엇인지 고민하고, 그에 맞는 솔루션을 제공해야 합니다.

어항 속 물고기를 키우다!

어항 속 물고기가 건강하게 자라기 위해서는 세심한 관리가 필요합니다. 물고기의 상태를 주의 깊게 살피고, 질병에 걸리지 않도록 예방하며, 필요하다면 적절한 치료를 제공해야 합니다. 마찬가지로 RM은 고객을 세심하게 관리하고, 고객의 문제를 해결하기 위해 노력해야 합니다.

문제 해결을 위한 노력은 고객이 어려움을 겪고 있을 때, 그들의 곁에 있어 주는 것이 RM의 역할입니다. "고객님, 어떤 문제로 어려움을 겪고 계시는가요?"라고 물어보며, 그들의 문제를 진심으로 이해하고 해결하기 위해 노력해야 합니다. 공감과 지원은 고객의 어려움에 공감하고, 그들에게 필요한 정보를 제공하며 지원을 아끼지 않아야 합니다. "제가 도와드리는 방법이 무엇인지 함께 고민해 보겠습니다"라고 말함으로써 고객의 믿음을 얻을 수 있습니다.

어항 밖 세상을 꿈꾸다!

어항 속 물고기는 어항 밖 세상을 알 수 없습니다. 하지만 RM은 어항 밖 세상, 즉 고객의 삶을 이해해야 합니다. 고객의 꿈, 고객의 고민, 고객의 미래를 함께 고민하고, 고객의 삶에 도움을 줄 수 있는 방안을 제시해야 합니다.

고객의 삶에 대한 이해는 고객이 어떤 목표를 가졌는지, 그들의 꿈은 무엇인지 파악하는 것이 중요합니다. "고객님, 앞으로 어떤 계획을 세우고 계시는가요?"라는 질문을 통해 고객의 비전과 목표를 함께 나누어 보세요. **지식과 경험의 확장**은 RM이 끊임없이 배우고 성장해야 하며, 폭넓은 지식과 경험을 쌓아야 한다는 것을 의미합니다. 금융 상품뿐만 아니라 고객의 삶에 영향을 미치는 다양한 요소를 이해하려고 노력해야 합니다.

고객과 함께 성장하다!

어항 속 물고기가 자라면서 어항도 함께 커져야 합니다. 마찬가지로 RM은 고객과 함께 성장해야 합니다. 고객의 변화하는 니즈에 맞춰 끊임없이 새로운 서비스를 제공하고, 고객의 성장을 위해 함께 노력해야 합니다.

지속적인 서비스 제공은 고객의 요구가 변화함에 따라 맞춤형 서비스를 제공하는 것이 중요합니다. "고객님, 최근에 출시된 신상품이 고객님께 매우 유용할 것 같습니다!"라는 식으로 고객에게 새로운 기회를 제시해야 합니다. **함께 성장하는 파트너**로서 고객과의 관계는 일회성이 아닙니다. 고객이 성장함에 따라 RM도 함께 발전해야 하며, 이를 통해 고객에게 없어서는 안 될 존재가 될 것입니다.

고객 가치를 창조하다!

RM은 단순히 금융 상품을 판매하는 사람이 아닙니다. 고객과의 신뢰를 바탕으로 고객의 삶에 가치를 더하는 사람입니다. 어항 속 물고기가 RM의 손길에 의해 건강하게 자라듯, 고객은 RM의 도움을 통해 꿈을 이루고 행복한 삶을 살아갈 수 있습니다.

고객의 든든한 동반자로서 RM은 고객의 믿을 수 있는 파트너 역할을 합니다. 그들의 목표 달성을 위해 함께 고민하고 지원하며 "고객님, 제가 항상 곁에 있겠습니다!"라는 메시지를 전달해야 하죠. RM은 **가치를 창조하는 존재**로 고객의 삶에 실질적인 가치를 더하는 사람입니다. 고객이 성공할 수 있도록 도와줄 수 있는 다양한 방법을 모색하고, 그들이 원하는 삶을 실현할 수 있도록 지원해야 합니다.

RM의 비전 : 고객과 함께하는 여정

이제 여러분은 RM으로서 고객과의 관계를 어떻게 발전시킬 것인지에 대한 비전을 가지고 있습니다. 고객과의 신뢰를 바탕으로 한 관계는 단순히 거래를 넘어서, 서로의 삶에 긍정적인 영향을 미치는 중요한 요소가 될 것입니다. 고객과 함께 성장하고, 그들의 꿈을 이루는 데 이바지하는 RM이 되어보세요!

2. RM은 기업의 주치의, 담임 선생님, 생명의 전화

RM의 핵심 가치 : 원스톱 서비스(One-Stop Service)"

원스톱 서비스(One-Stop Service)는 고객이 여러 곳을 방문할 필요 없이, 한 곳에서 모든 금융 서비스를 제공받는 개념입니다. 마치 뷔페처럼, 백화점처럼 말이죠! 이는 고객의 시간과 노력을 절약하고 만족도를 높이며, RM은 "모든 해결책이 여기에 있다"라는 신뢰를 구축함으로써 고객과 장기적인 관계를 형성하는 기반이 됩니다. 고객에게 편리함을, 기업에는 효율성을 제공하며, RM이 고객의 모든 금융 니즈를 한 번에 해결해 주는 전문가임을 각인시킵니다.

"RM은 기업의 주치의!"

저는 기업의 주치의처럼, 고객 기업의 '건강 상태'를 꼼꼼하게 살핍니다. 재무 상태를 정확히 진단하고, 문제점을 파악하여, 명의처럼 적절한 금융 처방을 내립니다. 고객의 비즈니스에 대한 깊은 이해를 바탕으로, "최근 매출이 감소한 것 같습니다. 어떤 문제가 있는지 함께 살펴보겠습니다"와 같이 정확한 진단을 통해 고객의 재무 상태와 경영 환경을 분석하여 건강한 성장을 위한 진단서를 제공해야 합니다. 고객 상황에 맞는 최적의 금융 솔루션을 제시하며, 그들의 건강한 경영을 지원하는 진정한 동반자가 되는 것이 중요합니다.

"RM은 기업의 담임 선생님!"

저는 기업의 담임 선생님처럼, 고객 기업의 성장을 위해 함께 고민하고 필요한 정보와 조언을 제공합니다. 때로는 칭찬과 격려로, 때로는 따끔한 충고로 고객 기업을 올바른 방향으로 이끌어 줍니다. 고객의 발전 과정을 주의 깊게 살피고, "이번 분기 성과는 정말 훌륭합니다! 앞으로도 이런 방향으로 나아가면 좋겠습니다"처럼 긍정적인 피드백을 제공하며 동기를 북돋아 주어야 합니다. 또한, 고객이 중요한 결정을 내릴 때, "이 선택이 고객사에 어떤 영향을 미칠까요?"와 같이 함께 고민하고 필요한 정보를 제공하여 올바른 선택을 할 수 있도록 돕는 것이 RM의 역할입니다.

"RM은 기업의 생명의 전화!"

저는 기업의 생명의 전화처럼, 고객 기업이 어려움에 부닥쳤을 때 언제든지 달려가 도움을 줍니다. 마치 119구급대원처럼, 고객 기업의 어려움을 외면하지 않고 함께 문제 해결을 위해 노력합니다. 고객이 어려움에 부닥쳤을 때 "어떤 문제가 발생했나요? 제가 도와드리겠습니다!"식으로 즉각 반응하여 신뢰를 얻는 것이 중요합니다. 고객의 문제를 분석하고 적절한 해결책을 제시하는 것이 RM의 핵심 역할입니다. "이 문제를 해결하기 위해 어떤 방법이 있을까요? 함께 고민해

보겠습니다"라는 태도로 고객과의 관계를 더욱 강화하고, 그들의 불안감과 스트레스를 이해하며 최선을 다하는 모습은 RM의 신뢰도를 높이는 데 크게 이바지합니다.

"One-Stop Service, 고객 감동을 선사하다!"

RM은 원스톱 서비스를 통해 고객에게 최고의 편의성과 만족도를 제공합니다. 금융 상품 판매부터 상담, 문제 해결까지 모든 서비스를 한 곳에서 제공하여 고객의 시간과 노력을 절약합니다. "고객님, 여기서 모든 문제를 해결할 수 있습니다!"라는 메시지로 신뢰를 얻고, 고객의 상황에 맞는 최적의 맞춤형 솔루션을 제공함으로써 고객 감동을 끌어내야 합니다. 고객이 필요로 하는 모든 것을 이해하고 제공하는 RM이 되기 위해 노력하며, 고객과의 관계를 깊게 하고 신뢰를 얻는 것이 RM의 가장 중요한 역할입니다.

3. "불났어요? RM이 출동합니다!":
닥.방과 소.방의 환상적인 콜라보

"'닥.방'과 '소.방': 영업의 두 날개"

'닥.방'은 '닥치고 방문'의 줄임말로, 저돌적으로 고객을 직접 찾아가는 전략을 의미합니다. 반면, '소.방'은 '소개받고 방문'의 줄임말로, 지인의 소개나 연고를 통해 고객에게 접근하는 전략을 뜻합니다. 이 두 가지 전략은 RM의 영업 활동에서 상호 보완적인 핵심 임무를 수행합니다.

"닥.방과 소.방의 시너지"

닥.방과 소.방은 떼려야 뗄 수 없는 관계입니다. 마치 찰떡궁합처럼 서로 시너지를 발휘하며 영업 목표 달성에 이바지합니다. RM은 상황에 따라 직접 방문(닥.방)하여 고객의 반응을 살피거나, 지인을 통한 접근(소.방)이 효과적일지 판단해야 합니다. 이 두 가지 방법을 효과적으로 조합하여 더 많은 고객에게 접근하고 관계를 심화시키는 것이 성공의 열쇠입니다.

"'닥치고 방문'의 정신"

저는 '닥.방' 정신으로 무장하고 잠재 고객을 찾아다녔습니다. "혹시 우리 은행 상품에 관심 있으신가요?" 물론 쉽지는 않았습니다. "우리는 주거래가 따로 있어요!", "바빠요!" 같은 문전박대는 기본이고, 때로는 욕도 얻어먹었습니다. 하지만 저는 포기하지 않았습니다. 고객의 반응이 좋지 않더라도 "다음에 다시 찾아 뵙겠습니다!"와 같은 긍정적인 태도를 유지하며 끊임없이 도전하는 것이 중요합니다. 실패를 두려워하지 않는 정신은 고객에게 더 가까이 다가가는 힘이 됩니다.

"소개 찬스! 소.방 작전 개시!"

'닥.방'만으로는 한계가 있을 때, 저는 '소.방' 작전을 시작했습니다. '혹시 좋은 고객 소개해 주실 수 있나요?' 지인, 친구, 가족, 심지어 경쟁사 직원에게까지 연락하여 고객을 소개받았습니다. 다양한 경로를 통해 고객을 소개받는 것은 매우 중요합니다. "이런 경로로 고객을 찾을 수 있겠군!"이라는 생각으로 적극적으로 접근해야 합니다. 누군가에게 소개받는 것만으로도 고객과의 신뢰를 얻을 수 있으며, 이는 자연스러운 관계 형성으로 이어집니다.

"환상의 콜라보 : 닥.방과 소.방의 시너지 효과"

닥.방과 소.방의 시너지 효과는 놀라웠습니다. 닥.방으로 잠재 고객을 발굴하고, 소.방으로 신뢰도를 높여 성공적인 영업을 이끌 수 있었습니다. 이 두 가지 상호 보완적인 전략을 효과적으로 조합하면 더 많은 고객에게 접근할 수 있습니다. '닥.방으로 먼저 얼굴을 내비치고, 소.방으로 관계를 심화하는 것'이 바로 성공의 열쇠입니다. 고객과의 관계를 강화하는 데 이 두 전략 모두 필수적입니다.

닥.방과 소.방은 영업 성공을 위한 최고의 파트너입니다. 두 가지 전략을 적절히 활용하여 최고의 RM이 되십시오! 고객과의 관계를 강화하고, 더 많은 기회를 만들어 나가는 데 힘써야 합니다. 고객에게 더 나은 서비스와 지원을 제공하기 위해 이 두 가지 전략을 잘 활용하며, 고객의 마음을 사로잡고 그들과 함께 성장하는 RM이 되기를 바랍니다.

4. RM이 꼭 해야 할 일! 3가지.

RM, 끊임없는 노력과 자기 관리 : RM은 고객과의 관계를 지속적으로 유지하고 발전시키기 위해 끊임없이 노력하고 자기 관리를 해야 하는 직업입니다. 많은 시간과 노력이 필요하지만, 제가 RM으로서 꼭 지켜야 할 세 가지 약속만 따른다면 당신도 최고의 RM이 될 수 있습니다!

첫째, 수시로 섭외(섭외 등록시스템) 등록하기!

섭외 등록시스템 앱을 활용하여 섭외 활동을 기록하고 관리하는 것은 매일 일기를 쓰는 마음가짐과 같습니다. "오늘은 어떤 고객을 만났고, 어떤 이야기를 나눴는지 기록해 두자!"라는 생각으로 하루를 정리하는 습관을 들이세요.

잠재 고객 정보 기록 : 잠재 고객의 정보, 면담 내용, 제안 상품 등을 꼼꼼하게 기록해 두는 것이 중요합니다. 예를 들어, "고객님은 최근 투자에 관한 관심이 높아졌다고 하셨지!"와 같은 세부 사항도 놓치지 않고 적어 두세요. 이러한 정보는 다음 만남에서 고객에게 맞춤형 서비스를 제공하는 데 큰 도움이 됩니다.

성과 분석 및 전략 발전 : 섭외 활동 기록을 분석하여 개선 방안을 모색하고, 영업 전략을 발전시킬 수 있습니다. "어떤 접근이 효과적이었고, 어떤 점은 개선해야 할까?"라는 질문을 스스로 던지며 지속적으로 발전하는 RM이 되십시오. 성공 사례와 실패 사례를 모두 기록하고 분석하는 것이 앞으로 영업 전략을 더욱 효과적으로 조정하는 데 필수적입니다.

새로운 고객 발굴의 설렘! 새로운 고객을 발굴하는 것은 RM의 중요한 임무 중 하나입니다. 사냥꾼이 사냥감을 찾아 숲을 헤매듯이, 저는 매일 새로운 고객을 위해 잠재 고객을 분석하고 그들에게 맞는 상품을 제안합니다. 끊임없이 새로운 고객을 찾아 나서는 설렘을 느끼며, 다양한 채널을 통해 고객의 니즈를 파악해 맞춤형 상품을 골라 줍니다. 제가 제안한 상품이 고객의 문제를 해결해 줄 때의 기쁨은 이루 말할 수 없으며, 이는 고객의 신뢰로 이어져 거래가 지속되는 기반이 됩니다.

둘째, 매일 거래처 1곳 이상 방문하기!

현장 중심의 영업 : "영업은 현장이다!"라는 말처럼, RM은 발로 뛰어야 합니다. 고객과 직접 만나 소통하는 것은 관계를 발전시키는 가장 효과적인 방법입니다. 매일 한 곳 이상의 거래처를 방문하는 목표를 세우고 꾸준히 실천하는 것이 중요합니다.

고객 관계의 핵심 : 고객을 정기적으로 방문하여 소통하고 관계를 돈독히 하는 것은 신뢰의 기초가 됩니다. 고객의 소식을 듣고 변화하는 요구를 파악하며 필요한 지원을 제공하는 것이 RM의 역할입니다. 이러한 꾸준함은 고객에게 신뢰감을 주어 장기적인 거래 관계로 이어집니다.

진정한 고객 만남의 가치! 영업은 책상 앞에 앉아서는 안 됩니다. 고객을 만나고 그들의 이야기에 귀 기울여야 합니다. 탐험가가 새로운 땅을 찾아 떠나는 것처럼, 저는 매일 거래처를 방문해 고객과 소통하고 그들의 니즈를 파악합니다. 고객의 마음속 깊은 곳에 숨겨진 진짜 니즈를 찾아내는 즐거움을 만끽합니다. 거래처를 방문할 때마다 새로운 이야기가 펼쳐지고, 고객이 직면한 문제를 듣고 해결책을 제안하는 과정은 RM에게 큰 자극이 됩니다. 이 과정에서 고객과의 신뢰가 쌓이고, 이는 자연스럽게 영업 성과로 이어집니다. 고객과의 만남은 단순한 업무가 아니라, 서로의 가치를 인정하고 함께 성장하는 기회이며, 이러한 만남이 쌓여갈수록 RM과 고객의 관계는 더욱 깊어집니다.

셋째, 매월 영업 우수 사례 1건 이상 등록하기!

영업 노하우 공유 및 자기 발전 : 성공적인 영업 사례를 기록하고 공유하여 다른 RM들에게 도움을 주는 것은 팀워크를 강화하는 데 큰 도움이 됩니다. 영업 우수 사례를 작성하면서 자신의 영업 방식을 되돌아보고 개선할 수 있으며, 배운 점을 다음 영업 활동에 적용하는 기회를 만듭니다.

동기 부여 : 다른 RM들의 우수 사례를 보며 동기 부여를 받고, 더욱 열심히 노력할 수 있습니다. "이 RM의 사례는 정말 대단해! 나도 저렇게 할 수 있어!"라는 긍정적인 자극을 통해 서로의 성장을 도모하고, 팀 전체가 함께 발전하는 분위기를 조성하는 것이 중요합니다.

고객 감동을 위한 열정! 영업은 단순히 상품을 파는 것이 아닙니다. 고객의 마음을 얻고, 신뢰를 쌓는 일입니다. 고객의 마음을 사로잡기 위해 매달 영업 우수 사례를 만들기 위해 노력합니다. 고객의 꿈과 목표를 듣고 함께 고민하며, 고객이 만족하고 감동하는 순간, 그들의 신뢰를 얻는 것이 가장 큰 보람입니다. RM으로 활동한 8년 동안 180여 건의 우수 사례를 등록하며 이 책을 집필할 수 있었던 것도 이 덕분입니다. 제가 만든 영업 성공 사례를 동료들과 나누고 배우며 성장하는 기쁨은 동료들에게도 긍정적인 영향을 미치고 팀워크를 강화합니다.

"RM, 약속을 지키는 사람"

저는 RM으로 일하는 동안 위의 세 가지 약속을 목숨처럼 소중히 여기며 지키기 위해 최선을 다했습니다. 특히 매일 거래처 방문 약속을 지키기 위해, 내부 업무로 바쁠 때는 인근 거래처를 미리 방문하여 시간을 효율적으로 활용했습니다.

시간 관리의 중요성 : 바쁜 일과 속에서도 시간을 효율적으로 관리하는 것은 매우 중요합니다. "내가 이 시간을 어떻게 활용할 수 있을까?"라는 질문을 스스로에게 던지고, 일정 관리 앱이나 캘린더를 활용하여 고객 방문을 체계적으로 계획하는 것이 좋습니다.

신뢰의 기반 : 약속을 지키는 RM이 되어 고객에게 신뢰를 주는 것은 매우 중요합니다. "고객님, 제가 약속 드린 대로 방문하겠습니다!"라는 약속은 고객과의 신뢰를 더욱 굳건히 해줄 것입니다. 고객이 RM의 말을 믿고 따를 수 있도록 꾸준히 신뢰를 쌓아가는 노력이 필요합니다.

나와 고객이 함께 성장한다! 영업은 끊임없는 자기 관리와 노력이 필요한 분야입니다. 스스로 목표를 세우고 꾸준히 실천하면 반드시 좋은 결과를 얻을 수 있습니다. 매일매일의 작은 성공들이 모여 큰 성과로 이어진다는 것을 잊지 마십시오! 항상 고객의 처지에서 생각하고 그들의 목소리에 귀 기울이며 필요를 이해하는 것이 영업의 핵심입니다. 또한, 영업은 혼자서는 할 수 없는 일입니다. 동료와의 협력, 고객과의 신뢰, 그리고 그 과정에서 쌓이는 경험들이 모두 큰 자산이 됩니다. 함께 성장하는 기쁨을 느끼며, 더 나은 영업왕이 되기 위한 여정을 계속해 나가시길 바랍니다. RM은 자기 관리와 꾸준한 노력을 통해 최고의 성과를 달성할 수 있습니다. 이 세 가지 약속을 지켜 최우수 RM이 되십시오! 고객과의 관계를 깊게 하고, 그들의 신뢰를 얻는 것이 RM의 가장 중요한 역할입니다.

RM으로서 꼭 해야 할 일(매 時-日-月)

1. **수시** 時 섭외(spurt) 등록하자.
2. **매일** 日 거래처 1곳 이상 무조건 방문하자.
3. **매월** 月 영업우수사례 1건 이상 등록하자.

5. 고객의 마음을 사로잡는 베스트 RM의 특징

"베스트 RM, 그들의 성공 비밀"

RM은 단순히 고객을 만나 상품을 판매하는 사람이 아닙니다. 그들은 고객의 마음을 사로잡고, 지속적인 관계를 형성하는 전문가입니다. RM 세계에서도 빛나는 별처럼 뛰어난 성과를 내는 사람들이 있습니다. 그들은 어떤 특별한 능력을 갖추고 있을까요? 이제 최고의 RM이 되기 위한 비밀을 공개합니다!

첫째, '강력한 인맥 네트워크' 네트워크는 RM의 힘입니다.

최고의 RM들은 행 내외에 걸쳐 탄탄한 인맥을 구축하고 적극적으로 활용합니다. 촘촘하게 연결된 네트워크를 통해 다양한 정보를 얻고, 새로운 고객을 발굴하며, 딜 소싱 기회를 창출하는 것이 RM의 가장 강력한 무기입니다. 소셜 미디어와 네트워킹 이벤트에 적극 참여하여 인맥을 확장하고 관계를 강화하는 노력이 필요합니다.

둘째, '우수 고객 관리, 성공의 지름길' VIP 고객을 사로잡는 것이 중요합니다.

우수한 성과를 내는 RM들은 우수 고객 집단을 관리하며, 이들 네트워크로부터 다양한 혜택을 얻습니다. 소개 영업을 통해 우수 거래처를 소개받고, 딜 성공 가능성을 높일 수 있습니다. 고객의 특성과 요구를 이해하고, 그에 맞는 맞춤형 서비스를 제공함으로써 고객을 끌어당기는 매력적인 RM이 되어야 합니다.

셋째, '방문 vs 소개, 전략적인 선택' 스마트하게 일하는 RM이 되십시오.

　방문 활동은 성공률이 낮고 조건이 좋지 않지만, 소개를 받는 경우 우수 거래처를 확보하고 성공 가능성을 높일 수 있습니다. RM은 시간과 노력을 효율적으로 사용해야 합니다. 사냥꾼이 사냥감을 선택하듯, 어떤 상황에서 방문이 적합한지, 소개를 받는 것이 더 효과적인지 전략적으로 판단해야 합니다.

넷째, '본점 정보 활용, 최신 트렌드 파악' 정보는 RM의 나침반입니다.

　본점의 최신 정보를 꾸준히 획득하고, 본부의 핵심 인력들을 적극적으로 활용해야 합니다. 본점의 심사 방향, 최신 산업 정보 동향 등에 대한 지속적인 관심을 가지고 본점 정보를 적극적으로 활용하면 영업 활동에 큰 도움이 됩니다. 시장 변화에 민감하게 반응하고, 이를 고객에게 유용한 정보로 바꾸어 제공하는 것은 신뢰를 쌓는 데 크게 이바지합니다.

다섯째, '문제 해결사 RM' 고객의 어려움을 해결해 주는 RM이 되십시오.

　고객의 문제를 해결하기 위해 최선을 다하는 RM은 고객의 신뢰를 얻고 장기적인 관계를 구축할 수 있습니다. 은행 내 해결이 어려운 사안은 다른 은행, 캐피탈, 제2 금융권 등 다양한 네트워크를 활용하여 다각적으로 접근하고 해결책을 제시해야 합니다.

여섯째, '한 분야의 전문가 RM' 한 가지 이상의 전문 분야를 갖추세요.

고객에게 차별화된 가치를 제공할 수 있는 특정 상품이나 산업 분야에 대한 전문 지식을 쌓고 시장에서 전문가로 인정받으면 고객들이 RM을 먼저 찾게 될 것입니다. 유명 의사처럼, 전문성을 바탕으로 고객의 신뢰를 얻어야 합니다. 최신 금융 상품과 시장 트렌드를 파악하기 위해 지속적으로 학습하고, 세미나나 교육에 참석하는 자세가 필요합니다.

일곱째, '친구 같은 RM' 고객에게 편안하게 다가가세요.

격식을 차리지 않고 편안하게 대하며, 어려운 일을 부탁받아도 적극적으로 해결해 주는 RM은 고객의 마음을 사로잡을 수 있습니다. 오랜 친구처럼, 고객과 진솔한 관계를 맺고 신뢰를 쌓아야 합니다. 고객과의 관계를 더욱 친밀하게 만들기 위해 자주 소통하고, 안부 차 연락하는 등의 작은 배려가 큰 신뢰를 쌓는 데 도움이 됩니다.

여덟째, '고객 감동 서비스' 기대를 뛰어넘는 서비스를 제공하십시오.

고객이 기대하지 않는 범위까지 서비스를 제공하여 감동을 선사해야 합니다. 신용 보증 기금, 중소기업 진흥 공단 등의 자금 제안 시 경험이 없는 고객을 위해 직접 신청서를 작성해 주는 것처럼, 고객의 불편을 해소하고 편의를 제공하는 RM은 고객의 마음을 얻을 수 있습니다. 필요한 서류를 미리 준비하거나, 복잡한 절차를 간소화하는 등의 세심한 배려가 큰 효과를 발휘합니다.

아홉째, '정확한 판단, 빠른 실행' 실행력이 강한 RM이 되십시오.

고객이 요청하는 딜에 대해 정확하게 판단하고, 진행하기로 한 딜은 빠르게 실행하여 고객의 만족도를 높이세요. 평소 친밀한 관계를 유지하며 정확한 의견을 제시하고 빠른 실행력을 보여주면 고객은 감동할 수밖에 없습니다. 고객의 요청에 대해 즉각적으로 반응하고, "요청하신 내용에 대해 오늘 중으로 처리해 드리겠습니다!"라고 자신 있게 말하는 신속한 실행력은 고객에게 큰 신뢰를 주는 요소입니다.

열 번째, 'Top of Mind RM' 고객이 가장 먼저 찾는 RM이 되십시오.

우수한 고객 관계의 비결은 결국 고객이 어려움이나 금융 니즈가 있을 때 가장 먼저 떠올리는 사람(Top of Mind)이 되는 것입니다. 마치 비상 연락망 1순위처럼, 고객에게 가장 신뢰받는 RM이 되어야 합니다. 고객과의 관계를 지속적으로 유지하고 신뢰를 쌓기 위해 다양한 방법을 활용하여 고객이 RM을 기억하도록 만드세요.

PART 2

RM의 핵심 전략 ▶ 현장 실전 노하우

낚시왕도 유료 낚시터에선 물고기를 잡기 힘들다고 합니다. 물고기들이 똑똑해져서 쉽게 미끼를 물지 않기 때문입니다. 영업도 마찬가지입니다. 경쟁이 치열한 요즘, 우량 기업체를 유치하는 것은 실로 어렵습니다. 기업들도 똑똑해져서 웬만한 제안에는 콧방귀도 뀌지 않습니다.

제4장

제갈길 RM의
영업 비법 대공개!

1. 영업은 낚시다! :
   잡어는 가라! 돔 한 마리 낚는 '핵인싸' RM의 비밀

"묻지 마! 닥치고! 들이대!"

많은 사람들이 영업할 때, 마치 그물을 던지듯 무작정 들이대는 경우가 많습니다. 하지만 이런 방식으로는 지속적인 성과를 내기 어렵죠. 영업은 낚시와 같습니다. 내가 원하는 물고기를 잡으려면 그 물고기가 좋아하는 미끼를 사용하고, 그 물고기가 있는 곳(시장)을 찾아가야 합니다.

"잡어는 가라! 난 돔만 노린다!"

이제부터는 영업의 원리를 낚시에 비유해 봅시다. 내가 원하는 어종(고객)을 고르고, 그 어종이 모여 있는 곳(시장)에 가서, 잡을 수 있는 도구(상품)를 이용해 역량(마케팅)을 집중시켜 잡아야 합니다. 돔 고기가 잘 잡히는 포인트가 어디인지, 어떤 미끼를 사용해야 하는지, 어떤 낚시 기술을 써야 하는지 알아야 해요. 마치 신중하게 낚시를 준비하는 것처럼, 영업에서도 모든 요소를 고려해야 합니다.

그리고 돔 한 마리가 잡어 수천 마리보다 가치 있는 것처럼, 영업도 마찬가지입니다. 핵심 고객을 파악하고, 그들에게 집중하는 것이 중요합니다.

"나만의 특급 미끼로 고객을 사로잡는다!"

과거에는 단순히 포인트만 잘 찾아서 낚시하면 원하는 대로 물고기를 잡을 수 있었습니다. 그러나 요즘은 상황이 달라졌습니다. 유료 낚시터에 가보면, 처음 낚시를 하는 사람은 낚시왕도 물고기를 잡기 힘들다고 하더군요. 왜냐하면 유료 낚시터의 물고기들은 똑똑해져서 쉽게 미끼를 물지 않기 때문입니다. 영업도 마찬가지입니다. 경쟁이 치열한 요즘, 우량 기업체를 유치하는 것은 실로 어렵습니다. 기업들도 똑똑해져서 웬만한 제안에는 콧방귀도 뀌지 않습니다. 콧대 높은 고객을 사로잡으려면 차별화된 전략이 필요합니다. 나만의 특급 미끼를 만들어야 합니다. 이 미끼는 단순한 제품이나 서비스가 아니라, 고객의 문제를 해결해 줄 수 있는 솔루션이어야 합니다.

"핵인싸 RM의 비밀? 바로 '관계 마케팅'이지!"

유료 낚시터에서도 두 번, 세 번, 계속해서 찾아오는 사람은 결국 물고기를 많이 잡습니다. 영업도 마찬가지입니다. 끈질기게 고객과의 관계를 형성하고, 신뢰를 쌓아야 합니다. 발품을 팔아 지속적인 관계 마케팅을 하는 것이야말로 핵인싸 RM의 비밀입니다.

이런 관계는 단순한 거래를 넘어, 고객이 필요로 하는 것을 진정으로 이해하고 그에 맞는 솔루션을 제공하는 데서 시작됩니다. 고객이 원하는 것이 무엇인지, 그들의 문제를 어떻게 해결할 수 있을지 고민하는 과정이 중요합니다. 결국, 고객은 믿을 수 있는 파트너를 원합니다.

예를 들어, 제가 한 기업 고객을 만났을 때, 그들은 자금난으로 고민하고 있었습니다. 그들의 문제를 이해하고, 맞춤형 금융 솔루션을 제공하기 위해 여러 가지 대안을 제시했습니다. 그 과정에서 고객과의 신뢰가 쌓였고, 그들은 저를 믿고 함께 하기로 결정했습니다. 이처럼, 고객과의 관계를 깊이 있게 쌓아가며, 당신만의 특급 미끼를 준비하세요.

영업은 낚시와 같습니다. 인내심을 갖고 꾸준히 노력하면 결국 원하는 물고기를 잡을 수 있습니다. 고객과의 관계를 깊이 있게 쌓아가며, 당신도 '핵인싸 RM'이 될 수 있습니다!

여러분도, 영업의 세계에서는 낚시꾼이 되어야 합니다. 고객의 마음을 사로잡는 방법은 결국 고객과의 신뢰를 쌓고, 그들의 필요를 이해하는 데서 시작합니다. 그러니 한 번의 시도에 좌절하지 말고, 끈기 있게 도전하세요. 영업의 세계에서 여러분도 꼭 원하는 성과를 이룰 수 있을 것입니다!

2. "영업? 그거 완전 공포 체험 아니야?": 영업은 두려움을 극복하는 것

"세상에… 영업이라니!"

처음 금융 영업 업무를 맡았을 때, 솔직히 두려웠습니다. 낯선 사람들에게 다가가 상품을 설명하고, 거절당하는 걸 생각하니 머리가 지끈거렸죠. 그 두려움은 마치 입안에 씁쓸한 맛이 돌 듯 저를 괴롭혔습니다. 하지만 저는 곧 마음을 다잡았습니다. **"영업은 두려움을 극복하는 것이다!"** 라는 좌우명을 되새기며 용기를 내기로 했습니다.

"영업? 그거 완전 익스트림 스포츠 아니야?"

영업은 결코 쉬운 일이 아니었습니다. 낯선 사람들에게 먼저 다가가 말을 건네는 것부터가 어려웠습니다. "저기…. 혹시…. 우리 은행 상품에 관심 있으신가요?"라는 질문을 던지는 순간, 심장은 쿵쿵 뛰고, 손끝은 차가운 땀으로 젖어 들었습니다. 고객들은 저를 냉담하게 쳐다보며 "아니, 저 사람은 왜 저렇게 끈질기지?"라는 시선으로 저를 압박했습니다. 마치 좀비 떼에게 쫓기는 기분이랄까요? 그런 상황에 놓이니 저도 모르게 멈칫하며 얼어붙었습니다. 하지만 저는 포기하지 않기로 결심했습니다. 다시 한번 좌우명을 되새기며 두려움을 극복하겠다고 다짐했습니다.

"거절? 그깟 거 100번쯤 당해 봐야 정신 차리지!"

수없이 거절당하면서 저는 점점 단단해졌습니다. 거절당하는 것에 익숙해지니 오히려 오기가 생겼죠. "그래, 한번 해보자! 내가 꼭 너를 우리 은행 고객으로 만들고 말겠어!" 그런 마음가짐으로 다시 고객을 찾아 나섰습니다. 매일 아침 새로운 결심을 안고 출근했고, 점차 자신감이 붙어갔습니다.

어느 날, 한 기업 고객과의 미팅에서 제가 준비한 제안서와 프레젠테이션이 예상보다 큰 호응을 얻었습니다. 고객이 제안서의 내용을 찬찬히 읽어보며 고개를 끄덕이는 모습은 그동안의 노력이 헛되지 않았다는 확신을 해주었습니다. "어머, 이 상품 정말 좋은데요?"라는 고객의 말은 저에게 큰 힘이 되었습니다. "이렇게 친절한 은행원은 처음 봐요!" 그 순간의 희열은 마치 로또에 당첨된 기분처럼 저를 감싸주었고, 그동안의 고생을 모두 잊게 할 만큼 값진 것이었습니다.

이 경험은 저에게 영업이 단순히 상품을 파는 것이 아니라, 고객과의 관계를 쌓고 신뢰를 만드는 과정임을 일깨워주었습니다. 그 후로는 고객과의 대화에서 두려움 대신 기대감을 느끼게 되었고, 그 변화는 제 영업 성과에 긍정적인 영향을 미쳤습니다. 고객의 눈빛에서 기대와 신뢰를 읽어내는 능력이 생기면서, 영업이 더 이상 두렵지 않게 되었습니다.

영업은 두려움과의 싸움입니다. 하지만 두려움을 극복하고 나면 그 끝에는 달콤한 성공이 기다리고 있습니다. 고객과의 관계를 깊이 있게 쌓아가며, 당신도 '핵인싸 RM'이 될 수 있습니다.

3. 두려움은 없다! '닥치고 마케팅' 정신으로 승부한다

"영업은 두려움을 극복하는 것이다!"

저는 금융 영업 업무를 시작한 이후 이 말을 좌우명처럼 새기고 살았습니다. 애인을 만나러 가는 설렘 가득한 마음으로! 제가 OO 은행의 고객으로 만들겠다고 점찍은 업체가 있다면, 그 어떤 거절에도 굴하지 않고 끈질기게 달려들었습니다.

"내 영업 노하우? 그건 바로 '닥치고 마케팅'이지!"

제가 만든 '영업이 제일 쉬워요!' RM 강의 자료에도 가장 먼저 등장하는 단어가 바로 '**두려움**'입니다. 영업의 두려움을 극복하는 방법은? 바로 '**닥치고 마케팅**'입니다! 무조건 현장으로 뛰어나가 고객들을 만나고, 수없이 거절당하면서 단단해지는 겁니다.

이런 마음으로 현장에 나가면, 거절의 두려움도 사라집니다. "**거절당하는 게 뭐 어때? 그건 내가 더 나아질 기회야!**"라는 생각으로 무장하고 나가면, 매번의 만남이 성장의 발판이 됩니다.

"4년 동안 쫓아다닌 끝에 드디어…. 쟁취했다!"

독산동금융센터에서 근무할 때, ㈜A엔지니어링이라는 회사를 처음 방문했을 때의 일입니다. "OO용" 이사는 저를 냉담하게 대했습니다. "독산동지점에 오신 지 얼마나 되셨나요?" 그의 말에는 숨겨진 의미가 있었습니다. "어차피 2~3년 후면 다른 지점으로 가버릴 거면서…" 하지만 저는 포기하지 않았습니다. 재무구조가 탄탄한 그 회사를 꼭 OO 은행의 고객으로 만들겠다고 다짐했죠, 짝사랑하는 그녀의 마음을 얻겠다는 일념으로!

"4년의 짝사랑, 드디어 결실을 보다!"

그 후로 저는 4년 동안 끈질기게 그 회사를 방문했습니다. 때로는 따뜻한 커피를 건네고, 때로는 회사의 어려움을 함께 고민하며 진심으로 다가갔습니다. "이 회사와 함께 성장할 수 있다면 얼마나 좋을까?"라는 생각으로 매번 만남을 준비했습니다. 마침내 4년 만에 그 회사를 OO 은행의 고객으로 만들었습니다!

이 경험을 통해 저는 **'닥치고 마케팅'** 정신과 끈기, 그리고 진심이야말로 최고의 영업 전략이라는 것을 깨달았습니다. 거절이 두렵고, 실패가 두려운 것은 당연합니다. 그러나 그 두려움을 극복하고, 진심으로 다가간다면 고객의 마음을 얻을 수 있다는 것을 몸소 체험한 것입니다.

영업은 마치 연애와 같습니다. 두려움을 버리고 자신감을 가지고 다가가세요! 상대방에게 진정한 관심을 보이고, 그들의 마음을 이해하려 노력하세요. 그리고 끈기와 진심을 담아 상대방의 마음을 얻으세요!

영업의 세계에서 두려움은 여러분의 발목을 잡지 못하게 하세요. 오히려 그것을 극복하는 과정에서 여러분은 더욱 강해질 것입니다. '닥치고 마케팅!' 정신으로 오늘도 현장에서 새로운 고객을 만나고, 그들과의 관계를 쌓아가길 바랍니다. 여러분의 끈기와 진심이 반드시 결실을 볼 것입니다!

4. '따뜻한 금융'이 마케팅 핵무기가 되는 순간: 입소문의 놀라운 힘

"고객 감동? 그게 뭔데?"

고객 감동은 단순히 고객을 만족시키는 것을 넘어, 고객의 마음을 따뜻하게 울리는 것입니다. "아, 이 회사는 정말 나를 생각해 주는구나!"라는 감정을 불러일으키는 것이죠. 고객의 마음을 움직이는 일은 쉽지 않지만, 그 힘은 엄청납니다. 고객이 느끼는 감동은 그들의 행동에 큰 영향을 미치고, 이는 기업의 성장으로 이어질 수 있습니다.

고객의 기대를 뛰어넘는 서비스는 그들에게 잊지 못할 경험을 제공합니다. 고객 감동의 순간은 기억에 남고, 그 기억은 다시 찾고 싶은 마음을 불러일으킵니다. 그들의 경험이 긍정적일수록, 그들은 더 많은 사람들과 이야기하고, 자연스럽게 기업의 홍보를 하게 됩니다.

"고객 감동은 마케팅의 핵무기!"

고객 감동은 강력한 마케팅 효과를 가져옵니다. 감동한 고객은 주변 사람들에게 자신의 경험을 이야기하고, 이는 곧바로 입소문으로 이어져 기업의 이미지를 좋게 만들고 새로운 고객을 끌어들입니다. 마치 맛집에 대한 소문이 퍼져나가는 것처럼 말이죠!

예를 들어, 여러분이 정말 맛있는 음식을 먹었다면, 그 경험을 친구에게 이야기하고 싶어질 것입니다. "그 집 음식 정말 끝내줘! 꼭 가봐!"라고 말하는 순간, 그 집은 새로운 고객을 맞이할 준비가 되어 있는 것이죠. 이렇게 고객 감동은 자연스럽게 브랜드의 인지도를 높이는 역할을 합니다.

"'A사', B 은행에서 거절당하다!"

이제 고객 감동의 실제 사례를 살펴보겠습니다. 'A사'는 주거래 은행인 B 은행에서 지급보증서 발급을 거절당했습니다. "이제 어떡하지?" 다급해진 그들은 저를 찾아왔습니다. 그들의 절박함이 느껴졌고, 저는 그들에게 도움을 주기로 결심했습니다.

"제발 도와주세요!"

"물론입니다!"라고 답하며 저는 그들의 이야기에 귀 기울였습니다. 그들의 문제를 진정으로 이해하고자 했습니다. 고객이 어려움에 부닥쳤을 때, 그들의 문제를 해결해 주는 것이 진정한 금융 서비스의 가치라고 생각했습니다. 이 과정에서 고객과의 신뢰를 쌓는 것이 얼마나 중요한지를 깨닫게 되었습니다.

"C 은행과 힘을 합치다!"

그러나 본부 승인 과정에서 지급보증 금액이 00억 원에서 0억 원으로 감액되었습니다. "아직 부족한데…" 걱정이 앞섰습니다. 이 때 저는 C 은행과 D 은행에 연락하여 도움을 요청했습니다. 마치 Avengers처럼, 아니면 Justice League처럼 말이죠! 여러 금융 기관들이 힘을 합쳐 문제를 해결하는 모습은 정말 멋진 일이었습니다.

결국 C 은행에서 나머지 금액을 지원해 주기로 했습니다. 고객의 문제를 해결하기 위해 여러 기관과 협력하는 과정에서, '따뜻한 금융'의 진정한 의미를 깨달았습니다. 혼자서는 할 수 없는 일도, 함께라면 해결할 수 있다는 것을 느꼈습니다.

"문제 해결! 고객 감동!"

저는 C 은행 담당자와 함께 'A사' 대표이사를 찾아가 문제 해결 소식을 전했습니다. "축하합니다!"라고 말하며 기쁜 소식을 전했을 때, 대표이사는 23년 사업하면서 처음 있는 일이라며 감사를 전했습니다. 이 순간, 고객의 목소리에 귀 기울인 결과가 바로 나타났습니다. 저는 고객 만족을 넘어 고객 감동을 끌어냈고, '따뜻한 금융'의 힘을 보여주었습니다.

이 경험을 통해 고객의 감동은 단순한 만족을 넘어, 그들의 마음에 깊이 새겨진다는 것을 알게 되었습니다. 고객이 진심으로 감사할 때, 그들은 그 경험을 잊지 않고 주변에 이야기하게 됩니다.

"입소문 마케팅, 대성공!"

이 건을 계기로 은행 이미지를 높이는 데 크게 이바지했습니다. 고객의 감동적인 경험은 곧바로 주변 사람들에게 전해졌고, 이는 새로운 고객을 유치하는 데 큰 도움이 되었습니다. "내가 이런 경험을 했으니, 너도 해봐!"라는 추천은 어떤 광고보다도 강력한 힘을 가지고 있습니다. 저는 이 경험을 통해 '따뜻한 금융'의 힘과 입소문의 놀라운 마케팅 효과를 다시 한번 확인했습니다.

그뿐만 아니라, 이러한 고객 감동의 경험은 직원들에게도 긍정적인 영향을 미쳤습니다. 직원들은 고객을 돕는 과정에서 보람을 느끼고, 그 결과로 더 나은 서비스를 제공하기 위한 동기 부여를 받게 되었습니다. 이는 결국 기업 전체의 분위기와 성과에도 긍정적인 영향을 미치는 선순환을 만들어냅니다.

고객 감동은 최고의 마케팅 전략입니다. 고객의 마음을 움직이는 따뜻한 금융을 실천해 보세요! 고객이 느끼는 진정한 가치는 단순한 서비스 제공을 넘어 그들의 감정을 이해하고, 문제를 해결해 주는 것입니다. 여러분도 고객의 마음을 울리는 따뜻한 금융의 주인공이 되어 보세요! 그러면 여러분의 입소문도 대성공할 것입니다!

고객 감동을 위한 여정은 절대 짧지 않습니다. 하지만 그 과정에서 쌓이는 신뢰와 관계는 여러분의 금융 서비스에 새로운 차원을 추가하는 기회가 될 것입니다. 고객이 여러분의 이름을 기억하고, 그들의 이야기를 다른 사람들과 나누게 되는 그날까지, 여러분의 '따뜻한 금융' 여정을 계속 이어가길 바랍니다!

5. RM 부임 후 가장 먼저 할 일: 거래처 파일을 만들기

새로운 시작, 설레는 마음으로 부임!

"드디어 부임! 새로운 도전이 시작된다!" 기업 RM으로 새로운 지점에 부임하는 것은 마치 우주 탐사선에 올라 미지의 세계로 떠나는 것과 같습니다. 낯선 환경, 낯선 사람들…. 모든 것이 새롭고 설레지만, 동시에 두려움과 부담감도 공존합니다. "내가 과연 잘 해낼 수 있을까?"라는 불안감이 스멀스멀 올라오는 순간이죠. 하지만 걱정은 잠시 접어두고, 성공적인 시작을 위한 철저한 준비에 집중해야 합니다.

"첫 단추를 잘 끼워야 한다! 하지만 어떻게?"

성공적인 시작을 위해서는 첫 단추를 잘 끼워야 합니다. 그 첫 단추는 바로 '철저한 준비'입니다. 준비가 잘 되어 있으면 걱정은 줄어들고 자신감이 샘솟습니다. 특히, 고객에 대한 깊이 있는 이해는 성공적인 RM의 필수 조건입니다. 고객을 제대로 알아야 그들의 니즈를 파악하고, 맞춤형 솔루션을 제공할 수 있습니다.

"RM의 필수템! 거래처 파일을 만들어라!"

부임 후 가장 먼저 해야 할 일은 '거래처 파일'을 만드는 것입니다. 거래처 파일은 RM에게 있어 만능 무기와 같습니다. 고객 기업에 대한 모든 정보를 한눈에 파악하고 분석할 수 있게 도와줍니다. 효과적인 영업 활동을 위해서는 고객을 속속들이 아는 것이 무엇보다 중요합니다.

"거래처 파일, 어떻게 만들지?"

거래처 파일에는 다음과 같은 핵심 자료들을 담아야 합니다.

첫째, CIF (고객 정보 파일)이다!
고객의 기본 정보, 거래 내용, 신용 등급 등을 담고 있습니다. 마치 현미경으로 세포를 들여다보듯, 고객을 꼼꼼하게 분석하여 그들의 역사와 성향을 파악하는 것이 중요합니다.

둘째. 담보 내역표이다!
고객이 제공한 담보의 종류, 규모, 가치 등을 기록합니다. 고객의 재정 상태를 파악하고, 위험 감수 능력을 가늠하는 데 필수적인 자료입니다.

셋째, 신용 등급 산출표이다!
고객의 신용 등급을 산출하는 데 사용된 정보를 담고 있습니다. 고객의 신용도를 분석하고, 적절한 접근 방식을 결정하는 데 유용합니다.

넷째, 기업 신용 제공 정보이다!
고객 기업의 신용 제공 현황을 파악할 수 있습니다. 마치 주식 투자 전문가처럼, 고객 기업의 재무 건전성을 평가하는 데 필요한 정보입니다.

다섯째, 거래 기업과 임직원 상세 정보이다!
고객 기업과 임직원에 대한 상세 정보를 담고 있습니다. 인맥 전문가처럼, 고객 기업과의 관계를 확장할 기회를 포착하는 데 움이 됩니다.

여섯째, 신용 평가 기업체 개요이다!

고객 기업에 대한 신용 평가 정보를 확인할 수 있습니다. 선생님처럼, 고객 기업의 성장 가능성을 평가하고 미래 비전을 공유하는 데 중요한 자료입니다.

마지막으로 대표이사 CIF 및 신용 정보이다!

고객 기업 대표이사에 대한 정보를 파악할 수 있습니다. VIP 고객을 응대하듯, 키맨과의 끈끈한 관계를 구축하는 데 필수적인 정보입니다.

"손으로 직접 쓰면서 머리에 쏙쏙!"

이러한 자료들을 종이 파일로 만들어 직접 손으로 정리하면, 고객 정보를 더욱 깊이 이해하고 오래 기억할 수 있습니다. 마치 화가가 스케치하듯, 작곡가가 악보를 그리듯, 손으로 정리하는 과정은 정보를 단순히 기록하는 것을 넘어 내 것으로 만드는 과정입니다. 이렇게 만들어진 거래처 파일은 고객과의 면담에서 **강력한 무기**가 되어줍니다. 적절한 질문을 던지고, 필요한 정보를 즉각적으로 제공하는 데 큰 도움이 됩니다.

거래처 파일은 RM의 필수 아이템입니다. 고객 정보를 꼼꼼하게 정리하고 분석하여 최고의 RM이 되세요! 철저한 준비와 세심한 분석은 성공적인 고객 관계 구축의 첫걸음입니다. 지금 바로 거래처 파일을 만들고, 고객과의 특별한 인연을 만들어 나가세요!

RM 부임 후 가장 먼저 할 일

AP 거래처 파일을 만들자

출력자료
- 고객종합정보조회(CIF)
- 담보내역표
- 신용평가 등급산출표
- 기업신용공여 정보조회(당타행 대출만기)
- 거래기업 및 임직원 상세정보
- 신용평가 기업체 개요
- 대표이사 cif, 신용 정보통합정보 조회

6. 첫인상: RM 성공을 결정하는 golden time!

"띵동! 벨 누르셨어요?"

　RM이 고객을 처음 만나는 순간은 마치 운명의 시작과 같습니다. 이 찰나의 순간이 첫인상을 결정짓고, 앞으로의 관계를 좌우하기 때문입니다. 첫인상은 0.1초 만에 결정된다고 하죠. 짧은 시간 안에 깊은 인상을 남기는 것이 중요합니다. 그렇다면 이 황금 같은 시간을 어떻게 준비하고 활용해야 할까요?

"RM, '전문성'과 '신뢰', 두 마리 토끼를 잡아라!"

　RM은 고객에게 ''프로페셔널한 모습과 '믿음직한' 모습을 동시에 보여줘야 합니다. 마치 마법사처럼 전문 지식을 뽐내고, 천사처럼 따뜻한 신뢰감을 주는 이미지를 만들어야 합니다. 이 두 가지는 고객과의 관계에서 핵심적인 역할을 하며, 장기적인 파트너십 구축에 필수적입니다.

"어떻게 하면 '전문가'처럼 보일까?"

옷차림은 전투복 : 단정하고 깔끔한 옷차림은 기본입니다. 마치 성공한 CEO처럼, 프로페셔널한 인상을 풍기도록 준비하세요! 고객은 당신의 외모와 태도를 통해 직업적인 이미지를 판단합니다. 정장이나 스마트 캐주얼로 깔끔하게 차려입고, 액세서리나 신발도 신경 써서 전체적인 조화를 이루는 것이 중요합니다.

자료는 총알 : 고객에게 필요한 정보를 담은 맞춤형 자료를 준비하세요. 데이터 분석 보고서처럼 체계적이고 전문적인 자료는 신뢰도를 높이는 데 효과적입니다. "이 자료를 통해 귀사의 문제를 해결할 수 있는 최적의 솔루션을 제시해 드리겠습니다." 이런 자신감 있는 어투로 고객의 관심을 사로잡으세요.

전문 용어는 마법 주문 : 적절한 전문 용어를 사용하여 전문성을 드러내세요. 다만, 너무 어렵거나 복잡한 용어는 피하고, 고객이 이해할 수 있는 범위 내에서 사용해야 합니다. "이 부분은 이렇게 접근하는 것이 가장 효율적입니다"와 같이 명확하고 간결한 설명이 중요합니다.

자신감은 갑옷 : 자신감 있는 태도는 전문가 이미지를 더욱 돋보이게 합니다. 고객과의 대화에서 주저하지 않고 확신에 찬 목소리로 이야

기하세요. 자신감은 고객에게 신뢰를 줄 수 있는 중요한 요소입니다.

"어떻게 하면 '신뢰'를 얻을까?"

예의는 무기 : 고객에게 예의 바르게 행동하고, 경청하는 자세를 보여주세요. "사장님, 말씀하시는 걸 경청하겠습니다" 같은 겸손한 태도는 고객에게 존중을 전달합니다. 고객의 이야기를 귀 기울여 듣는 것은 그들이 중요하게 여기는 문제를 이해하고, 그에 대한 솔루션을 제공하는 데 큰 도움이 됩니다.

약속은 맹세 : 약속 시간을 꼭 지키고, 한 말은 반드시 지키세요. 약속을 지키는 것은 신뢰를 쌓는 가장 기본적인 방법입니다. "제가 약속드린 시간에 맞춰 방문하겠습니다"라는 약속을 지켜 고객에게 믿음을 심어주세요.

진솔함은 진심 : 거짓 없이 진솔한 태도로 고객에게 다가가세요. "저는 항상 정직하게 말씀드리겠습니다. 혹시 의견이 다르더라도 솔직하게 말씀해 주시면 좋겠습니다" 식의 솔직한 태도는 고객과의 관계를 더욱 돈독하게 만들어 줄 것입니다.

긍정은 에너지 : 긍정적인 에너지를 받고, 고객에게 희망을 주세요. "어려운 상황이지만, 함께 극복할 방법이 있습니다!" 같은 긍정적인 말은 고객에게 희망을 전달하고, 긍정적인 인상을 심어줍니다.

"첫인상, 놓치지 마세요!"

첫인상은 RM의 성공을 좌우하는 결정적인 순간입니다. 프로페셔널함과 신뢰감을 동시에 갖춘 RM이 되어 고객의 마음을 사로잡으세요! 고객의 첫인상은 그들의 마음속에 오래도록 남아, 관계의 지속성에 큰 영향을 미치게 됩니다. 첫 만남의 기회를 활용해 성공적인 관계를 구축해 보세요!

"성공적인 RM이 되기 위한 첫걸음!"

첫인상이 모든 것을 결정짓는 것은 아닙니다. 하지만 **첫인상은 관계 형성의 출발점**입니다. 고객과의 첫 만남에서 프로페셔널함과 신뢰를 동시에 갖춘 RM이라는 이미지를 각인시킨다면, 이후의 관계는 더욱 깊어질 것입니다. 지속적인 관계를 위해서는 첫인상을 잘 활용하고, 관계를 꾸준히 관리해 나가는 것이 중요합니다.

이제 당신의 첫 만남을 준비하십시오. 고객에게 깊은 인상을 남기고, 그들과의 신뢰를 쌓는 데 최선을 다하십시오. 성공적인 RM으로서의 첫걸음을 내딛는 순간입니다! 고객과의 관계가 깊어지고, 당신의 프로페셔널함이 더욱 빛나는 순간을 기대합니다.

7. 콜드 콜, 10번 찍어 안 넘어가는 나무 없다! : '10%의 법칙'

"콜드 콜? 그거 완전 Ice Bucket Challenge 아니야?"

콜드 콜은 마치 차가운 얼음물 샤워처럼, 낯선 고객에게 전화를 걸어 상품을 소개하고 미팅 약속을 잡는 영업 방식입니다. 처음에는 두렵고 어색하게 느껴질 수 있지만, 콜드 콜은 영업의 가장 기본적이면서도 강력한 무기 중 하나입니다. 초반의 어려움을 극복하면, 엄청난 기회가 여러분을 기다리고 있습니다!

"10번 전화하면 1번은 된다! 10%의 법칙!"

콜드 콜은 절대 쉽지 않습니다. 10번 전화하면 9번은 거절당하기 일쑤이고, "됐어요! 바빠 죽겠는데 무슨 전화야!"라는 냉담한 반응을 듣는 경우도 많습니다. 하지만 절대 좌절하지 마세요! 10%의 법칙을 기억하세요! 10번 시도하면 1번은 성공한다는 믿음으로 꾸준히 콜드 콜에 도전하면, 결국 목표를 달성할 수 있습니다. 마치 암벽 등반과 같습니다. 정상에 오르기까지 수많은 실패와 어려움이 따르지만, 포기하지 않고 계속 도전하면 결국 정상에 도달할 수 있습니다.

"여보세요? 사장님 계시는가요?"

콜드 콜 시 효과적인 스크립트를 몇 가지 소개해 드립니다. 상황에 맞춰 적절하게 활용해 보세요.

여직원이 받는 경우 : "안녕하세요, ○○ 은행 제갈길 RM입니다. 이번에 부임 인사차 방문 드리려고 하는데, 사장님 계시는가요 안 계시면 메모 좀 부탁드려도 될까요? 사장님 지인 소개로 전화했습니다." 마치 천사의 속삭임처럼 부드럽고 상냥한 목소리로 응대하는 것이 중요합니다. 상대방의 경계심을 허물고 호감을 얻는 것이 핵심입니다.

여직원이 연결을 망설이는 경우 : "사장님 지인인 ○○○ 씨께서 전화하고 찾아뵈라고 하셨는데, 사장님께 연결 부탁드립니다." 마치 노련한 협상가처럼, 자신감 있는 태도로 상대방을 설득해야 합니다.

회사 정보를 활용하는 경우: "귀사와 거래 중인 ○○○ 사장님 소개로 전화했습니다." 마치 날카로운 탐정처럼, 미리 수집한 정보를 활용하여 신뢰를 구축하는 것이 중요합니다.

"문자? 팩스? 이메일? 다양한 무기를 장착하라!"

콜드 콜 외에도 문자 메시지, 팩스, 이메일 등 다양한 방법을 활용하여 고객에게 접근할 수 있습니다.

문자 메시지! "안녕하세요! 00 은행의 제갈길 RM입니다. 간단한 인사 드리고 싶어 연락 드렸습니다!" 이처럼 간결하고 정중한 메시지를 보내세요.

팩스! 제안서 등 자세한 내용을 담은 자료를 팩스로 보내 고객에게 필요한 정보를 제공하세요.

이메일! 다양한 자료와 함께 제안 내용을 상세하게 전달할 수 있습니다. "안녕하세요, 사장님. 제안서와 함께 더 많은 정보를 보내드립니다"와 같이 정중하게 작성하세요.

"콜드 콜은 영업맨의 필수 스킬!"

콜드 콜은 어렵고 힘들지만, 진정한 영업맨으로 성장하기 위해서는 반드시 극복해야 할 관문입니다. 콜드 콜을 통해 두려움을 이겨내고 자신감을 얻을 수 있으며, 설득 능력을 향상할 수 있습니다. 마치 무거운 역기를 들면서 근육을 키우듯이, 반복적인 콜드 콜 연습을 통해 실력을 키울 수 있습니다.

콜드 콜은 양이 중요합니다. 많이 시도할수록 성공 확률이 높아집니다. 두려워하지 말고 지금 바로 전화기를 드세요! 첫 전화를 걸기 전 심호흡을 하고 긍정적인 마음가짐을 되새기는 것은 자신감을 불어넣어 줄 것입니다.

마지막으로, 콜드 콜은 단순한 판매 행위가 아니라 **고객과의 소중한 인연을 만드는 과정입니다.** 고객과의 첫 만남에서 좋은 인상을 심어주고, 지속적인 소통을 통해 관계를 발전시켜 나가세요. 여러분의 끊임없는 노력과 열정이 결국에는 풍성한 결실을 보게 해줄 것입니다!

전화(Cold call), 영업의 기본!

- 정의: 낯선 고객에게 전화를 걸어 상품 소개 및 미팅 약속
  - 신입을 샤워처럼 처음에는 차갑고 어색함
  - 영업의 기본 스킬, 골프의 기본 자세와 같음

- 10%의 법칙:
  - "10번 전화하면 1번은 성공한다!"
  - 과열하지 말고 꾸준히 시도하기
  - 암벽 등반처럼, 수많은 실패 후 정상에 도달

- 효과적인 스크립트:
  - 여직원이 받는 경우: "00은행 제갈길 RM입니다. 부임 인사차 방문 드리려고 하는데, 사장님 계신가요?"
  - 연결 거부 시: "사장님 지인 OOO 씨께서 전화 드리고 찾아뵈라고 하셨는데, 사장님께 연결 부탁드립니다."
  - 회사 정보 활용 시: "귀사와 거래 중인 OOO 사장님 소개로 전화드렸습니다."

- 다양한 접근 방법:
  - 문자, 팩스, 이메일 등 다양한 방법으로 접근 가능
  - 문자: 간단한 인사와 제안 내용 전달
  - 팩스: 자세한 제안서 전달
  - 메일: 자료와 함께 제안 내용 전달

- 콜드 콜은 영업맨으로 성장하기 위한 필수 과정
  - 두려움 극복, 자신감 및 설득력 향상

- 꿀팁: 콜드 콜은 횟수 중요! 많이 할수록 성공 확률 상승
  - 두려워하지 말고 지금 바로 전화기를 들어 보세요!

Cold call은 전화를 하여 고객과 만나고 싶지만 너무 어렵다.
하지만 그 실패를 통하여 진정한 영업맨으로 태어나게 하는 최고의 스킬이다.

8. RM 비즈니스 매너 : 이것만 알면 당신도 매너 왕

"RM, 그들은 비즈니스 매너의 달인!"

비즈니스 환경에서의 성공은 단순히 제품이나 서비스의 질에만 의존하지 않습니다. 특히 RM처럼 고객과의 접점이 많은 직무에서는 impeccable(흠결없는) 비즈니스 매너가 필수적입니다. 고객에게 좋은 인상을 남기고 신뢰를 쌓기 위해 지켜야 할 비즈니스 매너를 상세히 설명해 드릴게요. 이 매너를 숙지하고 실천하면 당신도 매너 왕이 될 수 있습니다.

첫째, 배웅은 출구 또는 엘리베이터 앞까지

고객을 배웅할 때는 출구나 엘리베이터 앞까지 나가는 것이 예의입니다. 이는 고객에게 존중과 배려를 보여주는 중요한 행동입니다. 고객이 미팅을 마치고 나가는 순간, "다음에 또 뵙겠습니다!"라는 따뜻한 인사와 함께 손을 흔드는 것은 고객에게 긍정적인 인상을 남길 수 있습니다. 당신이 고객을 얼마나 소중히 여기는지를 보여주는 기회이기도 하죠. 고객이 다시 찾아오고 싶게 만드는 작은 배려를 잊지 마세요!

둘째, 받은 명함은 테이블 왼쪽에

명함은 비즈니스 세계에서 중요한 소통의 도구입니다. 고객에게 받은 명함은 단순한 종이가 아니라 그 사람의 얼굴이죠. 받은 명함을 소중히 다루는 것은 기본 중의 기본입니다. 명함은 명함집에 넣지 말고, 테이블 왼쪽에 올려두세요. 이렇게 함으로써 고객에게 당신이 그 사람을 존중하고 있다는 메시지를 전달할 수 있습니다. 미팅 중에는 명함을 만지작거리기보다는, 진지한 태도로 고객의 말을 경청하는 것이 더 중요합니다.

셋째, 고객보다 먼저 명함 건네기

고객을 만나기 전, 미리 명함을 준비해 두는 것은 기본 예의입니다. 고객에게 명함을 먼저 건네는 것은 당신의 적극적인 자세를 보여주는 좋은 방법입니다. 선물을 준비하는 것과 같은 마음가짐으로, 고객에게 다가가는 첫걸음으로 삼아 보세요. 이렇게 준비된 모습은 고객에게 신뢰감을 주고, 당신의 전문성을 높이는 데 큰 도움이 됩니다.

넷째, 자리 배치는 출입구에서 가장 먼 쪽

고객과 마주 앉을 때는 출입구에서 가장 먼 쪽에 앉는 것이 예의입니다. 이는 고객이 더 편안하게 대화할 수 있는 환경을 만들어 줍니다. 특히 직선 방향일 경우 오른쪽이 상석으로 여겨지는 점을 기억하세요. 이러한 배려는 고객이 당신과의 대화를 더욱 즐겁고 의미 있게 느끼도록 도와줍니다.

다섯째, 미팅 중 휴대폰은 꺼짐 모드로

고객과의 미팅 중에는 휴대폰을 끄거나 무음 상태로 설정하는 것이 기본 예의입니다. 이는 고객에게 집중하고 있다는 신호입니다. 고객과의 대화에 온전히 집중함으로써, 그들의 의견을 더욱 깊이 이해하고, 신뢰를 쌓는 데 큰 도움이 됩니다. 스마트폰이 우리 생활의 필수품인 만큼, 이 작은 실천이 비즈니스 관계를 더욱 돈독하게 만듭니다.

여섯째, 비 오는 날에는? 비 맞고 입장!

비 오는 날에는 우산을 접고 비를 조금 맞으며 입장하는 것이 좋습니다. 이렇게 함으로써 고객에게 "비 좀 맞았네요?"라는 걱정의 말을 끌어낼 수 있습니다. 고객에게 "괜찮습니다! 고객님을 만나러 오는 길이라 비를 맞아도 기분이 좋습니다!"라고 말하면, 고객은 당신의 배려와 긍정적인 태도에 감동할 것입니다. 이러한 작은 행동들이 고객과의 관계를 더욱 깊게 만들어 줄 것입니다.

RM은 비즈니스 매너를 통해 고객에게 좋은 인상을 심어주고, 신뢰를 얻어야 합니다. 비즈니스 매너는 단순한 규칙이 아니라, 고객과의 관계를 더욱 돈독하게 만드는 중요한 요소입니다. 위의 내용을 참고하여 당신도 비즈니스 매너 왕이 되어보세요! **매너는 단순한 예의가 아니라, 고객과의 지속적인 관계를 형성하는데 필수적입니다.** 매너를 통해 고객에게 감동을 주고, 당신의 전문성을 더욱 빛내보세요. 고객이 당신을 기억하고 다시 찾아오게 만드는 열쇠는 바로 당신의 매너에 있습니다!

9. 키맨(Key man), 대표이사 면담 성공 전략 : 첫 대화의 중요성

"첫 대화? 그냥 인사만 하면 되는 거 아니야?"

천만의 말씀! 첫 대화는 마치 낚시꾼이 물고기를 낚기 위해 정성껏 미끼를 준비하는 과정과 같습니다. 첫 대화를 어떻게 시작하느냐에 따라 면담의 결과가 완전히 달라질 수 있습니다. 성공적인 면담을 위해서는 철저한 준비가 필수입니다!

"셜록 홈스처럼, 주변을 스캔하라!"

회사 입구부터 간판, 주변 환경, 사훈, 그림 액자, 심지어 회사 분위기까지, 셜록 홈스처럼 주변을 꼼꼼하게 살펴보세요. 마치 스파이처럼 주의 깊게 스캔하여 자연스러운 대화 소재를 찾아내는 것이 중요합니다.

예를 들어!

"사장님, 회사 입구에 있는 조형물이 참 멋지네요! 혹시 특별한 의미가 담겨 있나요?"
"사장님, 사무실 분위기가 매우 활기차네요! 직원분들이 모두 밝고 에너지가 넘치는 것 같습니다."
이러한 질문들은 사장님에게 긍정적인 인상을 심어줄 뿐만 아니라, 대화의 물꼬를 트는 데 효과적인 방법입니다.

"사장실에는 뭐가 있을까? 매의 눈으로 관찰하라!"

사장실에 들어서면 액자, 그림, 상패, 종교 관련 물품 등 다양한 물건들이 눈에 띕니다. 매의 눈으로 빠르게 스캔하고, 관찰한 내용을 바탕으로 대화를 이어 나가 보세요. 몇 가지 예시를 소개합니다.

"사장님, 혹시 불교 신자 신가요? 사장실에 불교 그림이 있네요."

"와, 대통령 표창! 정말 대단하십니다! 어떤 공로로 수상하셨는지 여쭤봐도 될까요?"

이러한 질문들은 사장님과의 공감대를 형성하고, 더욱 심도 있는 대화를 가능하게 합니다.

"시사, 영화, 취미…. 공통점을 찾아라!"

최근 이슈가 되고 있는 뉴스, 영화, 취미 활동 등을 소재로 대화를 시도하고, 공통점을 찾아보세요. 사람들은 자신과 관련된 주제에 관해 이야기하는 것을 좋아합니다. 예를 들어:

"요즘 핫한 영화 'ㅇㅇㅇ' 보셨나요? 저는 정말 흥미롭게 봤는데, 사장님은 어떻게 생각하시나요?"

"혹시 골프 좋아하시나요? 저도 골프를 즐겨 치는데, 다음에 기회가 된다면 함께 라운딩하시죠!"

이러한 접근은 상대방과의 거리감을 좁히고, 친밀감을 형성하는 데 도움이 됩니다.

"전문가처럼, 회사 정보를 분석하라!"

어느 정도 친밀감이 형성되었다면, 이제는 좀 더 전문적인 대화를 시도할 차례입니다. 회사의 영업 프로세스, 주요 구매처 및 판매처,

대금 결제 방식, 생산 현황 등을 꼼꼼하게 파악하고, 분석한 내용을 바탕으로 전문적인 조언을 제공하는 것이 중요합니다.

"사장님, 최근 영업 프로세스 개선에 대해 고민하고 계신다고 들었습니다. 혹시 구체적으로 어떤 방향으로 진행하고 계십니까?"

"사장님, 최근 매출액이 많이 증가한 것으로 파악되었습니다. 특별한 이유가 있나요?"

이러한 질문들은 당신이 철저하게 준비된 전문가임을 보여주는 동시에, 사장님과의 신뢰 관계를 구축하는 데 중요한 역할을 합니다.

"첫 대화, 성공적으로 이끄는 방법!"

첫 대화는 고객과의 관계를 시작하는 중요한 첫걸음입니다. 위에 제시된 다양한 팁들을 활용하여 고객의 마음을 사로잡는 첫 대화를 만들어 보세요. 진심으로 고객을 존중하고 배려하는 마음으로 대화에 임하는 것이 가장 중요합니다. 성공적인 첫 만남은 곧 성공적인 비즈니스로 이어질 수 있다는 것을 기억하세요!

10. 키맨을 잡아야 계약이 성사된다!

"영업의 성공? 키맨을 잡는 데 달렸다!"

영업에서 키맨은 마치 퍼즐의 마지막 조각과 같습니다. 키맨을 잡아야 계약이라는 퍼즐을 완성할 수 있습니다. 키맨은 기업의 의사 결정에 큰 영향력을 행사하는 사람입니다. CEO, CFO, 임원, 혹은 실무 담당자 등 다양한 사람이 될 수 있습니다. 그들은 기업 내에서 중요한 결정을 내리는 위치에 있기 때문에, 이들을 잘 파악하고 관리하는 것이 영업의 성패를 좌우합니다.

"키맨을 찾아라!"

키맨을 찾는 것은 마치 탐정이 단서를 찾는 것과 같습니다. 다양한 정보를 수집하고 분석하여 키맨을 파악해야 합니다. 회사 홈페이지, 뉴스 기사, 인맥 등을 통해 키맨에 대한 정보를 얻는 것이 기본입니다. 다음은 키맨을 찾아내기 위한 몇 가지 팁입니다:

회사의 조직도 확인 : 기업의 공식 웹사이트에서 조직도를 확인하여 키맨이 누구인지 파악하세요. 특히 의사 결정권을 가진 사람들을 찾아보세요.

뉴스 기사와 보도자료 : 최근 기업의 뉴스 기사나 보도자료를 읽어보면, 기업의 비전이나 전략, 그리고 누가 그 방향성을 이끌고 있는지 알 수 있는 좋은 단서가 됩니다.

소셜 미디어 활용 : Linkedin과 같은 전문적인 네트워크 플랫폼에서 키맨의 프로필을 확인하고, 그들의 경력과 관심사를 분석하세요. 그들이 어떤 주제에 관심이 있는지 알면, 대화의 기회를 더 쉽게 만들 수 있습니다.

"키맨의 마음을 사로잡아라!"

키맨을 찾았다면, 다음 단계는 키맨의 마음을 사로잡는 것입니다. 키맨에게 진심으로 다가가고, 신뢰를 쌓아야 합니다. 마치 짝사랑하는 사람의 마음을 얻기 위해 노력하는 것처럼 말이죠! 다음은 키맨의 마음을 사로잡기 위한 몇 가지 전략입니다:

관심사 파악 : 키맨의 관심사와 니즈를 파악하세요. 그들이 무엇을 중요하게 생각하는지 이해하고, 그에 맞는 제안을 해야 합니다. "사장님, 최근에 어떤 프로젝트에 관심이 있으신가요?"와 같은 질문으로 대화를 시작해 보세요.

진정성 있는 접근 : 키맨에게 진정성을 가지고 다가가세요. "저는 고객님의 성공을 진심으로 원합니다!"라는 마음을 전달하면 신뢰를 쌓는 데 큰 도움이 됩니다.

가치 있는 정보 제공 : 키맨에게 유용한 정보를 제공하세요. "이 최근 사례를 통해 귀사의 문제를 해결할 수 있을 것 같습니다."라고 말하면, 그들은 당신의 전문성을 인정하게 될 것입니다.

"키맨과의 네트워크를 구축하라!"

키맨과의 관계는 일회성으로 끝나서는 안 됩니다. 지속적인 만남과 소통을 통해 끈끈한 네트워크를 구축해야 합니다. 거미줄처럼 촘촘하고 튼튼한 네트워크는 영업 성공의 밑바탕이 됩니다. 이를 위해 다음과 같은 방법을 활용하세요!

정기적인 만남 : 키맨과 정기적으로 만나는 일정을 잡아보세요. 비즈니스 미팅 외에도 가벼운 커피 한 잔을 권유하는 것도 좋습니다. "사장님, 화요일에 점심 한 번 하시지요?"라는 제안은 관계를 더욱 가까워지게 합니다.

소통의 채널 유지 : 이메일, 소셜 미디어 등 다양한 채널을 통해 지속적으로 소통하세요. 새로운 정보나 소식을 전하며, 키맨과의 관계를 강화할 수 있습니다.

이벤트 초대 : 고객을 위한 세미나나 워크숍을 개최하고, 키맨을 초대하세요. 그들이 네트워킹할 기회를 제공하면, 더욱 긍정적인 인상을 남길 수 있습니다.

"나의 키맨 공략법?"

저는 키맨을 공략하기 위해 다음과 같은 노력을 기울입니다:

키맨 파악 : 먼저, 다양한 정보를 통해 키맨이 누구인지 정확하게 파악합니다. 누가 의사 결정을 내리는지, 그들의 관심사는 무엇인지 분석합니다.

진심으로 다가가기 : 키맨에게 진심으로 다가가고, 신뢰를 쌓기 위해 노력합니다. 그들의 말을 귀 기울여 듣고, 관심을 두세요.

경청하기 : 키맨의 이야기에 귀 기울이고, 그의 니즈를 파악합니다. "사장님, 말씀하신 부분에 대해 더 자세히 듣고 싶습니다"라는 태도로 대화를 이끌어보세요.

맞춤형 제안 : 키맨의 니즈에 맞는 맞춤형 제안을 합니다. "이 상품은 귀사의 요구에 완벽하게 부합할 것입니다"라고 자신감을 가지고 제안하세요.

네트워크 구축 : 키맨과의 지속적인 관계를 유지하기 위해 노력합니다. 진정한 파트너십을 형성하는 것이 중요합니다.

키맨은 영업 성공의 열쇠를 쥐고 있는 사람입니다. 키맨을 파악하고, 그의 마음을 얻는 것은 RM에게 매우 중요한 과제입니다. 이 과정을 통해 고객과의 관계를 더욱 돈독히 하고, 지속 가능한 비즈니스 관계로 발전시킬 수 있습니다. 이제 키맨을 찾고, 그들과의 관계를 쌓는 데 집중하세요! 성공적인 영업의 시작은 바로 당신의 손에 달려 있습니다. 키맨과의 관계가 깊어질수록, 계약 성사도 가까워질 것입니다.

11. 신규 부임 RM을 위한 5대 섭외 방향: 고객 확보 꿀팁 대방출

"새로운 지점? 낯선 환경? 걱정하지 마세요!"

RM으로 새로운 지점에 부임하면 낯선 환경과 업무에 적응해야 하는 어려움이 있습니다. 하지만 걱정하지 마세요! 제가 신규 부임 RM을 위한 5가지 섭외 방향을 알려 드리겠습니다. 이것만 기억하면 새로운 지점에서도 멋지게 성공할 수 있습니다!

첫째, 인근 점주권 기업, 닥치고 방문! "우리 동네 기업은 내가 접수한다!"

가장 먼저 해야 할 일은 인근 점주권에 있는 기업들을 파악하고 방문하는 것입니다. 마치 보물 지도를 들고 숨겨진 보물을 찾아 떠나는 탐험가처럼, 점주를 방문해 보세요.

"만나서 반가워요!"

직접 발로 뛰며 고객들을 만나고 신뢰를 쌓아야 합니다. 마치 새로운 친구를 사귀듯, 아니면 짝사랑하는 사람에게 고백하듯이 말이죠! 고객의 얼굴을 직접 보고 이야기를 나누면 그들의 신뢰를 얻는 데 큰 도움이 됩니다. 첫인사를 통해 따뜻한 분위기를 만들어 보세요.

둘째, 신상품 출시? 기존 고객을 활용하라! "신상품 나왔어요!"

매년 출시되는 신상품은 RM에게 좋은 영업 기회입니다. 고객에게 신상품을 소개하면 추가 거래를 유도할 수 있습니다.

"고객님, 이 상품 어떠세요?"

기존 고객에게 신상품을 소개하고, 그들의 의견을 물어보세요. "이 상품이 고객님께 필요한 이유는…"이라는 식으로 고객의 관심을 끌어보세요. 고객이 만족할 수 있는 상품을 제안하면 자연스럽게 거래가 늘어날 것입니다.

셋째, 전문가 네트워크를 활용하라! "전문가 친구들, 도와줘!"

공인중개사, 컨설팅 업체, 법무법인, 회계사 등 다양한 전문가들과 네트워크를 구축하세요. 그들은 사업의 다양한 측면에서 귀중한 정보를 제공할 수 있습니다.

"좋은 고객 소개해 주세요!"

이들과의 관계를 통해 외국인 투자 기업 등 잠재 고객을 소개받을 수 있습니다. 전문가들은 자신의 고객과의 신뢰를 바탕으로 당신을 추천해 줄 수 있으니, 상호 이익을 창출할 방안을 함께 모색해 보세요.

넷째, 보증 기관과 협력하라! "신보, 기보, 함께 가자!"

신용보증기금, 기술보증기금, 정책금융공사, 지역보증재단, 무역보험공사 등과 협력하여 담보력이 부족한 기업을 지원하세요. 이러한 기관들은 기업의 재정적 안정성을 높이는 데 도움을 줍니다.

"따뜻한 금융 실천!"

이는 기업의 성장을 돕고, '따뜻한 금융'을 실천하는 길입니다. 고객이 필요로 할 때 적절한 도움을 제공함으로써 그들과의 관계를 더욱 깊게 할 수 있습니다. "우리는 함께 성장할 수 있습니다!"라는 메시지를 전달해 보세요.

다섯째, 지인을 활용하라! "친구야, 도와줘!"

가족, 친구, 지인을 통해 닥.방(닥치고 방문), 닥.공(닥치고 정보 공유), 소.방(소개 방문) 등 다양한 방법으로 신규 고객을 유치하세요. 지인들의 네트워크는 생각보다 훨씬 넓습니다.

"인맥은 넓게!"

다양한 사람들과 관계를 맺고, 넓은 인맥을 형성하는 것은 RM에게 매우 중요합니다. "이 친구는 저 친구를 소개해 줄 수 있어!"라는 식으로 인맥을 활용해 보세요. 지인의 추천은 신뢰를 더욱 높이는 데 큰 도움이 됩니다.

다양한 섭외 방법을 활용하고, 점주권 특성에 맞는 전략을 수립하는 것은 RM의 중요한 역할입니다. 위의 5가지 방향을 참고하여 성공적인 섭외 활동을 펼치세요!

새로운 지점에서의 도전은 어색할 수 있지만, 고객과의 관계를 넓히고 강화하는 기회로 삼아 보세요. 각 고객의 필요와 요구를 이해하고 이를 충족시킬 방법을 고민하는 것이 RM으로서 성공의 열쇠입니다.

RM의 5대 섭외 방향은?

1. 인근 점주권 소재 대상으로 기업체 무조건 방문 영업실시.
2. 매년 신상품 출시시 기존, 신규 거래처를 활용한 영업.
3. 공인중개사, 건설업자, 법무법인, 회계사(세무사)등을 활용한 외부기업 섭외
4. 신보, 기보, 정책금융공사, 지역보증재단, 무역보험공사 연계 영업
5. 지인을 활용한 닥방/닥공/소방을 활용한 신규 고객 유치

제5장

기존 고객 관리 (집토끼) :
섬세한 관계 구축

1. 사냥꾼 제갈길 RM, 드디어 사냥터에 발을 들이다!

"자네가 바로 제갈길 RM인가?"

쩌렁쩌렁한 목소리에 제갈길은 깜짝 놀라 고개를 들었다. 백발이 성성한 지점장의 날카로운 눈빛이 마치 먹잇감을 노리는 매의 눈처럼 느껴졌다. 흡사 전장의 장수를 연상시키는 그의 풍채에 제갈길은 순간 압도되었다.

"네, 지점장님! 제갈길입니다!"

잔뜩 긴장한 제갈길에 지점장은 낡은 가죽 가방에서 두툼한 파일 뭉치를 꺼내 건넸다.

(RM은 지점에 부임하게 되면 제일 먼저 업체를 할당 받는다. 지점 규모에 따라 보통 50여 개 업체, 많게는 150여 개 업체에 이른다. 대부분 지점의 핵심 고객이거나 성장 잠재력이 큰 '알짜배기' 업체들이다.)

"여기 자네에게 할당된 업체 목록이네. 50개 업체, 모두 알짜배기들이지. 이 기업들과 끈끈한 관계를 맺고 함께 성장해 나가게. 자, 이제 멋진 여정을 시작해 볼까?"

지점장은 껄껄 웃으며 말했다. 그의 웃음소리에는 묘한 긴장감이 섞여 있었다. 제갈길은 묵직한 파일을 받아 들고 사냥터에 던져진 사냥꾼이 된 기분이었다. '집토끼'는 기존 고객, '산토끼'는 신규 고객을 의미했다. 50개의 집토끼는 이미 우리에 들어와 있었지만, 언제든 다른 은행의 날쌘 사냥꾼에게 빼앗길 수 있는 상황이었다. 게다가 산토끼는 잡기는 어렵지만, 한번 잡으면 큰 수확을 가져다주는 매력적인 존재였다. 마치 전설 속의 백호처럼, 그 가치는 상상을 초월했다.

"과연 내가 이 험난한 사냥터에서 살아남을 수 있을까?"

제갈길은 떨리는 마음으로 파일을 펼쳤다.

"흠, 꽤 덩치가 큰 토끼군. 게다가 야심도 만만치 않아 보이는데…."

제갈길은 '㈜가나다'를 시작으로 50개 업체의 정보를 꼼꼼히 분석하기 시작했다. 마치 제갈량이 적진을 파악하듯, 기업의 재무 상태, 사업 현황, CEO의 성향까지 샅샅이 살폈다. 그는 단순히 정보를 읽는 데 그치지 않고, 각 기업의 고객 정보 현황표(CIF), 담보 현황표, 신용 평가의뢰서, RM 의견서, 심사역 의견서, 감사보고서, 결산보고서, 언론 기사까지 찾아보며 전반적인 분석을 시도했다.

제갈길은 밤늦도록 자료를 분석하며 전략을 세웠다. 그의 머릿속에는 50개 기업의 정보가 복잡하게 얽혀 거대한 지도를 형성하고 있었다. 과연 그는 집토끼를 지키고 산토끼를 잡아 최고의 사냥꾼으로 거듭날 수 있을까? 이 사냥은 단순히 먹잇감을 쫓는 것이 아니라, 고객의 성장과 동반하는 지략과 끈기의 싸움임을 제갈길은 직감했다.

2. "고객 지도를 그려라!": 사냥꾼의 필수품, 기존 고객 현황 파악

사냥에 나서기 전, 먼저 사냥감에 대한 정보를 수집해야겠죠?

"知彼知己 百戰不殆(지피지기 백전불태)라 했던가! 적을 알고 나를 알면 백 번 싸워도 위태롭지 않다!"

제갈길은 50개 업체 파일을 펼쳐놓고 깊은 고민에 빠졌다. 마치 미로처럼 복잡한 기업 정보 속에서 길을 잃은 기분이었다. '단순히 정보를 나열하는 것만으로는 부족해. 이 정보들을 연결하고 분석해서 하나의 그림으로 만들어야 해!'

1) 업체별 기본 정보 파악하기!

"이 기업은 왜 이런 사업을 하고 있을까? 왜 이런 방식으로 운영할까?"

제갈길은 단순히 기업의 규모나 매출액에 집중하는 대신, 그들이 속한 산업과 업종의 특징, 경쟁 환경, 미래 전망 등을 깊이 있게 분석했다. 마치 기업의 **탄생 배경, 핵심 기술, 경영 철학** 등 근본적인 DNA를 분석하듯, 그들의 핵심 가치와 경쟁력을 파악하고자 노력했다.

㈜ 가나다 : 반도체 장비 제조, 시장 점유율 1위, 공격적인 투자 성향, 해외 진출 모색 중….
㈜대한민국 : 전기차 배터리 개발, 떠오르는 신생 기업, 기술력 우수, 자금 조달 어려움 겪는 중….
㈜대한건설 : 건설업, 탄탄한 재무구조, 보수적인 경영 스타일, 안정적인 성장 추구….

각 업체의 정보는 마치 살아있는 생물처럼 제갈길의 머릿속에서 움직였다. 그는 단순히 정보를 나열하는 데 그치지 않고, 각 업체의 강점과 약점, 기회와 위협을 분석하며 전략을 구상했다.

2) 영업 현황 분석하기!

"숫자 뒤에 숨겨진 이야기를 읽어야 한다!"

제갈길은 신용조사서와 심사역 의견서를 꼼꼼히 분석하며 기업의 재무 상태와 영업 현황을 파악했다. 단순히 숫자만 보는 것이 아니라, 그 숫자들이 의미하는 바를 해석하고, 기업의 현재 상황과 미래 전망을 예측하려 노력했다.

㈜가나다: 생산량 증가, 판매 호조, 수출 증가 추세, 원자재 가격 상승으로 인한 어려움 예상….

㈜대한민국: 연구 개발에 집중 투자, 판매 초기 단계, 자금 확보가 시급, 정부 지원 사업 유치 가능성….

㈜대한건설: 국내 건설 경기 침체, 해외 사업 확장 모색, 안정적인 자금 확보 중요….

마치 탐정이 사건 현장을 조사하듯, 숫자 하나하나에 담긴 의미를 해석하고, 숨겨진 단서를 찾아냈다.

3) 인적 네트워크 파악하기!

"사람이 곧 기업이다!"

제갈길은 기업의 핵심 인물들의 정보를 수집하고 분석했다. 그들의 경력, 성격, 리더십 스타일, 의사 결정 방식 등을 파악하여, **이해관계와 의사 결정 방식을 분석하여 그들에게 맞는 접근 방식과 소통 전략**을 고민했다. 마치 배우가 역할에 몰입하듯, 각 인물의 처지에서 생각하고, 그들의 마음을 얻을 방법을 연구했다.

㈜가나다: 강철맨 대표(카이스트 박사 출신, 냉철하고 분석적인 성격), 김영업 이사(영업 전문가, 활발하고 사교적인 성격)….

㈜대한민국 : 박열정 대표(젊은 CEO, 열정적이고 도전적인 성격), 최기술 CTO(기술 개발 전문가, 조용하고 신중한 성격)…

㈜대한건설 : 나회장 회장(창업주, 보수적이고 권위적인 성격), 정부장 재무 담당(꼼꼼하고 신뢰할 수 있는 성격)…

4) 신용도 및 금융 거래 현황 파악하기!

"고객에게 필요한 금융 솔루션은 무엇일까?"

제갈길은 기업의 신용도, 전 금융 기관 금융 거래 현황, 당행 거래 현황 파악, 교차판매 현황, 자금 운용 방식 등을 분석하여 그들에게 최적의 금융 상품과 서비스를 제공할 수 있도록 준비했다. 마치 **고객의 재무 건강을 책임지는 주치의처럼**, 고객의 금융 니즈를 정확히 파악하고 맞춤형 솔루션을 제공하고자 노력했다.

"이제 좀 그림이 그려지는군!"

제갈길은 고객 분석을 통해 얻은 정보들을 바탕으로 AP(Account Planning)를 작성하기 시작했다. AP는 단순한 문서 작업이 아니라, 고객의 니즈에 기반한 맞춤형 상품 제안, 소통 채널, 방문 주기 등 고객과의 관계를 구축하고 유지하기 위한 구체적인 전략 지도였다.

"이제 진짜 사냥꾼이 될 수 있을까?"

제갈길은 AP를 작성하며 앞으로 펼쳐질 영업 활동에 대한 기대감에 부풀었다. 완성된 고객 지도를 보며 뿌듯함을 느꼈다. 50개 업체는 더 이상 낯선 이름들이 아니었다. 각 업체의 특징과 니즈를 파악한 제갈길은 자신감을 얻었다.

"이제 사냥을 시작해 볼까?"

제갈길은 활시위를 당기듯 긴장감 넘치는 표정으로 고객 지도를 바라보았다. 과연 그는 집토끼를 지키고 산토끼를 잡아 최고의 사냥꾼이 될 수 있을까?

3. 토끼 굴 지도 완성하기 : 고객 세분화 및 분류 전략

사냥꾼인 RM에게 고객을 효과적으로 관리하기 위해서는 고객을 세분화하고, 각 고객군에 맞는 전략을 수립하는 것이 필수적입니다. 이를 위해 고객을 4가지 유형으로 분류하고, 각 유형에 맞는 사냥 전략을 세워보겠습니다.

1) 거래 확대 기업 (우량 토끼) : 황금알을 낳는 VIP!

이 유형의 고객은 덩치가 크고 건강한 토끼에 비유할 수 있습니다. 높은 신용도와 안정적인 재무 상태를 바탕으로 다양한 금융 거래를 확대할 수 있는 잠재적인 비즈니스 기회가 많은 VIP입니다. 꾸준히 황금알을 낳아주는 소중한 존재입니다.

우량 토끼 고객을 위한 사냥 전략 :

SOW(Share of Wallet) 확대 : 다양한 제안 영업을 통해 고객의 전체 지갑 점유율을 확대하는 것이 목표입니다. 예를 들어 대출 상품 외에도 투자 상품, 보험, 리스크 관리 솔루션 등을 폭넓게 제안할 수 있습니다.

교차판매 활성화 : 기존에 이용하는 상품에 추가적인 상품을 추천하여 교차판매 기회를 창출하는 것이 중요합니다. 예를 들어 대출을 이용하는 고객에게 부수 거래 상품을 추천하는 방식입니다.

차별화된 서비스 제공 : 고객 조직화 사업, 하이터치(High-Touch) 마케팅, 키맨 우대 정책 등 VIP 토끼에게 걸맞은 특별 서비스를 제공하는 것이 필요합니다. 예를 들어 골프 모임이나 경영자 2세 경영 모임, 또는 각종 세무나 외환 실무자 모임 등을 통해 특별한 경험을 제공할 수 있습니다.

2) 성장 가능 기업 (새끼 토끼) : 미래의 황금알!

이 유형의 고객은 빠르게 성장하는 토끼와 같습니다. 사업성이 양호하고 매출 증가율이 높아 미래의 VIP로 성장할 잠재력이 큰 기업들이 여기에 해당합니다. 잘 키우면 미래에 더 많은 황금알을 낳아줄 가능성이 있습니다.

새끼 토끼 고객을 위한 사냥 전략 :

거래 활성화 : 꾸준히 먹이를 주고 돌봐 주면, 충성도 높은 토끼로 성장할 수 있습니다. 예를 들어 정기적인 미팅을 갖고 맞춤형 금융 상품을 제공하는 방식입니다.

조기 발굴 및 우수 사례 유치 : 정부 지원 산업이나 신성장 동력 산업에 속한 기업 등 미래가 밝은 토끼를 조기에 발굴하여 성공 사례를 유치하는 것이 중요합니다. 정부 지원 사업에 대한 컨설팅을 제공하는 것도 좋은 예입니다. 조기 발굴 및 우수 사례 유치를 통해 성공 사례를 업계에 소문 내면 추가적인 영업 기회를 창출할 수 있습니다.

3) 현상 유지 기업 (꾀 많은 토끼) : 신뢰 기반의 영리한 파트너!

이 유형의 고객은 신중하고 영리한 토끼에 비유할 수 있습니다. 무리한 성장보다는 **안정적인 현상 유지를 선호하는 기업들**이 여기에 해당합니다. 추가적인 여신 증액이 어려울 수도 있지만, **안정적인 관계를 통해 꾸준한 수익을 제공할 수 있는 고객**입니다. 때로는 신용 리스크가 있을 수 있으므로 조심스럽게 접근해야 합니다.

꾀 많은 토끼 고객을 위한 사냥 전략 :

적절한 관계 유지 : 무리하게 쫓다 가는 도망갈 수 있으므로 안전거리를 유지하며 신뢰를 쌓아야 합니다. 정기적인 미팅을 통한 관계 유지가 좋은 방법입니다.
부수 거래 활성화 : 토끼 굴 주변의 작은 먹이들을 이용하여 추가적인 수익을 창출하는 부수 거래를 활성화할 수 있습니다. 예를 들어 추가적인 금융 상품을 추천하는 것입니다.
신규 사업 투자 및 진출 주목 : 꾀 많은 토끼는 새로운 굴을 파는 것을 좋아하므로, **신규 사업 투자 및 진출에 대한 깊이 있는 이해와 함께 새로운 사냥 기회를 포착해야 합니다.** 신규 사업에 대한 컨설팅을 제

공하는 것도 한 가지 방법입니다.

4) 부실 예상 기업 (아픈 토끼): 사냥꾼의 함정!

이 유형의 고객은 건강이 좋지 않은 아픈 토끼와 같습니다. **신용 리스크가 높고 부실 징후가 보여 언제든 함정에 빠질 수 있는 위험**이 있는 토끼입니다.

아픈 토끼 고객을 위한 사냥 전략 :

선제적인 리스크 관리 : 부실 징후를 지속적으로 점검하고 기업의 자구 노력을 독려하며 리스크를 최소화해야 합니다. 정기적인 재무 상태 점검이 필수적입니다.
적절한 조치 및 전환 유도 : 때에 따라서는 금리를 인상하거나 신용 보강을 요구하는 등 은행의 건전성 유지를 위한 불가피한 조처를 하거나, 상황에 따라서는 다른 은행 전환을 유도할 수도 있습니다. (예를 들어 추가 담보를 요구하는 것입니다.)
평판 리스크 관리 : 아픈 토끼는 주변 토끼들에게도 영향을 미칠 수 있으므로 평판 리스크를 관리하는 것이 중요합니다. 고객과의 소통을 통해 평판 리스크를 관리하여 사냥터 전체의 안전을 지켜야 합니다.

토끼 굴 지도 완성!

제갈길 RM은 이제 4가지 유형의 토끼를 파악하고 각 유형에 맞는 사냥 전략을 수립했습니다. 이를 통해 '토끼 굴 지도'를 완성할 수 있습니다. 이 지도를 바탕으로 RM은 고객을 효과적으로 관리하고 성공적인 사냥을 끌어낼 수 있습니다.

▶ 사냥꾼의 성공 비결!

고객 세분화! 고객을 4가지 유형으로 분류하여, 각 유형에 맞는 전략을 수립합니다.
맞춤형 전략! 고객의 특성에 맞는 맞춤형 솔루션을 제공합니다.
지속적인 관리! 고객과의 관계를 지속적으로 관리하며, 변화하는 니즈에 빠르게 대응합니다.

RM에게 고객을 효과적으로 관리하기 위해서는 고객을 세분화하고, 각 고객군에 맞는 전략을 수립하는 것이 필수적입니다. 이 '토끼굴 지도'를 통해 당신도 최고의 RM이 될 수 있습니다!

4. 토끼 알아가기 : 기존 고객 분석 심화

제갈길 RM은 오랜 경험을 통해 토끼 굴의 4가지 큰 특징을 파악했습니다. 이 정보를 바탕으로 RM 자신만의 강력한 무기인 토끼 굴 지도를 만들어야 합니다. 토끼 알아가기를 통해 각 토끼의 위치, 특징, 사냥 전략 등이 상세하게 기록되어야 비로소 진정한 RM이 될 수 있습니다.

1) 거래 확대 기업 분석 : 우량 토끼 키우기!

우량 토끼는 RM에게 가장 큰 성과를 안겨줄 수 있는 귀한 존재입니다. 이들을 잘 키우는 것이 핵심이며, Key Point는 재무 정보, 비

재무 정보, 관계 마케팅 세 가지입니다. 사냥꾼은 사냥감의 겉모습만 보고 판단하지 않습니다. 털 속에 감춰진 근육, 뼈, 장기까지 꼼꼼하게 살펴봐야 하죠. 마찬가지로 RM도 고객의 겉모습뿐만 아니라 내부까지 깊숙이 들여다봐야 합니다.

재무 정보 분석 : 토끼의 몸속 들여다보기!

　감사보고서, 결산서, 신용조사서는 토끼의 X-ray 사진과 같습니다. 뼈의 구조, 장기의 상태를 정확하게 보여주죠. 주요 체크 포인트로는 현금 보유량, 장단기 상품 운용 현황, 매출채권/매입채무, 차입금, 재무 비율이 있습니다. 특히 재무제표 주석 사항은 숨겨진 보물 찾기처럼 토끼가 숨겨둔 비밀 장소를 찾는 것과 같으며, 차입금 내용을 꼼꼼히 살펴보는 것이 중요합니다. 재무 정보가 과거 데이터라는 한계를 극복하고 경쟁에서 우위를 점하기 위해서는 남들보다 먼저 해당 정보를 분석하고 활용하는 선제적인 접근이 필수입니다.

비재무 정보 분석 : 토끼의 습성 파악하기!

　공시 사항, 산업/동종업체 정보, 공사 수주/계약 정보는 토끼의 발자국과 같습니다. 이를 통해 토끼가 어디로 가는지, 무엇을 하는지 알 수 있죠! Key Man, **실무자와의 대화는 토끼의 속마음을 알 수 있는 가장 좋은 방법입니다.** 경영자 성향, 다른 은행 거래 관계를 파악하여 토끼의 친구들을 알아내면 토끼를 더 잘 이해하고 관계를 맺을 수 있습니다.

관계 마케팅: 토끼와 친해지기!

토끼 굴의 대표부터 실무진까지 모든 직급의 토끼들과 친해져야 합니다. 이는 다양한 관점에서 정보를 얻고, 신뢰를 기반으로 한 의사 결정 과정을 이해하는 데 중요합니다. 고객 조직화 사업은 토끼들을 위한 파티를 열어주는 것과 같습니다. 하이터치(High-Touch) 마케팅, CEO 초청 간담회, 연수, 선물 제공 등 다양한 방법으로 토끼들을 즐겁게 해주세요.

2) 성장 가능 기업 분석: 새끼 토끼 키우기!

새끼 토끼는 미래의 황금알입니다. 잘 키우면 엄청난 보물이 될 수 있죠! 하지만 아직 어리고 약하기 때문에 RM의 세심한 관리가 필요합니다. Key Point는 재무 정보, 비재무 정보, 산업 & 업종 분석, 지원 부서 활용입니다.

재무 정보 분석: 성장 단계 파악하기!

토끼가 이제 막 뛰기 시작하는 연구 개발 투자 단계인지! 아니면 벌써 숲을 누비는 매출액 시현 단계인지! 성장 진입 시기를 정확히 파악해야 합니다.

비재무 정보 분석: 떡잎부터 알아보기!

투자 초기 단계부터 정보를 관리하며 떡잎부터 알아봐야 합니다. 토끼가 어떤 꿈을 꾸고 있는지! 즉, **어떤 독보적인 기술력과 시장 잠재력, 그리고 경영진의 명확한 이상을 가졌는지** 미리 파악하는 것이죠. Key Man, 실무자와 어릴 때부터 친밀한 관계를 쌓으면 충성도 높은 토끼로 키울 수 있습니다. 새끼 토끼와 친해지는 것이 중요합니다.

산업 및 업종 이해!

토끼가 살고 있는 숲! 즉 성장 가능성이 높은 산업 및 업종을 이해해야 토끼도 함께 성장할 수 있습니다. 다만 신 성장 산업의 경우 위험 요소도 클 수 있으므로 리스크를 충분히 고려해야 합니다.

다양한 루트 활용!

전문성이 있어야 하는 산업이나 업종 분석은 심사역, 연구소, IB, 프로젝트금융부 등 전문가의 도움을 받는 것이 좋습니다. 새끼 토끼를 혼자 키우는 것은 쉬운 일이 아니기 때문입니다.

3) 현상 유지기업 분석 : 꾀 많은 토끼 길들이기!

꾀 많은 토끼는 잡기 쉬워 보이지만 자칫하면 도망가 버릴 수 있습니다. 이 토끼들을 길들이기 위해서는 신중하고 섬세한 전략이 필요하며, **Key Point**는 지속 가능 기업인지! 확대 기업으로 전이될지! 부실 예상 기업으로 전이될지를 파악하는 것입니다.

재무 정보 분석 : 건강 상태 확인하기!

매출액, 영업이익, 현금흐름 분석을 통해 토끼의 건강 상태를 지속적으로 체크해야 합니다. 현상 유지기업 중 일부는 확대 기업 또는 부실 예상 기업으로 전이되므로 토끼의 건강에 이상이 감지되면, 선제적 분석 및 즉시 조치가 필요합니다. 특히 최근 영업 현황인 부가세 증명원을 통한 매출액 추이를 확인하는 것이 중요합니다.

비재무 정보 분석: 토끼의 동태 파악하기!

주기적인 방문을 통해 토끼 굴을 자주 방문하고 토끼의 생활을 관찰해야 합니다. 방문 시 현상 유지가 되는지 도약을 위한 변화가 감지되는지! 회사 분위기, 직원들의 업무 태도는 정상적인지! 공장 현장은 정상 가동 중인지! 등을 파악해야 하며 가끔 불시 방문도 필요합니다. 신규 투자 또는 신사업 진출, 신규 계약 여부, 매출채권 회수, 각종 공과금, 급여 지급 등 현금 흐름 문제 여부! 동종업계 소문, 루머 등도 파악해야 할 정보입니다. 은행 창구 실무자 정보를 파악하는 것도 중요합니다. 토끼 굴 주변의 다른 동물들은 토끼의 움직임을 잘 알고 있을 수 있기 때문입니다. 다른 은행의 여신 추가 지원 또는 회수 기업인지 파악하여 다른 사냥꾼이 토끼에게 접근하고 있는지 확인해야 합니다.

기타 관리 사항!

담보 여신 위주로 운용하여 토끼와의 **안정적인 거래 구조를 마련**

하고 리스크를 효과적으로 헤지합니다. 부수 거래 활성화를 적극적으로 요청하여 토끼 굴 주변의 작은 먹이들을 이용 추가 수익을 창출해야 합니다. 사냥꾼 RM에게는 실적 증대 가능성이 작아 관심이 적을 수 있지만 꾀 많은 토끼는 언제든 함정에 빠질 수 있으므로 선제적 리스크 관리를 통해 항상 경계를 늦추지 않아야 합니다.

4) 부실 예상 기업 분석: 아픈 토끼 치료하기!

아픈 토끼는 RM에게 큰 손실을 가져다줄 수 있습니다. 최대한 빨리 치료하거나, 더 이상의 손실을 막기 위해 불가피하게 관계를 조정하는 **과감한 결단**이 필요합니다. Key Point는 여신 축소 및 회수, 정상화 대안 모색, 평판 리스크 고려입니다.

관리 방안!

이미 아픈 토끼는 치료가 어려울 수 있으므로 사후 관리를 통해 손실을 최소화하는 데 집중해야 합니다. 정상화 방안 모색, 기업 합병 양도 등 토끼를 치료할 방법을 찾아보세요! 현장 방문을 통해 토끼의 상태를 직접 확인하고 현장 방문 등 지속적인 동태 파악으로 부실화 시점을 조기에 포착하는 것이 중요합니다. **채권 보전, 사전 재산 조사, 매출채권, 미수금 등 채권 보전책을 강화하여 은행의 자산을 안전하게 보호해야 합니다.** 부실 예상 기업 현장 방문 시 주요 체크 사항을 점검해야 합니다. 신용 리스크 축소, 아픈 토끼는 다른 토끼들에게도 병을 옮길 수 있으므로 격리 조치가 필요합니다.

주의 사항!

무리한 회수 강요는 토끼를 괴롭히는 것으로 오히려 역효과가 날 수 있으니 금지해야 합니다. 민원 발생 등 은행 평판 리스크 관리에도 주의해야 합니다. 아픈 토끼 때문에 사냥꾼의 명예가 실추되지 않도록 신경 써야 합니다. 부실 예상 기업은 신용 등급 열위 기업으로 회수 부실 여부에 따라 재무 영향도가 크므로 적극적인 관리 및 대응이 필요한 기업군입니다.

사냥꾼은 사냥감의 겉모습만 보고 판단하지 않습니다. 털 속에 감춰진 근육, 뼈, 장기까지 꼼꼼하게 살펴봐야 하죠. 마찬가지로 RM도 고객의 겉모습뿐만 아니라 내부까지 깊숙이 분석해야 합니다.

5. 토끼와의 교감 : RM의 핵심 역량으로 고객과 파트너 되기

뛰어난 RM은 고객 기업과의 피상적인 관계를 넘어 깊이 있는 유대감을 형성하고 진정한 파트너가 되어야 합니다. 이는 고객의 행동 하나하나, 습관, 심지어 그들의 감정까지도 깊이 이해하는 '토끼와의 교감'과 같습니다. 기존 거래처와의 릴레이션십을 성공적으로 유지하고 강화하기 위한 RM의 핵심 역량은 크게 고객 이해를 위한 정보 숙지, 효과적인 관계 유지 및 강화 전략, 그리고 능숙한 소통 기술로 나눌 수 있습니다.

1) 고객 이해 : 토끼의 언어를 배우고 깊이 분석하라

고객과 진정으로 교감하려면 그들이 사용하는 언어, 즉 **고객 기업의 깊은 본질**을 이해하고 관련 정보를 철저히 숙지해야 합니다. 이는 고객을 향한 'AP(Account Planning)'의 시작점이기도 합니다.

기업 전반 분석 : 고객 기업의 업종 특성, 시장 지위, 산업 동향을 파악하여 그들이 속한 생태계를 이해해야 합니다. 이는 고객의 입장을 더 잘 이해하고 미래를 예측하는 데 필수적입니다.

재무 상태 진단 : 재무제표를 통해 기업의 **현금 보유량, 장단기 상품 운용 현황, 매출채권/매입채무, 차입금, 재무 비율** 등을 꼼꼼히 살펴 고객의 '건강 상태'와 자금 수요를 파악해야 합니다.

자금 흐름 파악 : 자금의 유입/유출 패턴, 주요 결제 주기, 거래처와의 자금 흐름을 분석하여 기업의 유동성 상태를 이해하는 것은 고객의 '생명줄'을 쥐는 것과 같습니다.

핵심 인물 이해 : 경영자(CEO)의 **성격, 리더십 스타일, 경영 철학** 등을 파악하여 기업 전체의 방향성을 이해해야 합니다. 또한, CFO, 영업/재무 담당자 등 키맨과 실무자들의 **역할, 성격, 우리 은행과의 관계**를 파악하고 긍정적인 유대감을 형성하는 것이 원활한 소통과 업무 처리에 매우 중요합니다.

기업 문화와 경쟁 환경 : 회사의 분위기, 직원들의 업무 태도, 조직 문화를 통해 기업의 내부 역동성을 간접적으로 파악합니다. 더불어 주거래 은행 현황을 통해 경쟁 구도를 이해하고 우리 은행의 전략 수립에 활용해야 합니다.

금융 상품 지식: RM은 대출, 보험, 투자, 환 헷지 등 다양한 금융 상품에 대한 깊이 있는 이해와 활용 능력을 갖추어 고객의 복합적인 금융 니즈를 파악하고, 최적의 금융 솔루션을 통해 실질적인 가치를 제공할 수 있어야 합니다.

2) 관계 유지 및 강화 : 토끼의 마음을 사로잡는 전략

고객에 대한 깊은 이해를 바탕으로 릴레이션십을 효과적으로 유지하고 강화하는 전략은 다음과 같습니다.

키맨 맞춤 공략 및 인간적인 유대 : 키맨(주로 CEO)의 개인적인 성향, 관심사, 취미를 정확히 파악하여 그에 맞는 맞춤형 서비스를 제공하고 인간적인 유대감을 형성하는 것이 중요합니다. 업무 외적인 고민까지 해결해 줄 수 있는 파트너가 될 때 깊은 신뢰를 얻을 수 있습니다. 고객 조직화 모임 참여, 함께 식사 또는 운동, 때로는 소주 한 잔을 기울이는 등의 노력이 필요합니다.

업체별 유연한 접근 : 기업의 규모, 특성, 문화, 처한 상황에 따라 맞춤형 전략을 구사해야 합니다. 대기업은 공식적인 미팅을, 중소기업은 비공식적이고 인간적인 만남을 선호할 수 있음을 인지하고 유연하게 접근합니다.

세심한 배려의 선물 (기념품/정성) : 승진, 생일, 명절 등 특별한 날에 작지만, 진심이 담겨 기억에 남는 선물을 전달하여 긍정적인 인상을 심어줍니다. 고객의 취향을 고려한 실용적인 선물이나 계절 특산품은 진심을 전달하는 효과적인 방법입니다.

넓은 관계 형성 : 키맨뿐만 아니라 주변 실무진과의 관계 관리도 중요합니다. 회식, 워크숍 등을 통해 친목을 다지고 협력하는 분위기를 조성하며, 고객이 겪는 전반적인 금융 관련 애로사항을 파악하고 해결을 도움으로써 우리 은행과의 거래 확대를 모색합니다.

방문 예절의 준수 : 고객 기업 방문 시에는 **방문 목적을 명확히** 하고, 미리 약속을 잡고 시간을 지키며, 작은 선물이라도 준비하는 것이 기본적인 예절이자 신뢰를 쌓는 중요한 바탕이 됩니다.

3) 대화의 마법: 소통으로 신뢰를 쌓고 기회를 포착하라

대화는 고객과 깊은 신뢰를 쌓고 관계를 단단하게 구축하는 강력한 무기입니다. RM은 소통의 달인이 되어야 합니다.

성향 맞춤형 대화법 : 고객의 성향에 따라 경청의 마법을 사용하거나 (수다쟁이 토끼), 먼저 다가가 편안하고 안전한 대화 분위기를 조성하여 마음을 열도록 유도해야 합니다. (조용한 토끼).

진정한 파트너십 구축 : 단순히 금융 상품 판매를 넘어 고객의 기쁨과 어려움을 함께 나누는 진정한 친구이자 파트너가 되어야 합니다. 단기적인 실적에만 매달려 무리한 제안을 하거나 압박하는 것은 장기적인 관계를 해칠 수 있습니다.

대화 속 숨은 니즈 발견 : 일상적인 대화, 즉 '세상 돌아가는 이야기' 속에서 고객의 현재 상황, 고민, 미래 계획에 대한 실마리를 얻고 진정한 니즈를 파악하는 것이 중요합니다. 신뢰 기반의 정보는 성공 확률을 높이는 강력한 무기가 됩니다.

유용한 정보 제공과 특별 서비스 : 고객의 삶에 필요한 금융 시장 정보, 산업 동향, 외환/금리 동향 등 유용한 최신 정보를 선별하여 꾸준히 제공하고, 지적 성장을 돕는 도서를 선물하거나 고객을 위한 특별한 이벤트를 기획함으로써 진심 어린 배려와 전문성을 보여주어야 합니다.

지속적이고 체계적인 소통 : 정기적인 방문 계획을 수립하고, 방문 전 약속 확인 문자를 보내는 등 체계적으로 관리해야 합니다. 직접 방문이 어렵다면 문자나 카카오톡을 활용하여 금융 정보, 시장 동향, 안부 인사 등을 꾸준히 전달하며 관계를 유지합니다. RM 성공의 궁극적인 목표는 고객이 은행 업무에 대해 궁금한 점이 생겼을 때 주저 없이 "RM님, 바로 전화했습니다!"라고 말하며 먼저 RM을 찾게 만드는 것입니다.

〈사례〉 탁구 한 판으로 퇴직연금을!

RM은 관계를 통해 비즈니스 성공을 끌어내는 관계의 마법사입니다. 일례로 A 금융센터의 사례를 들 수 있습니다. 외국인 투자 기업

CEO와의 탁구 게임을 통해 자연스럽게 친밀감을 형성하고, 결국 퇴직연금 유치에 성공한 사례는 RM의 뛰어난 관계 관리 능력을 보여줍니다. 키맨의 취미를 공유하고 진심으로 소통하면서 자연스럽게 관계를 발전시킨 것이 성공의 비결이었습니다. 업무 외적인 영역에서의 교감은 관계를 더욱 단단하게 만듭니다.

과거 A 금융센터 근무 시절, 당행을 주거래로 하는 외국인 투자 기업인 B사라는 회사가 있었습니다. 여신은 없지만 수신, 외환 거래가 많은 업체였고, 곧 퇴직연금 도입을 앞둔 회사였습니다. 부임 인사차 방문 후 사장실에서 차 한잔하면서 이런저런 이야기를 나누었습니다. 그러다 회사를 돌면서 각 부서를 소개받던 중, 3층에 탁구 전용 구장이 잘 설치되어 있는 것을 발견했습니다. 사장님께 직원들이 탁구하는지 문의드린 결과, 사장님 본인이 탁구를 워낙 좋아해서 해마다 직원들의 건강을 위해 10월 9일(한글날)을 전 직원 탁구 대회를 열어 체육대회를 한다고 하였습니다.

대표이사의 취미가 탁구라는 것을 인지하고 "저도 좀 탁구를 합니다"라고 했는데, 부임하는 그날 양복을 벗고 바로 한 게임을 하였습니다. 게임 결과 제가 3:2로 아쉽게 패배했던 기억이 있습니다. 이후에도 지속적인 방문을 통해 탁구 이야기도 하면서 갈 때마다 탁구 한 게임을 했습니다.
동사의 제일 큰 체육 행사인 10월 9일 탁구 대회를 앞두고 사장님이 번외 게임으로 전 직원이 보는 앞에서 탁구 시합을 하게 되었습니다. 번외 게임의 재미를 더하기 위해 동사 퇴직연금 도입 시 무조건 OO 은행에 하는 것을 걸고 시합을 한 기억이 있습니다. 이처럼 대표이사(키맨)의 취미를 잘 알고 지속적인 방문과 소통을 통해 릴레이션십을 잘 쌓을 수 있었습니다. 이것이 바로 RM의 성공 비결입니다. 참고로 10월 9일 번외 게임! 거래처 직원들이 보는 앞에서 결과는 어찌 되었을까요?

RM은 관계를 통해 비즈니스 성공을 끌어내는 '관계의 마법사'입니다. 고객을 깊이 이해하고, 진심으로 소통하며, 끊임없이 가치를 제공하는 RM이야말로 진정한 성공을 거둘 수 있습니다. 지금 바로 고객에게 연락하여 따뜻한 안부 인사와 함께 당신의 진심을 전달하세요. **고객과의 강력한 유대감, 그것이 바로 RM 성공의 열쇠입니다.**

▶ 사냥꾼의 성공 법칙!

정보는 무기! 끊임없이 정보를 수집하고 분석하여 시장 변화에 빠르게 대응해야 합니다. 사냥꾼은 항상 주변 환경에 귀를 기울이고, 새로운 정보를 습득해야 합니다.

관계는 덫! 고객과의 강력한 유대감 형성은 성공적인 사냥의 핵심입니다. 토끼를 잡기 위해서는 먼저 토끼와 친해져야 하듯, 고객과의 신뢰를 쌓는 것이 중요합니다.

가치는 사냥감! 고객에게 최고의 가치를 제공해야 합니다. 사냥꾼은 토끼를 잡는 것뿐만 아니라, 토끼 고기를 맛있게 요리하는 방법까지 알아야 합니다.

6. 독심술사 RM이 되어라 :
경영자의 속마음 읽어 성공을 예측하다

RM은 뛰어난 영업 능력뿐만 아니라 예리한 관찰력과 통찰력을 갖춰야 합니다. 특히 사업 타당성이 낮은 기업의 경영자를 만날 때는 더욱 그렇습니다. 경영자의 행동, 말투, 표정 하나하나에 숨겨진 의미를 파악하고 리스크를 예측해야 합니다. 마치 독심술사처럼 말이죠! 이 장에서는 RM이 성공과 실패를 가르는 경영자의 숨겨진 특성을 꿰뚫어 볼 수 있는 핵심 기법을 소개합니다.

1) 첫인상 분석: 경영자의 첫인상, 무엇을 말해주는가?

경영자와의 첫 만남은 중요한 순간입니다. 짧은 시간 안에 경영자의 인상을 파악하고 신뢰도를 판단해야 합니다. 첫인상에서 드러나는 몇 가지 행동 특성은 경영자의 심리 상태와 숨겨진 의도를 파악하는 데 도움이 됩니다.

불안한 시선! 눈을 제대로 마주치지 못하고 시선을 회피하는 경영자는 자신감 부족, 불안감, 혹은 숨기는 것이 있다는 신호일 수 있습니다.

초조한 행동! 유난히 땀을 많이 흘리거나, 다리를 심하게 떨거나, 안절부절못하는 모습은 심리적인 압박감이나 불안감을 나타냅니다.

과장된 친절! 지나치게 친절하거나, 과도한 호의를 베풀거나, 지나치게 보상이나 접대를 제안하려는 경영자는 경계해야 합니다. 속으로는 다른 생각을 감추고 있을 가능성이 있습니다.

2) 말투와 표정 변화: 숨겨진 진실을 읽어내는 기술!

경영자의 말투와 표정은 감정을 드러내는 중요한 통로입니다. 특히 재무 상태처럼 민감한 주제에 관한 질문에 대한 반응을 주의 깊게 관찰해야 합니다.

목소리 변화! 자금 문제처럼 민감한 질문에 대해 갑자기 목소리가 작아지거나 커지는 것은 거짓말을 하거나 진실을 숨기려는 시도일 수 있습니다.

숫자 회피! 재무 상황에 관한 질문에 답변을 회피하거나, 직원에게 책임을 전가하거나, 명확한 답변을 회피하는 경영자는 숫자에 대한 개념이 부족하거나 재무 상태를 정확히 인지하지 못하고 있다는 의미로 받아들여야 합니다. 혹은 숨겨야 할 심각한 문제가 있음을 암시하는 신호일 수도 있습니다.

장황한 설명! 다른 질문에는 자세하고 명확하게 설명하면서 특정 항목에 대해서만 유독 말수가 적어지거나, 장황하게 둘러대는 경우 해당 항목에 문제가 있을 가능성이 높습니다.

3) 부실기업 경영자와 성공기업 경영자의 특징 신호 감지!

먼저, 부실기업 경영자에게는 공통적인 특징이 나타납니다. 다음과 같은 특징을 보이는 경영자는 특히 주의해야 합니다.

편파적 행동! 자신에게 유리한 쪽으로만 행동하고 다른 사람들의 의견은 무시하는 경향이 있습니다.

자기중심적! 자신의 이익만을 추구하고 다른 사람들의 피해는 고려하지 않습니다.

즉흥적/투기적 경영! 계획 없이 충동적으로 의사 결정하며, 높은 이익을 위해 무리한 투기를 선호합니다.

재무 지식 부족! 회사의 재무 상태를 정확히 파악하지 못하고, 경리/회계 지식이 부족합니다.

융통성 부족 및 악습! 변화에 대한 대응 능력이 부족하고 고집이 세며, 음주, 도박 등 개인적인 문제가 있을 수 있습니다.

복잡한 사생활/불친절! 복잡한 사생활로 인해 경영에 집중하지 못하고 불필요한 리스크를 초래하며, 직원이나 고객에게 불친절하게 대하는 경향이 있습니다.

조급함/건강 악화! 빠른 성장만을 추구하여 무리한 경영을 하며, 이에 따라 건강이 악화할 수 있습니다.

다음으로, **성공적인 기업을 이끄는 경영자들은** 뚜렷한 차이를 보입니다. 이들의 특징을 파악하면 성공 가능성이 높은 기업을 식별하는 데 도움이 됩니다.

공정성과 경청! 모든 이해관계자를 공정하게 대하고, 열린 마음으로 다른 사람들의 의견을 경청합니다.

공과 사의 명확한 구분! 개인적인 이익보다 회사의 이익을 우선시합니다.

명확한 목표 경영 및 실행력! 명확한 목표를 설정하고 체계적인 계획을 수립하며, 끈기 있게 실행합니다.

겸허한 반성과 자금 관리! 자신의 결정과 행동을 객관적으로 평가하고 반성하며, 자금 흐름을 정확히 파악하고 효율적인 관리 시스템을 구축합니다.

정보 전달 및 기회 포착! 내부적으로 효과적인 정보 전달 시스템을 구축하여 소통을 원활히 하고, 외부적으로는 시장 변화를 빠르게 파악하여 새로운 사업 기회를 적극적으로 활용합니다.

시간 관리 및 건강! 시간을 효율적으로 관리하고, 건강하고 절제된 생활 습관을 유지합니다.

뛰어난 성품과 리더십! 정직하고 책임감이 강하며, 타인을 존중하고 배려하는 성품과 카리스마, 비전 제시 능력 등 뛰어난 리더십을 갖추고 있습니다.

혁신 및 위기관리! 끊임없이 혁신을 추구하고, 예상치 못한 위기 상황에 침착하게 대응하여 문제를 해결하는 능력이 뛰어납니다.

사회적 책임 의식! 기업의 사회적 책임을 인지하고 사회 공헌 활동에 적극적으로 참여합니다.

　경영자의 행동 특징을 주의 깊게 관찰하고 분석하여 숨겨진 의도와 리스크를 파악하세요. 이 장에서 제시된 정보들을 종합적으로 고려하여 기업과 경영자를 평가하면, 성공 가능성을 예측하고 투자 결정을 내리는 데 도움이 될 것입니다. 뛰어난 관찰력과 통찰력은 RM에게 필수적인 능력입니다. '독심술사 RM'이 되어 고객의 마음을 꿰뚫어 보고, 성공적인 금융 파트너십을 만들어 나가십시오!

제6장

신규 거래처 확보 (산토끼) : 대담한 확장 전략

1. 산토끼 사냥, 백발백중 명중률! : 신규 고객 접촉 준비 사항

새로운 사냥감을 찾아서!

RM의 숙명, 그것은 바로 끊임없이 새로운 사냥감을 찾아내야 한다는 것입니다. 기존 고객을 관리하는 것만큼이나 중요한 것이 바로 신규 고객 유치입니다. 새로운 사냥감, 산토끼를 잡기 위한 RM의 필살기입니다!

▶ 사냥 전략!

"知彼知己 百戰百勝" "적을 알고 나를 알면 백전백승!"이라 했던가요! 방문 전에 기업의 특징을 파악하는 것은 기본 중의 기본입니다. 마치 사냥꾼이 사냥감의 습성을 미리 파악하듯, 기업의 규모, 업종, 재무 상태, 경영진 정보 등을 꼼꼼히 분석해야 합니다. 인터넷 검색, 신용 정보 조회, 인맥 활용 등 다양한 방법을 동원하여 정보를 수집하세요!

"주변 환경까지 스캔하라!"

기업의 주변 상황을 관찰하여 잠재 고객의 니즈를 파악하는 것도 중요합니다. 주변에 경쟁 업체는 얼마나 있는지, 교통 환경은 어떤지, 직원들의 분위기는 어떤지 등을 살펴보세요. 마치 숲 전체를 파악하는 사냥꾼처럼, 기업을 둘러싼 환경을 분석하여 고객에게 필요한 것이 무엇인지 파악해야 합니다.

"예의 바른 사냥꾼이 되자!"

첫인상은 매우 중요합니다. 성공적인 면담을 위해 항상 예의 바른 태도를 유지해야 합니다. 단정한 복장, 명확한 발음, 적절한 예의는 기본입니다.

"타이밍이 생명!"

최초 방문 후 2~3일 이내, 늦어도 일주일 이내에 두 번째 방문하는 것이 효과적입니다. 너무 늦으면 고객의 관심이 식을 수 있고, 너무 빠르면 부담스러워할 수 있습니다.

"세일즈는 거절에서 시작된다!"

거절당했다고 좌절하지 마세요! 거절은 성공으로 가는 디딤돌입니다. 마치 오뚝이처럼, 몇 번 넘어져도 다시 일어서는 끈기가 필요합니다. 거절당한 원인을 분석하고, 잠재 고객의 니즈에 맞는 세일즈 전략을 수정하여 다시 도전하세요!

"계획적인 사냥꾼이 되자!"
　지속적이고 효과적인 고객 발굴 계획을 수립하는 것이 중요합니다. 마치 전략가처럼, 목표 고객 설정, 접촉 방법, 제안 내용 등을 미리 계획하고 실행해야 합니다.

"정보 수집은 필수!"
　잠재 고객에 대한 정보를 최대한 많이 수집해야 합니다. 마치 탐정처럼, 잠재 고객의 니즈, 재무 상태, 경쟁 은행 거래 현황 등을 꼼꼼히 파악해야 합니다.

"소개와 네트워킹!"
　지인, 기존 고객, 협력 업체 등을 통해 잠재 고객을 소개받는 것은 매우 효과적인 방법입니다. 마치 거미줄처럼, 촘촘한 네트워크를 구축하여 잠재 고객을 확보하세요.

"적극적인 자세!"
　고객을 만날 때마다 관계가 형성되면 "혹시 다른 분을 소개해 주실 수 있겠습니까?"라고 자연스럽게 문의하는 습관을 지니세요. 마치 낚시꾼처럼, 끊임없이 미끼를 던져야 물고기를 잡을 수 있습니다.

　새로운 고객 발굴은 RM의 중요한 과제 중 하나입니다. 끊임없는 노력과 전략적인 접근을 통해 산토끼를 잡으며 최고의 RM으로 거듭나세요!

2. 우량 기업, 황금 토끼를 잡아라!: 우량 업체 세일즈 착안 사항

최고급 사냥감을 위한 특급 전략!

우량 기업은 RM에게 있어 최고의 사냥감, 황금 토끼와 같습니다. 이들을 사로잡기 위해서는 특별한 전략이 필요합니다.

끈기 있는 사냥꾼이 되어라! "포기하지 않는 집념!"

우량 기업은 쉽게 마음을 열지 않습니다. 끈기 있는 자세로 지속적이고 정기적인 세일즈 활동을 펼쳐야 합니다. 짝사랑하는 사람에게 끊임없이 구애하듯, 고객의 니즈를 파악하고 그들의 성공을 돕기 위해 정성을 다해 고객에게 다가가세요. 판촉물 제공, 식사 접촉 등 다양한 방법을 활용하여 고객과의 접점을 늘리고 신뢰를 쌓아야 합니다.

전문가 RM, "지식으로 무장하라!"

업체별, 업종별 전문 지식을 습득하여 고객과의 대화 폭을 넓히세요. 전문 지식을 바탕으로 고객의 사업 현황과 미래 전략을 정확하게 파악하고, 맞춤형 금융 솔루션을 제공해야 합니다. 척척박사처럼, 어떤 질문에도 막힘없이 답변할 수 있는 전문가 RM이 되어야 합니다.

협력은 필수! "인맥을 활용하라!"

동종업계 또는 영향력 있는 지인을 통해 협조 세일즈를 진행하세요. 지인을 통해 소개받거나, 업계 전문가의 의견을 전달하는 방식으로 고객에게 신뢰감을 줄 수 있습니다. 폭넓은 네트워크를 활용하는 전략가처럼, 주변 인맥을 적극 활용하여 고객의 마음을 움직여야 합니다.

진정한 동반자 "고객의 성공이 나의 성공!"

당장 눈앞의 이익보다는 장기적인 관점에서 고객과의 관계를 구축해야 합니다. 관공서 업무 지원, 납품 업체 연결 등 고객에게 실질적인 도움을 제공하고 진정한 의미의 동반자 임무를 수행해야 합니다.

숨은 니즈를 찾아라! "세무 전문가 RM!"

여신이 필요하지 않은 기업(예: 풍부한 현금성 자산을 보유한 기업, 이미 차입 여력이 충분한 기업)에는 정확한 세무 지식을 바탕으로 절세 방안 등을 컨설팅하여 여신 수요를 창출하세요. 고객에게 꼭 필요한 솔루션을 제공하여 만족도를 높여야 합니다.

신뢰를 쌓아라! "기관과의 유대 강화!"

신용보증기금 등과 긴밀한 유대 관계를 유지하고, RM이 직접 기관 책임자와 소통하여 적극적인 이미지를 심어주세요. 관계기관과의 협력을 통해 고객에게 최고의 서비스를 제공해야 합니다.

끊임없이 배우는 RM "자기 계발은 필수!"

금리, 환율, 경제 동향, 업종별 전문 지식, 시사 문제 등 끊임없이 공부하고 자기 계발에 힘쓰세요. 끊임없이 지식을 흡수하고 발전하는 RM이 되어야 합니다.

사후 관리는 기본! "고객과의 약속을 지켜라!"

고객 유치 후에도 전화 및 정기적인 방문을 통해 사후 관리에 철저히 해야 합니다. 고객과의 관계를 꾸준히 가꾸고 돌봐야 합니다.

전략적인 사냥 기술과 끊임없는 노력으로 우량 기업을 고객으로 만들고 최고의 RM으로 성장하세요!

3. 토끼들의 커뮤니티를 만들어라!: 고객 조직화 전략

고객 조직화, 숨겨진 1인치

고객 조직화는 RM의 숨겨진 무기, 마치 축구 경기에서 승리를 위한 1인치 전략과 같습니다. 고객을 하나의 공통점으로 묶어 네트워크를 형성하고, 이를 통해 새로운 기회를 창출하는 고단수 전략입니다.

첫째, 조직화, 왜 필요한가?

접점 확대 : 고객과의 접점을 늘리고 관계를 강화하는 데 효과적입니다. 고객과 끊임없이 소통하고 정보를 공유할 수 있는 공간을 만드는 것입니다.

정보 교류 : 고객 간 정보 교류를 촉진하여 새로운 사업 기회를 창출할 수 있습니다. 다양한 정보가 오가는 만남의 장을 제공하는 것입니다.

유대감 형성 : 고객 간의 유대감을 형성하여 충성도를 높일 수 있습니다. 소속감과 공동체 의식을 느낄 수 있도록 하는 것입니다.

둘째, 조직화, 어떻게 활용할까?

다양한 이벤트 : 골프 모임, 거래처 실무자 호프데이, 세미나, 워크숍, 친목 행사 등 다양한 이벤트를 통해 고객과의 교류를 증진하세요. 즐거움과 흥미를 느낄 수 있는 이벤트를 개최하여 고객 만족도를 높여야 합니다.

관계 심화 및 정보 교류 촉진 : 이벤트를 통해 단기간 내에 고객과의 친밀감을 높이고 정보를 교환할 수 있습니다. 짧은 시간 안에 효과를 볼 수 있는 방법입니다.

거래 알선 및 소개 : 고객 간의 상호 교류를 통해 거래 알선, 소개 등의 효과를 기대할 수 있습니다. 고객 간의 비즈니스 연결을 통해 새로운 기회를 창출하는 것입니다.

셋째, 조직화, RM의 고단수 전략!

유망 고객 확보 : 고객 조직화는 잠재 고객을 발굴하고 유치하는 데 효과적인 전략입니다. 미래의 핵심 고객을 확보하는 것입니다.

거래 기반 강화 : 기존 고객과의 관계를 강화하고 충성도를 높여 안정적인 거래 기반을 구축할 수 있습니다. 흔들리지 않는 거래 기반을 만드는 것입니다.

금융 기관 활용 가치 : 고객 조직화는 금융 기관의 마케팅 활동에 있어 매우 중요한 전략입니다. 경쟁 우위를 확보하고 성장을 가속하는 데 이바지합니다.

넷째, 조직화, 성공 사례!

키맨 골프 모임 : 거래 기업 키맨을 대상으로 정기적인 골프 모임을 개최하여 친목을 도모하고 정보를 교환합니다.

미래 경영자 클럽 : 거래처 CEO 2세들의 모임을 통해 미래 고객을 확보하고 관계를 구축합니다.

실무자 교육 : 외환, 세무 등 실무 담당자를 대상으로 교육하여 업무 역량 강화와 네트워크 형성을 지원합니다.

고객 조직화를 통해 고객과의 유대감을 강화하고 새로운 사업 기회를 창출하세요! RM은 단순한 영업사원이 아닌, 고객 커뮤니티의 리더로서 활약해야 합니다.

4. 새로운 사냥감이 필요하다!: 잠재 고객 발굴 노하우

사냥터를 넓혀라!

끊임없이 새로운 사냥감을 찾아 나서야 합니다. 기존 고객 관리에 만족하지 말고 적극적으로 신규 고객을 유치하여 성장을 가속하세요! RM은 끊임없이 진화하는 사냥꾼이 되어야 합니다.

1) 잠재 고객 발굴: 정보가 곧 무기!

RM이라면 누구나 꿈꾸는 신규 고객 유치, 하지만 막막하기만 합니다. 어디서부터 시작해야 할까요? 막막한 신규 고객 발굴, 하지만 걱정하지 마세요!

타겟 고객을 정조준하라! "아무나 잡지 않는다!"
신규 고객 유치의 첫걸음은 명확한 타겟 고객 선정입니다. 마치 저격수가 목표물을 정확히 조준하듯, 어떤 고객을 유치할 것인지 구체적으로 정해야 합니다. 업종, 규모, 지역, 성장 가능성 등 다양한 요소를 고려하여 우리 은행과 궁합이 잘 맞는 고객을 선정하세요.

정보! RM의 보물! "정보 수집은 RM의 기본 소양!"
타겟 고객을 선정했다면, 이제 정보 수집에 나서야 합니다. 다양한 경로를 통해 고객 정보를 수집하세요. 인터넷, 신용 정보 기관, 인맥 등 모든 수단을 동원하여 고객의 재무 상태, 사업 현황, 경영진 정보 등을 파악해야 합니다.

RM의 네트워크, 정보의 보물창고! "인맥은 RM의 가장 큰 자산!"
신규 고객 유치는 다양한 정보 루트를 통해 이루어집니다. 그리고 그 중심에는 RM의 인맥이 있습니다. 촘촘하게 연결된 인맥을 통해 끊임없이 정보를 얻고 고객을 발굴해야 합니다.

기존 고객, 최고의 지원군! "MGM, 고객이 고객을 부른다!"
기존 고객을 통해 신규 고객을 소개받는 것은 가장 쉽고 효과적인 방법입니다. 만족한 고객이 직접 홍보대사가 되어 새로운 고객을 데려오는 것입니다. 기존 고객과의 관계를 강화하고 MGM을 적극 활용하세요.

내부 정보 활용 "본부 및 영업점 정보를 적극 활용하라!"

본부에서 제공하는 타겟 리스트를 활용하는 것도 좋은 방법입니다. 다른 은행 만기 도래 고객, 정책 자금 지원 대상 기업 등 유용한 정보를 놓치지 마세요.

"숨은 고객을 찾아라!" 여신 거래가 없는 수신 위주의 거래처 중에도 잠재 고객이 숨어 있습니다. 일일 거래 내용 정보를 분석하여 신규 거래 기회를 포착하세요. 특히 1억 이상 거래하는 수신 거래처는 반드시 확인해야 합니다.

"영업점 정보를 활용하라!" 영업점 맞춤 타겟 리스트, 마케팅 통합 정보, 영업점 지원 부서 자료 등을 활용하여 점주 주변 신규 고객을 발굴하세요.

맞춤형 상품 제안 "고객 맞춤 세일즈!"

타겟 리스트 업체에 맞는 상품을 제안하는 것은 매우 중요합니다. 마치 맞춤 정장처럼, 고객의 니즈에 딱 맞는 상품을 제공해야 합니다. 특정 상품에 맞는 기업을 찾아 적극적으로 제안하세요. (대기업 상생 대출, 무역금융 등)

2) 정보 사냥꾼, RM!: "정보의 바다에서 보물을 건져라!"

정보는 RM에게 있어 곧 생명줄과 같습니다. 마치 망망대해에서 나침반과 지도를 든 탐험가처럼, 정보를 통해 방향을 설정하고 목표를 향해 나아가야 합니다.

외부 기관, 정보의 보고! "정보의 금맥을 찾아서!"

중소기업청, 기술(신용)보증기금, 지역상공회의소, 공단 본부, 세무서, 구청, 산업별 조합 등 다양한 외부 기관은 RM에게 귀중한 정보를 제공하는 보물 창고입니다. 이러한 기관들을 적극적으로 활용하여 타겟 기업을 선정하고 필요한 정보를 수집하세요.

신용 정보 기관, RM의 필수품! "CRETOP, KIS LINE 등 신용 정보 기관 활용은 필수!"

이러한 기관들은 기업의 신용 등급, 재무 상태, 사업 현황 등 다양한 정보를 제공합니다. 기업의 내부를 들여다볼 수 있는 도구입니다. 지역별, 규모별, 업종별 검색 기능을 활용하여 타겟 기업을 선정하고 상세 정보를 확인하세요.

공시 정보, 투명하게 기업 분석! "DART, Bank Trass 등 공시 정보를 활용하라!"

금융감독원 전자공시 시스템(DART)에서는 외감법인의 기업 공시 자료를 확인할 수 있습니다. Bank Trass는 국내 은행 간 기업 신용정보 공유 시스템으로, 기업의 수출입 통관 실적 등을 확인할 수 있습니다. 기업의 재무 상태와 사업 활동을 투명하게 분석할 수 있습니다.

정보 활용 팁! "나만의 정보 정리 시스템 구축!"

여러 사이트에서 수집한 정보는 중복되는 경우가 많습니다. RM

자신의 업무 방식에 맞게 정보를 정리하고 분석하여 활용하는 것이 효율적입니다. 정보를 체계적으로 분류하고 관리해야 합니다.

나만의 정보 네트워크 구축! "정보 루트 관리의 중요성!"

시장의 정보를 빠르게 얻을 수 있는 나만의 정보 루트를 구축해야 합니다. 기존 거래처, 금융 기관, 시행사, M&A 관련 업체, 공단 본부, 협회 등 다양한 경로를 통해 정보를 수집하고 관리하세요. 다양한 정보망을 구축하고 활용해야 합니다.

인맥 관리 = 정보 관리 "인맥 관리에 힘써라!"

정보 루트 관리는 곧 인맥 관리입니다. 다양한 분야의 사람들과 관계를 맺고 유지하면서 필요한 정보를 얻을 수 있습니다. 폭넓은 인맥을 형성하고 관리해야 합니다.

성공하는 RM의 비밀 "정보 활용 능력이 성과를 좌우한다!"

성과가 높은 RM은 자기만의 정보 루트를 잘 관리하고 활용합니다. 정확한 정보를 바탕으로 전략을 수립하고 실행해야 합니다.

다양한 정보 수집 경로를 활용하고 체계적으로 정보를 관리하여 최고의 RM으로 성장하세요! 정보는 RM의 성공을 위한 가장 강력한 무기입니다.

3) 고객의 마음 문을 열어라 : 전략적 접촉 기술!

고객과의 접촉, 그것은 마치 탐험가가 미지의 세계에 첫발을 내딛는 것과 같습니다. 낯선 환경, 예측 불가능한 상황 속에서 RM은 지혜와 용기를 가지고 고객에게 다가가야 합니다. 마치 숙련된 사냥꾼이 낯선 숲에서 사냥감을 찾아 나서는 것처럼 말이죠.

방문 시간, 타이밍이 생명! "고객의 시간을 존중하라!"

고객 방문 시간은 매우 중요합니다. 아침 회의 시간이나 점심시간 직후처럼 바쁜 시간대는 피하는 것이 좋습니다. 마치 사냥꾼이 사냥감의 활동 시간을 파악하는 것처럼, 고객의 업무 리듬을 파악하고 방해가 되지 않는 시간대를 선택하여 방문하세요. 센스 있는 손님처럼, 적절한 시간에 방문해야 환영받을 수 있습니다.

경비실, 첫 관문을 돌파하라! "경비실을 제압하라!"

대기업뿐만 아니라 중소기업도 보안을 중시합니다. 경비실 출입 통제에 당황하지 말고 당당하게 대처하세요. 마치 적의 진영에 잠입하는 첩보원처럼, 침착하고 용의주도하게 행동해야 합니다. "안녕하세요, OO은행 제갈길 부지점장입니다. (명함과 사은품 전달) 사장님 뵈러 왔습니다"라고 자신감 있게 말하고, 사전 연락 여부를 확인하세요. 만약 연락되지 않았다면, "부임 인사차 (은행 관련 재무 정보 전달차) 왔습니다. 한번 연결 부탁드립니다"라고, 정중하게 요청하세요. 예의를 갖추면서도 당당하게 행동해야 합니다.

임기응변, 위기를 기회로! "당황하지 마세요!"

약속 없이 방문했을 때 제지를 당하더라도 당황하지 말고 임기응변으로 대처하세요. 마치 덫에 걸린 사냥감이 탈출구를 찾는 것처럼, RM은 위기 상황에서도 침착하게 대응해야 합니다. "대표이사님 또는 재무 팀장님을 만나러 왔습니다." 이렇게 말하며 연결을 시도하고, 자신감을 잃지 않는 것이 중요합니다. 상황에 따라 유연하게 대처해야 합니다.

첫 대면, 최고의 순간을 위해! "첫인상이 중요합니다!"

첫 대면은 상대방에게 첫인상을 심어주는 중요한 자리입니다. 마치 사냥꾼이 사냥감에 자신의 존재를 처음으로 드러내는 순간처럼, RM은 고객에게 긍정적인 첫인상을 심어주어야 합니다. 기본적인 매너와 예절을 지키고, 상대방에게 호감을 줄 수 있는 대화 주제를 준비하세요. 간단한 기념품을 준비하는 것도 좋은 방법입니다. 긍정적인 첫인상을 남겨야 합니다.

두 번째 만남을 기약하며! "다음을 기약하세요!"

첫 대면의 목표는 두 번째 방문을 쉽게 하는 것입니다. 마치 사냥꾼이 사냥감을 놓치더라도 다음 사냥을 위한 발판을 마련하는 것처럼, RM은 첫 만남에서 다음 만남을 위한 기회를 만들어야 합니다. 따라서 상품이나 금리로 접근하기보다는, 회사에 필요한 사항을 질문하고 함께 해결 방안을 모색하는 것이 좋습니다. 고객의 고민을 해결해 주고 신뢰 관계를 구축해야 합니다.

고객의 고민을 해결해 주는 RM! "고객의 니즈를 파악하라!"

다양한 고민을 가진 중소기업에 수출입 업체의 환율 변동 고민, 자금 여유 기업의 자금 활용 방안, 자금 부족 기업의 자금 조달 방안 등을 종합적으로 상담하고 은행을 통한 최적의 해결 방안을 제시하세요. 고객의 문제를 해결해 주고 든든한 파트너가 되어주세요.

성공 사례를 활용하라! "우리 은행의 강점을 어필하라!"

"귀사와 같은 업종의 당행 거래 업체는 상당히 많으며, 귀사가 목표로 하는 규모가 큰 업체도 당행을 거래하고 있습니다."와 같이 성공 사례를 제시하여 고객에게 신뢰감을 주고 우리 은행의 강점을 어필하세요. 마치 사냥꾼이 자신의 사냥 실력을 과시하여 사냥감을 안심시키는 것처럼 말이죠.

전략적인 접근과 진심 어린 소통으로 고객과의 긍정적인 관계를 구축하세요! RM은 고객의 마음을 여는 열쇠를 가진 사람입니다. 마치 사냥꾼이 사냥감의 마음을 읽고 접근하는 것처럼, RM은 고객의 마음을 이해하고 공감해야 합니다.

5. 기록은 기억을 지배한다!: 섭외 기록 관리의 중요성

1) 섭외 정보 관리, RM의 핵심 무기!

RM은 수많은 고객을 만나고, 다양한 정보를 얻습니다. 하지만 기억력에만 의존해서는 중요한 정보를 놓치기 쉽습니다. 은행 내 섭외 등록시스템 등 체계적인 기록 도구를 활용하여 고객과의 만남을 꼼꼼하게 기록하고 관리해야 합니다. 제가 책을 쓰게 된 결정적인 이유도 RM 하면서 각종 영업 우수 사례, 기업 유치사례 등을 꼼꼼히 기록 관리를 한 덕분으로 이 책을 쓸 수 있었습니다.

섭외 정보 기록, 왜 중요할까? "기억은 휘발성이다!"

사람의 기억은 시간이 지날수록 희미해지기 마련입니다. 고객과의 약속, 중요한 대화 내용, 제공받은 정보 등을 기록하지 않으면 잊어버리기 쉽습니다. 흐르는 물처럼, 기억은 손에 잡히지 않습니다. 마치 탐험가가 지도에 발자취를 기록하지 않는다면 곧 길을 잃고 말 것입니다.

"체계적인 관리의 필요성!"

섭외 정보를 체계적으로 관리하면 고객에 대한 이해도를 높이고, 더욱 효과적인 영업 활동을 펼칠 수 있습니다. 정리 정돈된 서랍처럼, 필요한 정보를 언제든지 쉽게 찾아 활용할 수 있어야 합니다. 마치 전문 기능인이 자신의 도구를 잘 정리해 놓아야 필요할 때 바로 사용할 수 있는 것처럼 말이죠.

섭외 정보, 무엇을 기록해야 할까? "고객 정보는 상세하게!"

섭외 등록시스템에 고객 정보를 최대한 상세하게 기록해야 합니다. 회사 개요, 경영자 또는 키맨 정보, 타겟 상품, 관계 유지 방법 등 고객과 관련된 모든 정보를 빠짐없이 기록하세요. 백과사전처럼, 고객에 대한 모든 것을 담아야 합니다. 마치 탐정이 사건의 모든 단서를 수집하는 것처럼 말이죠.

"접촉 정보는 꼼꼼하게!"

고객과의 접촉 내용을 꼼꼼하게 기록하는 것도 중요합니다. 관심 분야, 섭외 시 주요 이슈 사항, 약속 일정, 통화 내용 등 모든 접촉 이력을 기록하여 관리하세요. 일기장처럼, 고객과의 소통 내용을 자세하게 기록해야 합니다. 전문가가 업무 일지를 작성하여 진행 상황을 분석하는 것과 같은 이치입니다.

섭외 정보 기록, 어떻게 활용할까? "영업 활동의 나침반!"

　기록된 섭외 정보는 RM 활동의 나침반 역할을 합니다. 과거 접촉 내용을 참고하여 고객의 성향과 니즈를 파악하고, 맞춤형 영업 전략을 수립할 수 있습니다. RM은 섭외 정보를 활용하여 성공적인 영업 활동을 펼쳐야 합니다.

"고객 관리 지도!"

　섭외 정보는 체계적인 고객 관리를 위한 지도와 같습니다. 고객의 특징과 니즈를 한눈에 파악하고, 적시에 필요한 정보를 제공하여 고객 만족도를 높일 수 있습니다. RM은 섭외 정보를 활용하여 고객과의 관계를 발전시켜야 합니다.

　고객 섭외 정보를 꼼꼼하게 기록하고 체계적으로 관리하여 최고의 RM으로 성장하세요! 기록은 RM의 성공을 위한 가장 강력한 무기입니다. 마치 성공적인 프로젝트를 위해서는 과정에 대한 꼼꼼한 기록 관리가 필수적인 것처럼 말이죠.

2) 섭외/기록 관리, RM의 성공 비밀!

　RM은 고객과의 만남을 통해 다양한 정보를 얻습니다. 하지만 이러한 정보는 기록하고 관리하지 않으면 사라지기 쉽습니다. 마치 모래 위에 쌓은 성처럼, 기록되지 않은 정보는 쉽게 무너져 내립니다.

정보는 RM의 보물! "정보는 자산이다!"

체계적인 섭외 정보 축적은 은행의 중요한 자산입니다. 고객 정보는 은행의 수익 증대와 리스크관리에 필수적인 요소입니다. 고객 정보를 꼼꼼하게 기록하고 분석하여 자산 증대의 초석을 다지고, 선제적인 리스크관리를 통해 안정적인 성장을 도모해야 합니다.

정보의 가치를 높여라! "정보는 살아 있다!"

단순히 평가를 위한 형식적인 섭외 정보는 정보의 가치를 떨어뜨리고 비효율을 초래할 수 있습니다. 가치 없는 정보는 오히려 해가 될 수 있습니다. 정보의 가치를 높이기 위해서는 오너십을 가지고 정확하고 유용한 정보를 등록해야 합니다. 가치 없는 정보는 등록 시간, 자료 보관 등 큰 비용을 낭비하게 만듭니다.

RM 역량 강화의 지름길! "기록은 성장의 발판!"

섭외 정보 등록을 통해 자기 활동을 되돌아보고 개선점을 찾을 수 있습니다. 심사 승인 시 섭외 이력을 점검하여 중요한 참고 자료로 활용할 수도 있습니다.

"기록하는 RM이 성공한다!"

6. 두려움을 용기로 바꿔라!: 신규 거래 유치 단계 핵심

두려움을 용기로 바꿔라!: 신규 고객 섭외, 자신감이 주무기!

RM에게 신규 고객 섭외는 마치 높은 파도를 넘어 미지의 섬을 탐험하는 것과 같습니다. 두려움과 설렘이 공존하는 이 험난한 여정에서 RM은 어떻게 해야 할까요? 낯선 환경에서 새로운 기회를 찾아 나서는 탐험가처럼, 용기와 지혜를 가지고 나아가야 합니다.

두려움을 없애는 마법, '나도 너도 똑같은 사람!' "두려움은 만들어진 것!"
처음 만나는 사람에게 느끼는 두려움은 당연합니다. 하지만 상대방도 나와 똑같은 사람이라는 것을 기억하세요. 마치 거울을 보듯, 상대방도 당신과 같은 감정을 느낄 수 있습니다. 편안한 마음으로 다가가면 두려움은 자연스럽게 사라질 것입니다. 마치 내가 낯선 사람을 만날 때 느끼는 감정을 상대방도 느낄 수 있음을 이해하듯, 편안하고 당당하게 마주하는 것이 중요합니다.

친구를 사귄다는 마음으로! "친구를 만들러 가는 길!"
고객을 만날 때 '친구를 사귄다'라는 마음가짐을 가져보세요. 마치 새로운 친구를 만나 즐겁게 지내듯, 편안하고 긍정적인 마음으로 고객에게 다가가세요. 진심으로 소통하고 공감하면 고객의 마음을 열 수 있을 것입니다. 마치 새로운 인연을 소중히 여기듯, 진정한 관계를 형성하는 데 집중하세요.

동반 섭외, 든든한 지원군! "함께 하면 두려움 반, 용기백배!"

처음 방문이 어렵거나 낯설 경우, 동료와 함께 방문하는 것도 좋은 방법입니다. RM 동료, OM(기업 후선 책임자), 창구 직원 등 든든한 지원군과 함께라면 두려움을 극복하고 자신감을 얻을 수 있습니다. 마치 탐험가가 동료와 함께 미지의 세계를 탐험하듯, 함께 힘을 합쳐 어려움을 헤쳐 나가세요. 마치 팀 스포츠에서 동료와 함께 목표를 향해 나아가듯이 말이죠.

전략적 접근, RM의 지혜! "맞춤형 전략으로 승부하라!"

　기업에 대한 정확한 분석을 바탕으로 전략적인 접근을 해야 합니다. 고객의 니즈를 정확하게 파악하고 그에 맞는 맞춤형 솔루션을 제공해야 합니다. 해당 기업에 가장 적합한 상품이 무엇인지, 특정 상품이 해당 기업에 도움이 될 것인지 꼼꼼하게 분석하고 전략을 세우세요. 전문가가 고객의 문제를 진단해 최적의 해결책을 제시하는 것과 같은 이치입니다.

작은 거래부터 시작, 꾸준함이 힘! "천 리 길도 한 걸음부터!"

　처음부터 큰 거래를 성사하려고 조급해하지 마세요. 작은 거래부터 시작하여 꾸준히 관계를 발전시켜 나가는 것이 중요합니다. 인내심을 가지고 고객과의 신뢰를 쌓아 나가세요. 거래 심화에는 시간이 필요합니다.

기회는 준비된 자에게 온다! "포기하지 않는 끈기!"

　지금 당장은 영업 기회가 없는 것처럼 느껴져도 포기하지 마세요. 지속적으로 시간과 노력을 투자하면 언젠가는 기회가 찾아옵니다. 인내심을 가지고 꾸준히 고객에게 관심을 가지세요. 농부가 씨앗을

뿌리고 끈기 있게 기다리는 것과 같습니다.

두려움을 극복하고 자신감 있게 고객에게 다가가세요! 긍정적이고 적극적인 마음가짐은 성공적인 신규 고객 섭외의 첫걸음입니다. 마치 새로운 도전에 기꺼이 뛰어드는 개척자처럼 말이죠.

7. 다른 은행과의 경쟁에서 '산토끼'를 사수하라!

경쟁 속 신규 고객 유치 및 관계 강화 전략

RM에게 있어 다른 은행과의 경쟁은 험난한 산길을 오르는 것과 같습니다. 마치 치열한 시장 경쟁 속에서 동일한 고객을 유치하려는 것처럼 순간의 연속이죠. 하지만 좌절하지 마세요! 뛰어난 RM은 지혜와 전략으로 고객을 사로잡을 수 있습니다.

고객을 유치하는 과정에서 다른 은행과의 경쟁은 피할 수 없는 현실입니다. 마치 고객의 마음을 사로잡기 위한 매력적인 제안과 끈질긴 노력이 필요한 것처럼, 경쟁사보다 먼저 고객의 마음을 사로잡기 위한 전략적인 접근이 요구됩니다.

매력적인 제안으로 고객을 유인하라!

고객의 관심을 사로잡는 매력적인 제안을 하는 첫걸음은 다른 은행이 제시하는 조건을 뛰어넘는 파격적인 금리, 금액, 기간 등을 제시하는 것입니다. 더 나아가 고객의 구체적인 니즈를 정확히 파악하고, 그에 꼭 맞는 맞춤형 금융 상품과 솔루션을 제공함으로써 고객의 관심을 유도해야 합니다.

친밀감으로 신뢰를 구축하라!

　고객과의 친밀감은 어떤 경쟁 상황에서도 든든한 기반 역할을 합니다. 평소 키맨이나 실무 담당자와 꾸준히 쌓아온 유대 관계를 적극적으로 활용하십시오. 끈끈한 관계는 고객으로부터 신뢰를 얻는 강력한 기반이 되며, 경쟁사보다 한발 앞서나갈 수 있는 중요한 요소가 됩니다.

다양한 부가 서비스로 매력을 더하라!

　금융 상품 자체 외에도 고객을 위한 특별한 혜택을 준비해야 합니다. 고객의 눈길을 사로잡을 수 있는 다양한 부가 서비스는 강력한 유인책이 됩니다. 제반 거래 수수료 면제 혜택이나 직원 대출 우대와 같은, 고객이 쉽게 놓칠 수 없는 실질적인 이익을 제시하며 매력을 더하십시오.

끈질긴 추적 의지와 열정!

　경쟁 속에서 목표 고객을 반드시 잡겠다는 끈질긴 추적 의지와 집념 또한 중요합니다. RM의 뜨거운 열정과 고객을 향한 진심은 반드시 고객에게 전달되어 깊은 인상을 남깁니다. 포기하지 않고 꾸준히 다가서는 모습은 신뢰를 형성하는 데 이바지합니다.

인맥이라는 숨겨진 통로를 활용하라!

　때로는 인맥이라는 숨겨진 루트를 활용하는 것도 효과적입니다. 목표 고객과 연결될 수 있는 인맥을 총동원하여 고객에게 자연스럽게 다가가십시오. 폭넓은 네트워크는 경쟁사보다 유리한 위치를 선점하는 데 결정적인 역할을 할 수 있습니다.

전문가 협력으로 최적의 솔루션을 제공하라!

　복잡하거나 전문적인 금융 솔루션이 필요한 경우에는 전문가라는 든든한 지원군과 협력해야 합니다. 구조화 상품 등 심도 있는 지식이 요구되는 경우, IB, 기업 마케팅부 등 사내 전문가들과 긴밀하게 협력하여 고객에게 최적화된 맞춤형 금융 서비스를 제공하기 위해 팀워크를 발휘해야 합니다.

심사역과의 긴밀한 협력!

　여신 승인과 관련되면 심사역과의 협력을 통해 정확한 조준을 해야 합니다. 필요하다면 사전에 심사역과 충분히 협의하여 고객에게 신속하고 정확한 금융 지원이 이루어지도록 빈틈없이 해야 합니다. 이는 고객의 만족도를 높이는 데 중요한 과정입니다.

멘탈 관리로 흔들림 없는 RM이 되어라!

　다른 은행과의 경쟁은 때로 험난한 산길을 오르는 것처럼 지치고 힘들 수 있습니다. 이러한 과정에서 멘탈 관리는 필수적입니다. 긍정적인 사고방식을 유지하고, 명상이나 운동 등을 통해 스트레스를 효과적으로 관리하며 건강한 몸과 마음을 유지하는 것이 장기적으로 성공적인 RM이 되기 위한 중요한 자산입니다.

관계 강화는 성공의 완성!

　치열한 경쟁 끝에 목표 고객 유치에 성공했다면, 이제부터 진정한 RM의 실력을 발휘해야 할 때입니다. 고객 유치에 성공하는 것으로 끝나는 것이 아니라, 이제부터는 고객과의 관계 강화에 온 힘을 기울여야 합니다. 고객이 겪는 모든 애로사항에 귀 기울이고 이를 신속하게 해결해 주십시오. 고객을 향한 지속적인 관심과 실질적인 지원은 고객과 굳건한 유대감을 형성하며, 단기적인 거래 관계를 넘어 장기적인 파트너십으로 발전시키는 원동력이 됩니다.

여기서 명심해야 할 것은, 뛰어난 RM은 단지 고객을 유치하는 것에 만족하지 않는다는 점입니다. 그들은 고객의 마음조차 사로잡아 오랫동안 함께 동반자 관계를 유지하는 방법을 알고 있습니다. 고객의 신뢰를 얻고 유지하는 것이야말로 진정한 성공의 열쇠입니다.

힘겹게 유치한 고객을 놓치지 않으려면 릴레이션십 강화는 필수적인 과정입니다. 고객이 우리 곁에 계속 머물도록 꾸준한 관심을 기울이고 끈끈한 유대감을 형성하는 것이 중요합니다.

고객의 둥지를 정기적으로 방문하라!
신규 유치 후에 방문 주기를 설정하고, 그에 맞춰 꾸준히 찾아가 안부를 묻고 필요한 피드백을 제공해야 합니다. 고객의 어려움에 귀 기울이고 문제 해결을 위해 적극적으로 지원하는 모습이 신뢰를 쌓는 바탕이 됩니다.

고객의 중요 인사를 은행으로 초대하라!
고객 기업의 키맨 등을 은행으로 초대하여 함께 일하는 직원들을 소개하고 영업점 환경을 보여주면서 은행에 대한 친밀감을 높이고 신뢰를 더욱 단단하게 만들 수 있습니다.

고객과의 연결고리를 강화하라!

기업의 실무자와 우리 은행의 창구 담당자 간에 돈독한 관계가 형성되도록 유도하여 서로 소통하고 협력하는 관계를 통해 고객의 만족도를 높일 수 있습니다.

거래 활성화를 위한 다양한 방법!

고객을 우리 고객으로 확실히 만드는 다양한 방법들도 있습니다. 기타 부수 거래를 활성화하여 고객과의 거래 내용을 확대하고, 다양한 금융 상품과 서비스를 제공하여 고객의 다양한 니즈를 충족시켜 주어야 합니다.

주요 거래 계좌를 유치하라!

무엇보다 고객 기업의 주요 거래를 우리 은행에 확보하는 것이 중요합니다. 기업의 자금 모계좌, 즉 결제 계좌를 유치하는 것은 향후 거래를 활성화하고 확대하기 위한 매우 중요한 발판이 됩니다. 고객의 주요 거래를 우리 은행으로 유치함으로써 안정적인 관계를 구축할 수 있습니다.

특별한 혜택을 제공하라!

고객을 위한 특별한 혜택을 제공하는 것도 관계 강화에 도움이 됩니다. 고객 기업의 규모를 고려하여 CMS 관련 제반 수수료를 면제하거나, 종업원들을 위한 엘리트론 선정 등 직원 우대 제도를 적극 활용하는 것입니다. 고객에게 특별하고 차별화된 혜택을 제공함으로써 거래처 은행에 대한 로열티를 높일 수 있습니다.

진심 어린 유대감을 형성하라!

　마지막으로, 고객과 깊은 유대감을 형성하는 것이 핵심입니다. 이를 위해서는 진심 어린 관심과 배려가 필수적입니다. 항상 고객의 처지에서 생각하고, 진심으로 도움을 주려는 노력을 보여주어야 합니다. 정기적인 연락과 방문 등을 통해 꾸준히 소통하고 유대감을 강화하는 노력을 멈추지 말아야 하며, 약속을 지키고 책임감 있는 모습을 보여주어 고객의 깊은 신뢰를 얻는 것이 중요합니다.

　릴레이션십 강화는 고객 유치의 완성이라고 할 수 있습니다. 고객과의 릴레이십 강화는 단순히 거래를 유지하는 것을 넘어, 장기적인 파트너십을 구축하는 중요한 과정이기 때문입니다. 위에 제시된 다양한 전략들을 통해 고객과 깊은 유대감을 형성하고, 고객이 우리 곁을 떠나지 않고 계속 함께할 수 있도록 최선을 다해야 합니다.

8. 리스크관리, 방패를 세워라!

1) 리스크 요인 면밀하게 모니터링하라!

　기업 여신은 부실화 시 회수가 어렵기에 RM에게 선제적인 리스크관리가 매우 중요합니다. 마치 든든한 방패를 들어 사냥감을 보호하듯, RM은 기존 고객을 지키기 위해 리스크관리에 힘써야 합니다. 최선의 방안은 지속적인 모니터링과 론리뷰를 통해 부실 징후를 조기에 포착하고 대응하는 것입니다.

　이를 위해 상시 모니터링 체계를 구축하여 거래처 동향, 영업 현황, 현금 흐름 등을 주기적으로 파악해야 합니다. 또한, 경제 여건 변화, 산업 연관 관계, 환율 리스크 등 외부 환경 변화에 따른 리스크 요인을 지속적으로 모니터링하고 대비해야 합니다.

거래 관계 파악 : 주요 구매처 및 판매처의 신용도 변화가 우리 기업의 리스크에 미치는 영향을 예측하고, 신규 사업 진출 및 투자 계획을 점검하여 과도한 투자나 차입으로 인한 위험을 관리해야 합니다.

자금 흐름 감시 : 대출금 흐름을 감시하여 자금의 정상적인 움직임을 확인하고, 경영진 동향 및 직원 정보를 통해 기업의 안정성과 내부 상황을 판단해야 합니다.

경쟁사 현황 파악 : 다른 은행 거래 현황을 파악하여 경쟁 분석과 더불어 리스크 요인을 점검해야 합니다.

다양한 정보 수집과 분석을 통해 리스크 전문가가 되어 고객과 은행을 보호해야 합니다.

2) 위기 징후, 미리 알고 대비하라! (이상 징후 주요 점검 항목!)

RM은 기업의 이상 징후를 조기에 발견하는 숙련된 의사와 같습니다. 작은 변화를 주의 깊게 관찰하여 숨겨진 위험을 예방해야 합니다. 주의 깊게 살펴야 할 이상 징후는 다음과 같습니다.

회사 분위기 : 사내 환경, 직원 태도, 회의 빈도, 이직률 등을 통해 기업 내 문제 징후를 파악합니다.

거래 규모 및 관행 : 주요 거래처의 신용도 변화, 거래 중단, 외상 매입 증가, 재고 변동, 어음 지급 기일 변화, 덤핑 판매 등을 통해 재무 상태 및 경영 활동의 문제를 감지합니다.

주요 경영진(주주)의 동향 : 마치 숨겨진 그림자를 읽어내듯, 경영진의 지나친 외부 관심, 도박, 사생활 문제, 무관심, 잦은 부재, 갑작스러운 퇴진 등을 통해 부실 징후를 암시하는 행동 변화를 주시합니다.

공장과 제품 관찰 : 공장 관리 상태, 유휴 설비, 재고 규모, 불량률, 신제품 개발 지연 등을 통해 생산 활동과 경쟁력 문제를 파악합니다.

자금 회계 변동 사항 점검 : 불명확한 자금 흐름, 회계 자료 거부, 사채 조달, 재산 담보 증가, 거래 은행 변경 시도, 과도한 여신 요청, 매출 감소, 높은 금융 비용 등을 통해 재무 건전성 악화 징후를 포착합니다.

기타 유의 사항 : 채무/납세 연체, 임직원 차용 운영, 좋지 않은 소문, 다른 은행 정책, 직원 행동 변화, 불규칙한 자금 흐름, 자금 담당자 교체 등 다양한 측면에서 부실 징후를 확인합니다.

예리한 눈으로 이상 징후를 관찰하고 분석하여 리스크를 예방해야 합니다.

3) 직원들의 속삭임에 귀 기울여라! (종업원 관련 부실 징후!)

기업의 부실 징후는 종업원들에게서도 나타날 수 있습니다. 직원들의 변화는 기업 위기의 경고 신호일 수 있습니다. RM은 직원들의 모습을 주의 깊게 살펴 부실징후를 파악해야 합니다.

종업원 태도 관찰 : 이직 의사 표현, 유능한 직원 퇴사, 임금 체납 불만, 잦은 경리 담당자 교체, 숙련공의 짧은 근속, 노사 분규 등을 통해 직원들의 속마음을 읽고 부실 징후를 감지합니다.

경리 직원 관찰 : 사기 저하, 불안감, 채무 상환 회피, 거친 말투, 잦은 자리 비움 등을 통해 경리 직원의 푸념과 행동 변화를 통해 재무 상태 악화 신호를 파악합니다.

사내 회의 관찰 : 잦거나 장시간 진행되는 회의, 비상 대책 회의 빈번 등을 통해 경영상의 어려움과 위기 상황을 암시하는 신호를 읽어냅니다.

근무 기강 해이 여부 : 경비 소홀, 복장/규율 불량, 보고 누락, 무단결근/지각/조퇴 증가, 잦은 외출, 횡령 사건 등을 통해 조직의 사기 저하 및 업무 효율성 저해를 파악합니다.

직원들의 신호를 감지하여 기업의 부실 징후를 조기에 포착해야 합니다.

4) 이상 징후 정보 루트 관리: RM의 생존 전략!

RM은 정보 전문가로서, 끊임없이 정보를 수집하고 분석하며 다양한 정보 루트를 개발하고 관리해야 합니다. 이는 RM의 생존과 성공을 위한 핵심 전략입니다.

거래처 실무자 : 소중한 정보원이 될 수 있지만, 정확한 정보를 위해 평소 인간적인 관계와 신뢰 구축이 중요합니다.

진실한 관계 : 진심으로 대하고 인간적인 관계를 맺은 거래처 실무자는 내부 사정을 솔직하게 이야기해 줄 가능성이 높습니다.

소문에 귀 기울여라 : 공단 지역 등의 소문은 중요한 정보가 될 수 있습니다. 주변 관련인이나 동종업계 지인을 통해 빠르게 정보를 입수해야 합니다.

소문의 파급력 : 소문이나 루머는 기업 신용도에 치명적이며 부도 위기로 이어질 수 있으므로, 이를 민감하게 파악하고 신속하게 사실 관계를 확인하며 대응해야 합니다.

다양한 정보 루트 활용 : 공시 정보, 소송 뉴스, 산업 동향 등 다양한 정보 채널을 통해 균형 잡힌 정보를 얻어야 합니다.

　RM은 정보 전문가가 되어 다양한 정보 루트를 개발하고 관리해야 합니다.

PART 3

RM의 전문성 및 성장, 그리고 소통
▶ 자기 계발의 힘

> 실적을 내기 위한 무리수는 부실을 부릅니다. 이는 RM에게 돌이킬 수 없는 상처가 됩니다. "인생은 짧고, 예술은 길다"를 패러디하여 만든 "실적은 짧고, 부실은 영원하다!" RM이 항상 명심해야 할 교훈입니다.

제7장

RM, 금융 전문가를 꿈꿔라!

1. 여신 심사에서 중요한 것은 무엇일까요?

여신 심사는 단순히 대출을 승인하는 과정을 넘어섭니다. 이는 금융의 세계에서 RM의 전문성과 책임감이 빛을 발하는 중요한 판단의 순간입니다. 마치 탐정이 숫자와 문서 속에 숨겨진 진실을 찾아내듯, 고객의 미래와 은행의 수익이 직결되는 만큼, 우리는 꼼꼼하고 신중하게 접근해야 합니다.

그럼, 여신 심사 시 RM이 반드시 점검해야 할 핵심 요소들을 함께 살펴볼까요?

1) 차주 분석 : "너 누구니?"

돈을 빌리려는 사람이나 기업, 즉 '차주'를 깊이 이해하는 것이 여신 심사의 첫걸음입니다.

신용도 : 과거에 대출금을 제때 갚았는지, 신용 등급은 어떤지, 재무 상태는 건전한지 등을 꼼꼼히 따져봐야 합니다. 신용은 그 사람의 과거와 현재를 드러내는 중요한 지표입니다. "이 사람은 믿을 수 있을까?"라는 질문에 대한 답을 찾아야 합니다.

사업 내용 및 경쟁력 : 단순히 제조업이라고만 할 것이 아니라, 어떤 제품을 만들고, 어떻게 팔며, 시장에서의 경쟁력은 어떤지 구체적으로 파악해야 합니다.

거래처 및 매출 구조 : 누구와 거래하는지, 얼마나 안정적인 관계인지, 돈은 어떻게 벌고 어떤 채널로 판매하는지 알아야 미래를 예측할 수 있습니다.

기존 은행 거래 상황 : 기존에 은행과 거래가 있었다면, 거래 실적은 어떠했는지, 예금 잔액은 얼마나 되는지 등을 파악하여 고객의 신뢰도를 가늠해야 합니다.

2) 자금 용도: "돈, 어디에 쓸 거야?"

대출금이 어디에, 어떻게 사용될 것인지 명확히 확인하는 것은 매우 중요합니다.

용도의 적합성 : 운전자금인지 시설자금인지 등 돈을 빌리는 목적이 무엇인지, 대출금이 적절한 용도로 사용될 것인지 확인해야 합니다. 자금이 잘못 사용되면 고객의 사업에 악영향을 미칠 수 있습니다.

구체적인 계획 : 돈을 어떻게 쓸지 구체적인 계획이 있는지, 그리고 그 계획대로 잘 사용할 수 있을지, 다른 곳에 낭비하지는 않을지 의심해 봐야 합니다. "대출금이 정말 필요한 곳에 쓰일까?"라는 질문을 스스로 던져보세요.

3) 상환 능력 : "돈, 언제 갚을 수 있을까?"

돈을 빌린 후 제때 갚을 수 있는 능력이 있는지 평가하는 것은 은행의 안전과 직결됩니다.

돈 버는 능력 : 매출액, 영업이익 등 재무제표를 통해 돈을 벌 수 있는 능력을 평가해야 합니다.

재산 및 위기 대응 능력 : 부동산, 주식 등 보유 재산은 얼마나 되는지, 그리고 경기가 나빠지는 등 위기가 와도 돈을 갚을 수 있을 만큼 탄탄한 기업인지 확인해야 합니다. "이 고객은 앞으로도 충분한 수익을 올릴 수 있을까?"라는 고민이 필요합니다.

4). 채권 보전 : "돈을 빌려주면 안전할까?"

만약 차후에 대출금이 상환되지 않을 경우, 은행이 손실을 최소화할 방안을 마련해야 합니다.

담보의 가치와 권리관계 : 담보물의 가치는 충분한지, 권리관계는 명확한지 등을 확인해야 합니다. 담보는 안전벨트처럼, 위험을 줄여주는 역할을 합니다.

보증인 신용도 : 보증을 서주는 사람이 있다면 그 사람의 신용도도 함께 평가해야 합니다.

위험 분석 : 대출금을 못 받을 위험은 얼마나 되는지 꼼꼼히 따져봐야 합니다.

5) 정책 및 기타 고려 사항

여신 심사는 단순히 재무적인 부분 외에도 다양한 요소를 종합적으로 고려해야 합니다.

은행의 신용 정책 및 대출 규정 : 은행마다 자체적인 신용 정책과 대출 규정이 있습니다. RM은 이를 정확히 숙지하고, 심사 기준에 맞는 여신을 취급해야 합니다. "이 대출이 우리의 정책에 맞는지 잘 검토해야겠어!"라는 마음가짐이 필요합니다.

수익성 : 은행으로서는 대출을 통해 수익을 창출해야 합니다. RM은 대출 금리, 수수료 등을 고려하여 수익성을 확보해야 합니다. "이 대출이 우리 은행에 얼마나 이익이 될까?"라는 질문을 늘 염두에 두어

야 합니다.

사회적 책임 : 환경 보호, 사회 공헌 등 사회적 책임을 다하는지도 중요한 평가 기준이 될 수 있습니다.

RM의 현장 의견 : 차주를 가장 잘 아는 사람은 바로 RM입니다. 현장에서 얻은 통찰력과 의견을 심사에 적극 반영하는 것이 중요합니다.

여신 심사는 마치 퍼즐 맞추기 같습니다. 이 모든 요소를 종합적으로 분석하여 전체 그림을 완성하고 심사역에게 명확하게 제시해야 합니다. 또한, 심사역과 적극적으로 소통하고 협력하여 여신 승인 가능성을 높여야 합니다.

여신 심사는 단순한 업무가 아니라, RM의 전문성을 드러내는 무대이자 고객의 미래를 좌우하는 중요한 결정입니다. 끊임없는 학습과 노력을 통해 여신 심사 전문가로 거듭나세요!

2. 재무제표 10분 속독법: 숨은그림찾기처럼 기업 분석하기

"시간은 금이다! 10분 안에 재무제표의 핵심을 파악하라!"

바쁜 업무 속에서 재무제표를 꼼꼼히 분석할 시간이 부족한 RM들을 위해, 한국 신용분석 사회에서 제시한 '10분 속독법'을 활용해 보세요. 마치 숨은그림찾기처럼, 재무제표의 핵심 항목들을 빠르게 파악하여 기업의 재무 건전성을 진단할 수 있습니다.

1단계, 재무 상태표 탐험으로 자산, 부채, 자본의 균형을 살펴라!

총자산! 기업이 소유하고 있는 모든 자산의 합계로, 증가 추세라면 사업 확장이나 투자 활성화를 의미합니다. 반대로, 감소 추세일 경우 자산 매각이나 사업 축소 가능성을 시사합니다. 이처럼 총자산은 기업의 성장 가능성을 보여주는 첫 번째 단서입니다.

매출채권! 외상 판매 대금으로, 아직 회수되지 않은 돈입니다. 매출액 증감액과 비교하여 적정 수준인지 확인해야 합니다. 과도한 증가는 회수 불능 위험을 높일 수 있기에, 매출채권의 비율이 지나치게 높아지지 않도록 주의해야 합니다.

재고자산! 판매를 위해 보유하고 있는 상품, 제품, 원재료 등을 포함합니다. 매출액 증감액과 비교하여 적정 수준인지 확인해야 하며, 과도한 재고는 재고 부담과 판매 부진 가능성을 나타낼 수 있습니다. 재고가 쌓여만 간다면, 기업의 숨통이 조여올 수 있습니다.

차입금! 외부에서 빌린 돈으로, 증가 추세라면 재무 부담과 이자 비용 증가를 의미합니다. 차입금이 감소하면 재무 구조 개선 노력을 보여주지만, 그 과정에서 유의해야 할 점은 자산의 유동성과 운영 자금의 확보입니다.

가지급금/가수금! 거래 내용이 불분명한 계정으로, 규모가 크다면 회계 처리의 투명성이 낮고 자금 횡령 가능성도 의심해 볼 수 있습니다. 이러한 계정은 기업의 신뢰성에 큰 영향을 미치기 때문에, 주의 깊게 살펴봐야 합니다.

2단계, 손익계산서 분석으로 기업의 수익성을 진단하라!

매출액! 기업의 영업 활동을 통해 얻은 이익으로, 증가 추세라면 사업 성장과 시장 지배력 강화를 의미합니다. 반면, 감소 추세는 경쟁 심화나 수요 감소 가능성을 시사하므로, 매출액의 변화는 기업의 건강을 나타내는 중요한 지표입니다.

매출 총이익률! 매출액에서 매출원가를 뺀 이익의 비율로, 상승 추세라면 제품 경쟁력 강화와 원가 절감 노력을 보여줍니다. 매출 총이익률이 높아지면, 기업의 수익성이 개선되고 있음을 나타냅니다.

금융 비용 부담률! 이자 비용이 영업이익에서 차지하는 비율로, 증가 추세라면 차입금 증가와 이자 부담 증가를 의미합니다. 이 비율이 높아지면, 기업의 수익성이 악화할 수 있으므로 경계해야 합니다.

특별손익! 영업 활동 외적인 요인으로 발생한 손익으로, 규모가 크다면 일시적인 요인인지, 지속적인 영향을 미치는 요인인지 확인해야 합니다. 특별손익이 지속적으로 발생한다면, 기업의 전반적인 재무 구조에 부정적인 영향을 미칠 수 있습니다.

당기순이익! 기업의 최종적인 이익으로, 증가 추세라면 수익성 개선과 경영 효율성 증대를 의미합니다. 반면, 감소 추세라면 수익성 악화와 경영 어려움을 나타내므로, 당기순이익 변동은 기업의 미래를 가늠하는 데 있어 핵심 지표입니다.

3단계, 핵심 지표 비교 분석으로 추세와 방향성을 파악하라!

매출액, 수익성, 차입금! 이 세 가지 지표의 추세와 방향성을 비교 분석하여 기업의 성장성, 수익성, 안정성을 종합적으로 판단합니다. 매출액이 증가하면서 수익성이 동반 상승하고 차입금이 적정 수준이라면, 이는 건강한 재무구조를 나타냅니다.

특이 항목! 가수금, 가지급금, 특별손익 등 특이 항목의 존재 여부를 확인하고, 그 규모와 원인을 분석하여 재무 위험 요인을 파악합니다. 이러한 항목들은 종종 간과되기 쉬우나, 기업의 재무 건전성을 위협할 수 있는 중요한 요소입니다.

10분 속독법으로 재무제표 분석의 달인이 되어보세요! 이 팁들을 활용하여 빠르고 효율적으로 재무제표를 분석하고, 심사역에게 필요한 정보를 제공하여 여신 승인 가능성을 높여 보세요! 숨은그림찾기처럼 재무제표를 탐험하며, 기업의 진짜 이야기를 발견하는 즐거움을 만끽하시길 바랍니다.

3. RM이 꼭 알아야 할 재무제표 주요 체크 항목

재무제표는 기업의 재무 상태와 경영 성과를 보여주는 중요한 지표입니다. 하지만 방대한 정보가 담겨 있어 어떤 항목을 중점적으로 봐야 할지 어려움을 느끼는 경우가 많습니다. 그래서 RM들이 꼭 체크해야 할 주요 항목들을 재미있게 살펴보겠습니다!

1. 재무 상태표

　재무 상태표는 기업의 재무 상태를 한눈에 보여주는 '재무 사진첩'과 같습니다. 이 사진첩에서 어떤 사진을 봐야 할까요?

〈자산〉

현금 및 현금성 자산 : 기업의 단기적인 지급 능력을 나타냅니다. 충분한 현금을 보유하고 있는지, 현금 흐름에 문제는 없는지 확인하는 것이 중요하죠. '현금이 왕'이라는 말처럼, 현금은 기업의 심장입니다!

매출채권 : 외상 매출금과 받을어음을 포함하며, 회수 가능성과 기간을 파악하여 기업의 자금 운용 능력을 평가합니다. 이 부분은 마치 '미래의 돈'이라고 할 수 있죠.

재고자산 : 판매를 위해 보유 중인 자산으로, 적정 재고 수준을 유지하고 있는지, 재고 회전율은 어떤지 분석합니다. 재고가 쌓이면 쌓일수록 자금이 묶이게 되니, 이 부분도 체크해야 합니다.

유형자산 : 토지, 건물, 기계장치 등 기업의 생산 활동에 사용되는 자산으로, 감가상각비와 자산의 내용연수를 확인합니다. 이는 기업의 '몸통'이자 '무게'와도 같습니다.

〈부채〉

단기차입금 : 1년 이내에 상환해야 하는 부채로, 기업의 단기적인 자금 압박을 나타냅니다. 즉, '당장 갚아야 할 돈'입니다!

장기차입금: 1년 이후에 상환하는 부채로, 기업의 장기적인 재무 안정성을 평가합니다. 장기적인 계획이 필요한 부분이죠.

유동부채: 1년 이내에 상환해야 하는 부채로, 단기적인 지급 능력을 평가합니다. 이 부분은 기업의 '숨통'과도 같습니다.

〈자본〉

자본금 : 주주들이 출자한 자본으로, 기업의 규모를 나타냅니다. 자본금이 많으면 기업도 '튼튼한 나무'처럼 성장할 수 있습니다.

이익잉여금 : 기업의 영업 활동을 통해 축적된 이익으로, 재무 안정성을 평가합니다. 이익이 쌓이면 쌓일수록 기업은 더 많은 기회를 가질 수 있습니다.

2. 손익계산서

손익계산서는 기업의 수익과 비용을 정리한 '재무 일기장'과 같습니다. 이 일기장에서 어떤 내용을 체크할까요?

매출액 : 기업의 주요 영업 활동을 통한 수익으로, 성장성을 판단하는 중요한 지표입니다. 매출이 증가하면 '성장 중!'이라는 신호입니다.

매출원가 : 제품이나 서비스 생산에 직접적으로 사용되는 비용으로, 매출원가율을 통해 수익성을 분석합니다. 원가가 높으면 수익성이 낮아질 수 있으니 주의해야 합니다.

판매비와 관리비 : 제품이나 서비스 판매와 기업 운영에 사용되는 비용으로, 비용 관리 효율성을 평가합니다. 이 부분은 기업이 얼마나 '알뜰살뜰' 운영하는지를 보여줍니다.

영업이익 : 매출총이익에서 판매비와 관리비를 차감한 금액으로, 기업의 영업 활동 수익성을 나타냅니다. 영업이익이 지속적으로 증가하면 '잘하고 있다!'라고 할 수 있죠.

당기순이익 : 기업의 모든 수익과 비용을 고려한 최종적인 이익으로, 기업의 경영 성과를 평가합니다. 이 숫자는 기업의 '성패'를 결정짓는 중요한 지표입니다.

3. 현금흐름표

현금흐름표는 기업의 현금 흐름을 보여주는 '현금 지도'와 같습니다. 이 지도를 통해 어떤 길을 따라가야 할까요?

영업활동 현금흐름 : 기업의 주요 영업 활동으로 인한 현금 유입 및 유

출을 나타냅니다. 이 부분이 긍정적이면 기업의 일상적인 운영이 안정적이라는 뜻입니다.

투자활동 현금흐름 : 유형자산, 무형자산 등 투자활동으로 인한 현금 유입 및 유출을 나타냅니다. 이는 기업의 미래 성장 가능성을 보여주는 중요한 지표입니다.

재무활동 현금흐름 : 차입, 배당 등 재무 활동으로 인한 현금 유입 및 유출을 나타냅니다. 이 부분은 기업의 자금 조달 전략을 반영합니다.

4. 재무 비율 분석

재무 비율 분석은 기업의 건강 상태를 진단하는 '건강 체크 리스트'와 같습니다. 어떤 항목이 있는지 살펴볼까요?

안정성 비율 : 부채 비율, 유동비율 등을 통해 기업의 부채 상환 능력과 단기적인 지급 능력을 평가합니다. 안정적인 비율은 '튼튼한 기초'를 의미합니다.

수익성 비율 : 매출액영업이익률, 총자산순이익률 등을 통해 기업의 수익 창출 능력을 평가합니다. 높은 수익성 비율은 '돈 잘 벌고 있다!'라는 신호입니다.

활동성 비율 : 재고자산회전율, 매출채권회전율 등을 통해 기업의 자산 운용 효율성을 평가합니다. 자산을 잘 활용하고 있다면 '효율적

운영'이라는 뜻입니다.

성장성 비율: 매출액증가율, 총자산증가율 등을 통해 기업의 성장 가능성을 평가합니다. 성장성 비율이 높으면 '장래가 밝다!'라고 볼 수 있습니다.

5. 추가로 고려할 사항

재무제표 주석: 재무제표에 대한 추가적인 정보를 제공하는 주석을 꼼꼼히 확인합니다. 이 부분은 재무제표를 이해하는 데 큰 도움이 됩니다.

연결재무제표: 기업 집단의 재무 상태를 파악하기 위해 연결재무제표를 분석합니다. 이는 기업의 전체적인 건강 상태를 이해하는 데 필수적입니다.

외부감사 보고서: 외부 감사인의 의견을 통해 재무제표의 신뢰성을 평가합니다. 이 보고서는 기업의 투명성을 높이는 중요한 요소입니다.

이렇듯 재무제표의 주요 체크 항목들을 바탕으로 분석하면 기업의 재무 건전성, 수익성, 성장성 등을 종합적으로 파악할 수 있습니다. 이는 RM이 투자 또는 여신 의사 결정을 내리는 데 큰 도움이 됩니다. 마치 GPS를 통해 정확한 길을 찾는 것처럼, 재무제표 분석을 통해 기업의 미래를 명확히 예측할 수 있습니다.

4. 여신 지원, 신중 또 신중! : 지원 시 고려할 점

"RM, 냉철한 판단력으로 무장하라!"

여신 지원은 RM의 핵심 업무이지만, 동시에 가장 큰 책임감을 요구하는 일입니다. RM은 신중하고 정확한 판단으로 여신을 지원해야 하며, 한 번 잘못 내린 결정은 돌이킬 수 없는 손실을 줄 수 있습니다. 그래서 여신 지원 시 어떤 고민을 해야 하는지 자세히 살펴보겠습니다.

첫째, 자금 용도 파악, 진실을 밝혀라! "진짜 목적은 무엇일까?"

고객이 왜 자금이 있어야 하는지, 구체적인 자금 용도는 무엇인지, 정말 기업이 말하는 곳에 자금이 쓰일 것인지 꼼꼼하게 확인해야 합니다. 고객의 말과 행동 뒤에 숨겨진 진실을 파헤쳐야 합니다. 특히, 운전자금을 일반 대출만 고집하는 경우 그 이유를 명확하게 파악해야 합니다. 고객의 진정한 필요를 이해하는 것이 핵심입니다.

둘째, 사업 모델 분석, 기업의 본질을 꿰뚫어 보라! "이 회사는 무엇으로 돈을 벌까?"

고객이 무엇을 해서 먹고사는 기업인지, 사업 모델은 무엇인지, 수익 구조는 어떻게 되는지 정확하게 분석해야 합니다. 기업의 본질을 꿰뚫어 보고 미래 가능성을 판단해야 합니다. 이 과정은 고객이 얼마나 안정적인 수익을 창출할 수 있을지를 이해하는 데 중요한 역할을 합니다.

셋째, 섭외 과정 점검, 리스크를 예방하라! "어떻게 추진한 업체일까?"

고객 섭외 과정을 꼼꼼하게 점검하여 리스크 요인을 사전에 차단해야 합니다. 고객 정보 출처, 섭외 경로, 과거 거래 이력 등을 확인하고 의심스러운 부분은 없는지 살펴보세요. 꼼꼼하게 증거를 수집하고 분석해야 합니다. 이 과정에서의 작은 실수가 큰 리스크로 이어질 수 있습니다.

넷째, 다른 은행 여신 동향 파악, 경쟁 상황을 분석하라! "다른 은행은 어떻게 하고 있을까?"

다른 은행 여신 동향을 파악하여 경쟁 상황을 분석하고, 리스크 관리에 참고해야 합니다. 경쟁 은행의 정보를 수집하고 우리 은행의 전략에 반영해야 합니다. 경쟁사의 동향을 파악하는 것은 우리 은행의 여신 전략을 강화하는 데 필수적입니다.

다섯째, 여신 집중 여부 확인, 분산 투자! "몰빵은 위험하다!"

당행에 여신이 집중되고 있는지 확인하고, 과도한 집중은 피해야 합니다. 마치 분산 투자를 하듯, 리스크를 분산하고 안정적인 여신 운용을 해야 합니다. 여러 기업에 분산해 투자함으로써 리스크를 줄이고 안정적인 수익을 창출할 수 있습니다.

여섯째, 수익 기여 가능성 검토, 은행의 이익도 중요하다! "윈-윈 전략!"

해당 업체를 통해 당행에 수익을 이바지할 수 있는 거래가 있는지 검토해야 합니다. 단순히 여신 지원에 그치지 않고, 수신, 외환, 방카슈랑스 등 다양한 상품 판매를 통해 수익 창출을 도모해야 합니다. 고객과 은행 모두에게 이익이 되는 관계를 구축하는 것이 중요합니다.

일곱째, 신중한 판단, RM의 책임감! "의심하고 또 의심하라!"

업체의 말만 믿고 섣불리 판단해서는 안 됩니다. 객관적인 증거와 정보를 바탕으로 신중하게 판단해야 합니다. 내가 잘 모르거나, 잘 모르는 기업이라면 무리하게 여신을 지원하지 마세요. 공정하고 객관적인 판단을 내려야 합니다. RM의 판단이 고객과 은행 모두에게 큰 영향을 미치므로 특히 신경 써야 합니다.

여덟째, 리스크관리, RM의 의무! "리스크는 항상 존재한다!"

여신은 한 번 나가면 되돌릴 수 없습니다. 따라서 **대출 단계에서부터 철저한 리스크관리가 필수입니다.** 안전 요원처럼, 리스크 요인을 사전에 파악하고 예방 조치를 취해야 합니다. 모든 가능성을 고려하여 리스크를 최소화하는 것이 RM의 의무입니다.

여신 지원은 RM의 중요한 역할이지만, 동시에 큰 책임감을 수반하는 일입니다. 신중하고 냉철한 판단력으로 리스크를 최소화하고 안정적인 여신 운용을 해야 합니다. 고객의 성공이 곧 RM의 성공이라는 사실을 명심하며, 항상 최선을 다해 지원하는 RM이 되세요!

5. 부실 예방, RM의 숙명! : 중소기업 부실 발생 원인

RM은 중소기업의 든든한 동반자이자 조력자입니다. 하지만 중소기업은 대기업에 비해 규모가 작고 경영 기반이 취약하여 부실 가능성이 높습니다. 마치 작은 배가 큰 파도에 쉽게 흔들리듯, 중소기업은 다양한 요인으로 인해 어려움을 겪을 수 있습니다.

첫째, 소규모 기업, 생존의 갈림길! "작은 고추가 맵지만, 약하기도 하다!"

소규모 기업일수록 도산 가능성이 높습니다. 이는 계속 기업으로서 존속과 성장에 필요한 최소한의 핵심 영업이익을 지속적으로 창출하기 어렵기 때문입니다. 어린나무가 강한 바람에 쓰러지기 쉽듯, 소규모 기업은 외부 충격에 취약합니다. 이들은 자금의 유동성이 떨어지고, 예기치 않은 경제적 변화에 쉽게 흔들릴 수 있습니다.

둘째, 중소기업 부실, 주요 원인은? "부실의 씨앗을 제거하라!"

중소기업 부실은 다양한 요인이 복합적으로 작용하여 발생합니다. RM은 기업의 문제점을 진단하고 해결 방안을 제시해야 합니다. 주요 부실 요인은 다음과 같습니다.

판매 부진! 매출 감소는 기업의 수익성을 악화시키고 현금 흐름을 압박하여 부실로 이어질 수 있습니다.

불량 매출채권! 대손 비용 발생은 기업의 수익성을 악화시키고 자금 운용에 어려움을 초래합니다.

판매 대금 회수 지연! 자금 회전 지연은 기업의 자금 부족을 심화시키고 경영 활동을 위축시킵니다.

재고 조절 실패! 과도한 재고는 자금 부담을 증가시키고 재고자산의 가치 하락 위험을 높입니다.

만성적인 자금 부족! 차입금 의존도가 높아지면 금융 비용이 증가하고 재무구조가 악화합니다.

원가 통제 및 재무 관리 실패! 비효율적인 경영은 수익성을 떨어뜨리고 자금 조달을 어렵게 만듭니다.

연쇄 도산! 거래 기업의 도산은 연쇄적으로 다른 기업의 부실로 이어질 수 있습니다.

대기업의 중소기업 영역 참여! 대기업과의 경쟁에서 밀려 중소기업이 어려움을 겪을 수 있습니다.

셋째, 부실 예방, RM의 사명! "리스크관리에 최선을 다하라!"

RM은 기존 거래처 관리 시 상기 부실 요인들을 중점적으로 관리하고 부실화 사전 예방에 늘 관심을 가져야 합니다. 경비원처럼, 기업의 안전을 위해 끊임없이 노력해야 합니다. 리스크를 미리 식별하고 대응책을 마련하는 것은 RM의 핵심 의무입니다.

넷째, 실적은 짧고, 부실은 영원하다! "부실은 RM의 무덤!"

RM이 실적을 내기 위해 무리하게 여신을 진행하면 부실 발생 위험이 커집니다. 부실은 RM에게 돌이킬 수 없는 상처를 남길 수 있습니다. RM이 실적을 내기 위하여 무리하게 여신을 진행했을 때 잘못되어 부실이 난 경우 그 책임 또한 RM에게 전가를 합니다. 취급 경중을 따져 징계를 받기도 합니다. "인생은 짧고, 예술은 길다"를 패러디하여 만든 "실적은 짧고, 부실은 영원하다"라는 RM이 항상 명심해야 할 교훈입니다. RM의 잘못된 판단이 기업뿐 아니라 자기 경력에도 큰 영향을 미칠 수 있습니다.

다섯째, 닥치고 기본과 원칙을 지켜라! "기본과 원칙이 최고의 방패!"

최근 내부 통제가 강화되는 추세입니다. 기본과 원칙을 준수하며 은행 업무를 수행해야 합니다. 법을 지키는 시민처럼, RM은 은행 규정과 윤리 규범을 철저히 준수해야 합니다. 기본 원칙을 지키는 것이 부실 예방의 첫걸음입니다.

중소기업 부실 요인을 정확하게 이해하고 선제적인 리스크 관리를 통해 고객과 은행을 보호하세요! RM은 기업의 든든한 버팀목이자 안전 지킴이입니다. 부실 예방은 RM의 숙명이며, 고객과 은행의 미래를 지키는 길입니다. 여러분의 노력이 기업의 안전과 성장을 끌어낼 것입니다!

6. 심사역 마음을 훔쳐라!: RM의 여신 승인 공략법 대공개

"심사역님, 제발 승인 좀 해주세요!"

여신 심사, RM에게는 넘어야 할 가장 큰 산이다. 아무리 좋은 거래처를 섭외해도 심사역의 마음을 얻지 못하면 말짱 도루묵! 심사역의 날카로운 눈을 통과하기 위해서는 철저한 준비가 필요하다.

▶ 먼저, 심사역이 좋아하는 승인 요청은?

"열정 뿜뿜!" 하고자 하는 의지가 팍팍 느껴지는 의견서를 제출하라! 심사역은 RM의 열정과 진정성을 중요하게 생각한다.
"이 RM, 준비성 철저하군!" 궁금해할 만한 사항을 미리 파악하고, 디테일한 답변을 준비해라! 심사역의 질문에 막힘없이 답변하는 RM, 심사역의 신뢰를 얻을 수 있다.
"이 업체, 정말 괜찮은데?" 진실성 있고 꼼꼼하게 분석한 의견서로 심사역을 설득하라! 심사역은 RM의 분석 능력과 객관적인 시각을 높이 평가한다.
"척 보면 척! 이 RM, 전문가네!" 여신 업무 프로세스를 정확히 이해하고, 의견서를 깔끔하게 작성하라! 심사역은 전문성을 갖춘 RM을 신뢰한다.
"단점까지 솔직하게!" 차주사의 장단점을 솔직하게 분석하고, 단점을 해결하는 방안까지 제시하라! 심사역은 문제 해결 능력을 갖춘 RM

을 선호한다.

"재무 문제? 걱정하지 마세요!" 재무적 문제점을 미리 파악하고, 해결 논리를 명확하게 제시하라! 심사역은 리스크관리 능력을 갖춘 RM을 높이 평가한다.

"미래 성장 가능성은 충분합니다!" 재무구조가 다소 부족하더라도, 판매처 확보 등 미래 성장 가능성을 어필하라! 심사역은 잠재력 있는 업체를 발굴하고 싶어 한다.

"우량 업체 섭외, 제가 책임집니다!" 우량 업체를 섭외하기 위한 RM의 노력을 적극적으로 보여줘라! 심사역은 RM의 영업 능력과 성과를 중요하게 생각한다.

"제 의견은 이렇습니다!" 업체 및 산업에 대한 RM의 소신을 담아 의견서를 작성하라! 심사역은 RM의 주체적인 의견을 존중한다.

"심사역님 말씀, 적극적으로 검토하겠습니다!" 심사역이 제시한 대안에 대해 열린 마음으로 협의하라! 심사역은 소통과 협력 자세를 갖춘 RM을 좋아한다.

▶ 다음으로 심사역이 싫어하는 승인 요청은?

"묻지도 따지지도 말고 승인해 주세요!" 구체적인 자료 제시 없이 무조건 승인해달라고 요구하는 것은 금물! 심사역은 객관적인 근거를 바탕으로 판단한다.

"빚만 늘고 매출은 그대로?" 매출액 변동 없이 차입금만 증가하는 업체는 심사역의 눈살을 찌푸리게 한다.

"신설 법인인데, 왜 이렇게 신용 평가가 안 좋죠?" 신설 법인의 과도한 신용 평가는 심사역에게 의심을 사기 쉽다.

"왜 승인해 줘야 하는지 모르겠네…." 여신 지원의 명확한 명분을 제시하지 못하는 RM, 심사역의 신뢰를 잃을 수 있다.

"음…. 왜 승인 요청했더라?" 승인 신청 사유를 제대로 설명하지 못하는 RM, 심사역에게 준비 부족으로 보일 수 있다.

"이 업체에 대해 아는 게 없어…." 업체의 강 약점, 재무 분석 내용을 제대로 파악하지 못한 RM, 심사역에게 실망감을 안겨준다.

"고객이 좋다고 하니, 일단 승인 요청!" 고객 의견만 듣고 제대로 된 분석 없이 승인 신청하는 RM, 심사역의 신뢰를 얻기 어렵다.

"다른 은행은 승인해 줬는데, 왜 안 해주는 거죠?" 다른 은행 승인 사례를 들먹이며 당행 심사 기준을 무시하는 RM, 심사역의 반감을 살 수 있다.

"1년 안에 절대 부도 안 납니다!" 장담하듯 확신하는 RM, 심사역에게 오히려 불안감을 조성할 수 있다.

"영업해 봤어? 그냥 좋다고!" 심사역의 의견에 반박하며 감정적인 대응을 하는 RM, 심사역과의 소통을 어렵게 만든다.

"일단 지점 등급은 최상으로 올려놓고 보자!" 본부 등급 확정 전에 지점 등급을 높게 판정하여 승인 신청하는 RM, 심사역에게 불신을 줄 수 있다.

▶ RM, 심사역과 '소통의 마법'을 부려라!

RM과 심사역은 서로 다른 위치에서 같은 목표를 향해 나아가는 동료다. 적극적인 소통과 협력을 통해 '윈윈'하는 관계를 만들어야 한다.

"심사역님, 무엇이 궁금하세요?" 심사역의 처지에서 생각하고, 궁금증을 해소해 줄 수 있는 정보를 제공하라.
"심사역님의 의견, 경청하겠습니다!" 심사역의 의견을 존중하고, 적극적으로 협의하며 합의점을 찾도록 노력하라.
"최적의 결과를 위해 함께 고민해 봅시다!" 심사역과 머리를 맞대고, 최선의 의사 결정을 위해 함께 노력하라.

"여신 심사는 RM의 전문성을 증명하는 무대다!"

여신 심사에 대한 깊이 있는 이해를 바탕으로 심사역과 적극적으로 소통하고, '승인'이라는 달콤한 열매를 쟁취하라!

맞습니다! RM이 여신 심사에 대해 잘 알아야 승인을 잘 받을 수 있습니다. 마치 축구 선수가 경기 규칙을 잘 알아야 경기를 잘 풀어 나갈 수 있는 것과 같은 이치입니다. RM은 여신 심사 과정과 기준을 정확히 이해하고, 심사역이 어떤 부분을 중점적으로 검토하는지 파악해야 합니다.

여신 심사는 단순히 돈을 빌려주는 것이 아니라, 빌려준 돈이 제때 상환될 수 있도록 채무자의 상황을 여러모로 분석하는 과정입니다. RM은 이 과정에 깊이 관여하여 심사역에게 필요한 정보를 제공하고, 설득력 있는 논리를 제시해야 합니다.

제8장

RM, 끊임없이 성장하라!

1. "10년 안에 전문가가 돼라? 까짓것! 해보겠습니다!": 끊임없이 배우는 RM의 자세

"10년이면 강산도 변한다는데…."

어느덧 기업 금융에 몸담은 지 30년이 되었습니다. 시간이 흐르면서 제가 깨달은 것은 금융 시장은 마치 살아있는 생물처럼 끊임없이 변화한다는 사실입니다. 새로운 지식과 기술을 습득하지 않으면 과거의 경험만으로는 살아남을 수 없는 시대가 도래한 것입니다. 그래서 저는 용기 내어 결심했습니다. "소규모 딜 전문가? 이제는 대규모 딜 전문가로 거듭나겠다!" 이는 단순히 더 높은 곳을 향한 욕심이 아니었습니다. 제 경쟁력을 강화하고, 변화하는 시대에 발맞춰 나가기 위한 절실한 선택이었습니다.

　지금까지 저는 소규모 딜을 주로 담당해 왔습니다. 작지만, 알찬 거래를 성사하는 데 나름대로 일가견이 있었습니다. 이러한 경험은 제게 작지 않은 자신감을 선물했지만, 마음 한쪽에는 더 큰 도전에 대한 갈증이 자리 잡고 있었습니다. 대규모 프로젝트 파이낸스(PF) 전문가라는 새로운 목표를 설정하고, 저는 용감하게 도전을 시작했습니다. 이제는 작은 연못을 벗어나 더 넓은 바다로 나아가고 싶었습니다.

"PF 전문가가 되기 위한 눈물겨운 노력!"

　PF 전문가의 길은 결코 꽃길만 펼쳐져 있는 것은 아니었습니다. 저는 은행에서 운영하는 PF 관련 교육 프로그램에 적극적으로 참여했습니다. 매일 밤늦게까지 은행 내부 자료를 파고들었고, 관련 분야 전문가들의 강연을 찾아 들으며 지식을 쌓았습니다. 처음에는 낯선 용어와 복잡한 계산에 머리가 지끈거렸지만, 시간이 지날수록 점점 흥미가 생기고 자신감이 붙었습니다. 마치 **길을 잃었던 항해사가 등대를 발견한 기분**이었습니다.

　각종 워크숍과 세미나에도 빠짐없이 참석하여 다양한 금융 상품과 시장 동향에 대한 정보를 흡수했습니다. 마치 '이 일은 제갈량에게 맡기세요!'라는 말처럼, 저 역시 언젠가는 "이 일이라면 그 사람에게 맡기면 문제없지!"라는 말을 들을 수 있는 실력 있는 전문가가 되고 싶었습니다.

　이 과정에서 가장 큰 힘이 되어준 것은 경험 많은 선배들과의 만남이었습니다. 풍부한 경험을 가진 선배들의 따뜻한 격려와 현실적인 조언이 제가 길을 잃지 않고 나아가는 데 큰 도움이 되었습니다. 특히 그들은 저에게 '실패는 배움의 기회'라는 값진 교훈을 선물했습니다. 실패를 두려워하지 않고, 실패 속에서 배우고 성장하는 것의 중요성을 깨닫게 된 것입니다.

"반드시 성공한다! 반드시 달성한다! 안 되면 될 때까지!"

저는 이러한 마음가짐으로 매일매일을 치열하게 살아갔습니다. 물론 힘든 순간도 많았지만, 그 모든 경험은 저를 더욱 단단하게 만들어 주는 소중한 자산이 되었습니다. 마치 거친 파도를 헤쳐 나가는 뱃사공처럼, 저는 어려움 속에서 더욱 성장했습니다.

"Top RM을 향해!"

저는 '기업과 은행' 사이에서 가교 구실을 하는 전문 RM이 되는 것을 꿈꿉니다. 고객보다 먼저 좋은 금융 상품을 제안하는 선구자 역할을 하고 싶습니다. 이를 위해 소속 은행의 'Top RM'을 목표로 오늘도 끊임없이 배우고 노력하고 있습니다. 매일 새로운 금융 상품과 트렌드를 공부하고, 고객들의 니즈를 파악하기 위해 끊임없이 소통하고 있습니다.

다양한 고객들과의 만남과 대화는 제게 값진 인사이트를 선물했습니다. 고객의 문제를 정확하게 파악하고, 그에 맞는 맞춤형 솔루션을 제공하는 것이 저의 중요한 역할이기 때문입니다. "고객의 성공이 곧 나의 성공이다"라는 신념을 가지고 고객이 진정으로 필요로 하는 것을 예측하여 적절한 금융 상품을 제안하는 것이 저의 궁극적인 목표입니다.

또한 저는 팀워크의 중요성을 강조합니다. 금융 시장에서의 성공은 혼자서는 절대 이룰 수 없습니다. 팀원들과 정보를 공유하고 협력하는 것은 필수적인 요소입니다. 서로의 강점을 활용하여 함께 성장할 수 있는 이상적인 팀 환경을 조성하기 위해 노력하고 있습니다. 마치 오케스트라의 지휘자처럼, 저는 팀원들의 역량을 조화롭게 끌어내 최고의 연주를 만들어내고 싶습니다.

끊임없이 배우고 성장하는 것은 성공으로 향하는 가장 확실한 길입니다. 당신도 오늘부터 작은 목표를 세우고, 그 목표를 향해 꾸준히 나아가세요! 10년 후, 당신은 분명 꿈에 그리던 전문가가 되어 있을 것입니다. "까짓것! 해보겠습니다!"라는 용기 있는 외침과 함께 도전을 시작하세요!

2. "실적? 그건 바로 RM의 자존심이지!": 성과 창출을 위한 피나는 노력

"RM의 최대 목표? 당연히 실적이죠!"

RM 세계에서 실적은 곧 능력입니다. 마치 올림픽에서 금메달을 딴 것처럼, 실적을 내면 온 세상이 내 발밑에 있는 듯한 기분을 느낄 수 있습니다. 저 역시 최고의 성과를 창출하기 위해 끊임없이 노력해 왔습니다. 실적은 단순히 숫자를 나열하는 것이 아니라, RM의 열정과 노력을 증명하는 자존심과 같은 것입니다.

"RM, 끊임없이 배우고 성장하다!"

　제 목표는 단순히 숫자로 표현되는 실적을 쌓는 것을 넘어, 진정한 프로 RM이 되는 것이었습니다. 고객에게 최고의 가치를 제공할 수 있는 전문가가 되기 위해 다양한 노력을 기울였습니다. 마치 만능 엔터테이너처럼, 다방면의 지식과 경험을 갖추기 위해 노력했습니다.

"전문가 과정 수료!" IB, 시너지 COP와 기술 금융 COP에 참여하여 기업 금융 전문가로서의 역량을 키웠습니다. 다양한 사례 연구를 통해 실무에 바로 적용 가능한 지식을 습득했습니다.

"자격증 컬렉터!" 파생 상품 투자상담사와 공인중개사 자격증을 취득하여 금융 전문성을 더욱 강화했습니다. 이러한 자격증은 고객의 다양한 니즈를 이해하고 솔루션을 제공하는 데 기반이 되어 고객과의 신뢰를 쌓는 데 큰 역할을 했습니다.

"인맥 부자!" 백O 포럼에 참석하여 사회 이슈에 대한 강의를 듣고 다양한 분야의 사람들과 교류하며 인맥을 넓혔습니다. 이곳에서 맺은 소중한 인연들은 제게 큰 힘이 되어주었습니다.

"벤치마킹 마스터!" 은행 퇴직 선배들과의 만남을 통해 생생한 영업 경험과 노하우를 전수받고, 거래처 소개도 받았습니다. 그들의 경험담은 제가 시행착오를 줄이는 데 큰 도움이 되었습니다.

"성공 사례 연구!" 골드 윙 샘 포털에서 영업 우수 사례를 벤치마킹하여 제 점포에 맞는 영업 전략을 개발했습니다. 성공 사례를 분석하고, 저만의 전략으로 재창조하는 과정을 통해 창의적인 영업 방식을 개발할 수 있었습니다.

"'닥·방', '닥·공', '소·방' 나만의 영업 비법 대방출!"

이렇게 쌓은 경험과 노하우를 바탕으로 저는 '닥·방(닥치는 대로 방문하자)', '닥·공(닥치는 대로 정보 공유하자)', '소·방(소개 방문하자)'이라는 저만의 특급 영업 비법을 개발했습니다. 이 세 가지 원칙은 제가 영업을 할 때 항상 마음속에 새기는 좌우명이 되었습니다.

닥·방! 고객의 니즈를 파악하기 위해 더 많은 고객을 직접 찾아가 진솔한 대화를 나누는 것입니다. 발로 뛰는 영업만이 새로운 기회를 만들어낸다고 믿습니다.

닥·공! 팀원들과 끊임없이 정보를 공유하며 서로의 성공 경험을 나누는 것입니다. 협력은 시너지를 창출하고, 함께 성장하는 원동력이 됩니다.

소·방! 기존 고객과 굳건한 신뢰를 바탕으로 새로운 고객을 소개받는 것입니다. 고객의 추천은 그 어떤 광고보다 강력한 힘을 발휘합니다.

"RM 경진대회 1위!"

이러한 노력 덕분에 저는 RM 경진대회에서 1위를 차지하는 영광을 안았습니다. 마치 **그동안의 모든 노력이 보상받는 듯한 온 세상이 환하게 빛나는 기분이었습니다.** "이제 나도 진정한 영업왕이 되었다!"라는 뿌듯함과 함께 앞으로 더 멋진 RM이 되겠다고 다짐했습니다.

실적은 단순한 숫자가 아닙니다. 그것은 땀과 노력의 결실이자, 프로 RM으로서의 자존심입니다. RM의 길은 항상 도전의 연속이지만, 저는 그 도전을 즐깁니다. 도전은 저를 더욱 강하게 만들고, 고객에게 더 큰 기쁨을 선사하는 원동력이 되기 때문입니다.

RM에게 '실적'은 단순한 숫자를 넘어 열정과 노력의 결정체입니다. 여러분도 꿈을 향해 꾸준히 노력하고, 끊임없이 배우고 성장하며, 자신의 가치를 증명해 보세요! 실적은 여러분의 자존심을 더욱 빛나게 해줄 것입니다.

3. "나를 알려라!": 오른손이 한 일을 왼발이 알게 하라!

"자기 PR 시대? 나를 어떻게 알리지?" 과거에는 묵묵히 일만 잘하면 됐지만, 지금은 다릅니다. 자신을 효과적으로 알리는 것이 중요한 시대입니다. 특히 승진을 꿈꾸는 RM이라면, 더욱 적극적으로 자신을 알려야 합니다. 단순히 좋은 성과를 내는 것만으로는 부족하죠. 요즘은 자신을 알리는 능력이 직장 내 성공의 열쇠가 되고 있습니다.

"승진? RM에게 최고의 목표지!"

　직장 생활의 꽃은 승진이라고 해도 과언이 아닙니다. 예전에는 은행 지점이 많이 생겨서 승진 기회가 많았지만, 요즘은 그렇지 않습니다. 승진 경쟁이 치열해지면서, 남들보다 돋보이기 위해서는 자기 PR이 필수입니다. 승진은 단순히 직위의 상승이 아니라, 더 많은 책임과 기회를 의미합니다. 따라서 이를 위해서는 자신을 효과적으로 알릴 필요가 있습니다.

"승진을 위한 핵심 전략!"

1) **뛰어난 실적** : 기본적으로 탁월한 실적을 갖춰야 합니다. 실적이 없이는 아무리 PR을 잘해도 소용이 없습니다. 기록적인 실적을 내는 것은 가장 기본적인 전략입니다.

2) **탁월한 실무 능력과 전문성** : 탁월한 실무 능력을 갖추고, 업무에 대한 전문성을 키워야 합니다. 고객의 요구와 시장의 흐름을 이해하는 것이 중요합니다. 이러한 전문성은 다른 팀원들에게도 신뢰를 주고, 팀 전체의 성과 향상에 이바지합니다.

3) **철저한 자기 관리** : 철저한 자기 관리를 통해 긍정적이고 성실한 이미지를 만들어야 합니다. 외적인 모습과 더불어 내적인 성숙도 중요합니다. 자신의 건강과 멘탈 관리도 중요합니다.

4) **평판 관리** : 상사, 동료, 고객들과 좋은 관계를 유지하여 긍정적인

평판을 쌓아야 합니다. 평판은 업무의 연장선상에서 이루어지기 때문입니다. 긍정적인 평판은 다른 사람들에게 당신을 추천하는 데 큰 도움이 됩니다.

"벤치마킹? 그게 뭐야?"

벤치마킹은 다른 사람의 성공 사례를 분석하고, 배우는 것입니다. 승진을 빨리 한 동료를 벤치마킹하여 그들의 성공 전략을 자신의 것으로 만들 수 있습니다. **"그들이 어떻게 성공적인 경력을 쌓았는지"** 라는 질문을 던져보세요. 그들의 경험을 통해 얻은 교훈은 여러분의 경력에 큰 도움이 될 것입니다.

"나를 알리는 가장 좋은 방법은?"

바로 네트워킹입니다! 다양한 사람들과 관계를 맺고 소통하면서 자신을 알리는 것이 매우 중요합니다. 자신의 업적과 강점을 적극적으로 알리고 긍정적인 이미지를 심어주세요. 네트워킹은 단순히 명함을 주고받는 것이 아니라, 신뢰와 관계를 쌓는 과정입니다. "지점장님, 본부장님, 저를 기억해 주세요!"라는 마음으로 접근해야 합니다. 그들은 너무 바빠서 모든 직원을 일일이 기억하기 어렵습니다. 따라서 적극적으로 자신의 매력을 보이고, 긍정적인 인상을 남겨야 합니다. 특히, 현재 대부분의 은행에서 인사권의 영향력이 현장에 있는 본부장님들에게 집중되어 있으므로, 그들과의 관계를 잘 맺는 것이 중요합니다.

"오른손이 한 일을 왼발이 알게 하라!"

제가 창원에서 근무할 때, "오른손이 한 일을 왼발이 알게 하라"라는 문구가 적힌 현수막을 제작하여 부서장들 방에 걸어놓고 직원들에게도 공유했습니다. 이 문구는 **서로의 성과를 공유하고, 칭찬하는 문화를 만들자는 의도가** 담겨 있습니다. 또한, 사내 소통 창을 통해 잘한 직원들을 칭찬하고 격려하며, 그들의 업적을 널리 알렸습니다. 마치 가시적인 칭찬 도장이나 상장처럼, 이런 노력은 팀 전체의 사기를 높여주고, 서로를 인정하는 문화를 만들어 주었습니다. 팀의 성과를 모두가 공유함으로써, 각자의 성과도 자연스럽게 알릴 수 있게 됩니다.

"자기 PR의 중요성"

자기 PR은 겸손과는 거리가 멉니다. 자기 능력과 성과를 적극적으로 알리고, 긍정적인 이미지를 구축하는 것은 **성공적인 직장 생활을 위한 필수 전략**입니다. 자기 PR은 단순한 자랑이 아니라, 자신의 가치를 인정받기 위한 과정입니다. 여러분도 주위를 돌아보며, 자신의 성과를 더 널리 알릴 방법을 찾아보세요. 여러분의 노력과 성취가 다른 이들에게도 긍정적인 영향을 미칠 수 있습니다.

자신을 알리는 데 두려워하지 마세요! 세상은 여러분의 이야기를 듣고 싶어 합니다. "나를 알려라!" 이런 마음가짐으로, 매일 조금씩 더 나아지는 RM이 되어보세요! 여러분의 이야기를 세상에 알리고, 긍정적인 변화를 만들어 나가는 것이 여러분의 성공을 가져다줄 것입니다. 이제 여러분의 차례입니다! 자기 PR의 중요성을 깨닫고, 적극적으로 자신을 알리며 더 나은 미래를 향해 나아가세요!

오른손이 한일을 왼발이 알게하라!
- 신한은행 구리금융센터 야유회 -

4. 스피치 학원에서 울다!" : 150만 원짜리(?) 특급 과외

"경상도 사투리? 억수로 찰지다 아이가!" 제 고향은 경상도입니다. 억센 사투리는 제 매력 포인트죠! 하지만 가끔은 사투리 때문에 곤란한 상황에 부닥치기도 합니다. 특히 중요한 발표 자리에서는 더욱 그렇습니다.

"기술 금융 우수 사례 발표? 억수로 떨리네!"

2014년, 박근혜 정부 시절 기술 금융이라는 제도가 도입되었습니다. 금융위원회에서 기술 금융 우수 사례를 모집했고, 저는 소속 은행 대표로 선정되어 코엑스 컨퍼런스 룸에서 발표하게 되었습니다. 이 기회는 제 경력에 큰 전환점이 될 수 있는 중요한 순간이었습니다. 하지만 걱정이 앞섰습니다. "내 사투리 때문에 사람들이 못 알아듣는 거 아냐?", "혹시 웃으면 어떡하지?" "발표하다가 긴장해서 말을 더듬으면 어떡하지?"

지금까지의 경험이 떠올랐습니다. 과거에 발표할 때마다 사투리 때문에 무시당하거나, 제대로 전달되지 않았던 기억이 떠올랐습니다. 그래서 저는 마음을 다잡고 이번 기회를 놓치지 않겠다고 다짐했습니다.

"스피치 학원에 가보자!"

저의 심한 사투리 때문에 발표를 걱정했습니다. 마치 제 말이 외국어처럼 들릴까 염려하듯, "발표하다가 청중들이 웃으면 어떡하지?", "혹시 발표를 망치는 거 아냐?"라는 우려를 표했습니다. 결국 저는 논현동에 있는 스피치 학원의 문을 두드렸습니다.

"스피치 학원? 나도 이제 아나운서처럼 말할 수 있겠지?"

스피치 학원에서는 아나운서 출신의 베테랑 강사님이 저를 전담 마크했습니다. 총 3회, 1시간 30분씩 교육을 받으며 발표 연습을 하면서 시선 처리, 발음 교정, 손짓, 몸짓 등을 배웠습니다. 강사님은 저의 사투리를 교정하기 위해 엄청난 노력을 기울였습니다. "아니죠! 그렇게 발음하면 안 돼요!" "다시! 다시! 또다시!" 하지만….

"강사님, 죄송해요…. 저는 안 되나 봐요…."

3번의 교육을 마친 후, 강사님은 저에게 이렇게 말했습니다. "죄송해요…. 저는 부지점장님을 도저히 못 가르치겠어요…. 부지점장님처럼 안 고쳐지는 사람은 처음 봤어요…." 1회에 50만 원, 총 150만

원의 수강료를 받고도 결국 사투리 교정에 실패하다니…. "으아 아 아! 내 돈! 내 시간!" 저는 울음을 터뜨리고 말았습니다.

강사님은 마지막으로 두 가지 조언을 해주었습니다. "사투리는 그대로 하시고, 천천히 말씀하세요."

이 말을 듣고 한편으로는 안도감이 들었지만, 다른 한편으로는 여전히 불안한 마음이 가득했습니다. "정말, 내가 잘할 수 있을까?" 스피치 학원에서의 경험은 저에게 많은 것을 가르쳐 주었습니다. 실패를 두려워하지 않고, 끊임없이 도전하는 것이 중요하다는 것을 깨달았습니다.

"제1회 기술 금융 우수 사례 경진대회! 떨리는 마음으로 발표!"

결국 저는 사투리를 고치지 못하고 기술 금융 우수 사례 경진대회에 참가했습니다. 하지만 스피치 학원에서 배운 대로 천천히 또박또박 발표했습니다. 발표 준비 과정에서 저 자신을 돌아보는 시간이 많았습니다.

"내가 왜 이 일을 시작했는가?"라는 질문을 스스로에게 던지며, 진정으로 제가 전달하고 싶은 메시지가 무엇인지 고민했습니다. 발표 당일, 긴장감 속에서도 제 마음속에는 위안이 있었습니다. "비록 사투리지만, 내 진심이 전달되기를 바란다." 발표가 시작되자, 청중의 눈빛이 저에게 집중되는 것을 느꼈습니다. 그 순간, 저는 제 이야기를 나누는 데 최선을 다하기로 결심했습니다.

"기술보증기금 이사장상 수상!"

놀랍게도, 저는 최종적으로 기술보증기금 이사장상을 받았습니다! 비록 사투리는 고치지 못했지만, 진심을 담아 발표한 덕분에 그 진정성이 빛을 발해 좋은 결과를 얻을 수 있었습니다. 이 경험은 저에게 큰 교훈을 주었습니다. 사투리가 저를 정의하지 않으며, 진정성과 열정이 더 중요하다는 것을 깨달았습니다.

스피치 학원은 발표 능력을 향상하는 데 도움이 되지만, 자신감을 느끼고 진심을 담아 말하는 것이 더 중요합니다. 사투리를 고치기 위한 노력에 앞서 자신만의 매력을 잃지 않고 진솔하게 소통하는 것이 진정한 성공의 열쇠라는 것을 깨달았습니다. 여러분도 자신의 강점을 살려 자신감을 가지고 도전해 보세요! 성공을 향한 여정에서 중요한 것은, 자신을 표현하는 방법입니다. 진심을 담아 여러분의 이야기를 나누는 것만큼 강력한 무기는 없습니다.

5. 무대 공포증 RM, 400명 앞에서 발표하다! :
1등의 비결은 '닥.방'

"발표? 으악! 싫어!"

저는 어릴 때부터 남들 앞에 서는 게 너무 싫었습니다. 학교 다닐 때 반장, 부반장은커녕 손들고 발표하는 것조차 싫어했죠. 발표의 두려움은 저를 항상 괴롭혔습니다. 그런데 RM이 되어 제1회 RM 경진대회에서 400명 앞에서 발표하게 된다니…. "으악! 어떻게 하지?" 걱정 때문에 밤잠을 설쳤습니다.

이런 두려움은 저에게 항상 그림자처럼 따라다녔습니다. 발표를 준비할 때마다 머릿속이 하얘지고, 목소리는 떨리고, 손발은 차가워지는 기분이었습니다. '이런 내가 과연 400명의 시선 앞에서 단 한마디라도 제대로 할 수 있을까?'라는 절망적인 생각이 머릿속을 맴돌았습니다.

새벽 4시, 대모산 등산! 그리고…. 소복 입은 여자?!

하루는 극심한 발표 스트레스 때문에 잠이 안 와서 새벽 4시 대모산에 올랐습니다. 깜깜한 밤길을 핸드폰 라이트에 의지해 올라가는데, 갑자기 소복을 입은 여자가 내려오는 겁니다! 순간 너무 놀라서 그 자리에 주저앉고 말았습니다. 그분도 저를 보고 깜짝 놀란 눈치였습니다. 아마도 새벽 일찍 산에 오르는 분이셨던 것 같습니다. "으아…. 다시는 새벽에 산을 안 올라갈 거야…." 이런 황당한 사건을 겪으면서도 발표는 피할 수 없는 현실이었습니다. 공포와 불안감을 떨치고 발표를 준비해야 했습니다. 마음속에서 "포기하지 말자!" 다짐하며, 한 걸음씩 나아가기로 결심했습니다.

"발표? 이제는 즐겨야지!"

어쨌든 발표는 해야 했습니다. 저는 마음을 고쳐먹고 발표 연습에 매진했습니다. 10분 분량의 발표 자료를 만들고, 집에서 가족들을 앞에 두고 50번 넘게 연습했습니다. "여보, 아들, 딸, 잘 들어 봐!" 학생회장 출신인 아내와 아들은 발표 자세, 시선 처리, 문장과 단어의 액센트, 목소리 톤, 발음 등에 대해 많은 조언을 해주었습니다. 그들의 도움이 큰 힘이 되었습니다. 특히 아내는 발표의 긴장감을 줄이기 위해 다양한 방법을 제안해 주었습니다.

"발표할 때는 청중의 반응을 잘 살펴봐야 해. 실수를 좀 해도 당황하지 말고, **마이크 잡은 사람이 임자야**, 하고 싶은 대로 하면 돼! 그리고 당신이 말하고 싶은 메시지를 명확히 전달하는 것이 중요해!" 아내의 조언은 저에게 큰 도움이 되었고, 발표를 준비하는 과정에서 가족의 지지가 얼마나 중요한지도 깨달았습니다.

"센터장님, 도와주세요!"

그 다음 단계에서 센터장님도 저를 위해 발표 연습을 3번 이상 시켜 주셨습니다. "자네, 좀 더 자신감 있게 말해야지!", "발음도 또박또박! 시선 처리도 중요해!", "자네라면 잘할 수 있을 거야!" 센터장님의 격려는 저에게 큰 힘이었습니다. 그분의 믿음 덕분에, 저는 점점 더 자신감을 얻어갔습니다.

"청심환 + 소주 + 진정제 = 과연 효과는?"

결국 발표 당일이 다가왔고, 저는 너무 긴장해서 손발이 떨렸습니다. 아내의 조언대로 청심환을 사 먹고, 너무나 떨린 나머지 순간의 잘못된 판단으로 소주 반병과 진정제까지 복용하는 위험천만한 행동을 저질렀습니다. (절대 따라 해서는 안 되는 것임을 뒤늦게 알았습니다.) "이렇게까지 해야 하나…." 싶었지만, 400명 앞에서 발표를 망칠 수는 없었습니다. 저의 마음속에는 "이제는 내가 하는 일이다!"라는 다짐이 가득했습니다.

"닥.방! 닥.방! 닥.방!"

저는 6명의 발표자 중 마지막 순서였습니다. 앞선 발표자들이 발표하는 동안 긴장감은 점점 더 커졌습니다. "으아아…. 내 차례가 오는구나…." 드디어 제 차례가 되었고, 저는 무대에 올라섰습니다. 400명의 눈동자가 저를 향하고 있었습니다. "침착하게…. 침착하게…." 저는 심호흡을 하고 발표를 시작했습니다.

발표 내용을 정리하며, 제가 전달하고자 하는 메시지를 잊지 않으려 애썼습니다. 발표를 마친 후, 저는 마지막으로 크게 외쳤습니다. "닥.방하자!" 그리고 400명의 청중에게 "닥.방하자!"를 3번 따라 외치도록 했습니다. 처음에는 작은 목소리였지만, 점점 커지더니 마지막에는 강당이 떠나갈 듯한 엄청난 함성이 터져 나왔습니다. **"닥.방하자! 닥.방하자! 닥.방하자!"** 그 강력한 에너지는 저에게 잊을 수 없는 전율을 안겨주었으며, 단연코 1등의 비결이 되었으리라 확신합니다.

"발표는 자신감과 열정이 중요하다!"

   이 발표 경험은 저에게 많은 것을 가르쳐 주었습니다. 발표의 두려움을 극복하고, 강한 리더로서의 자신감을 얻은 것입니다. 이제는 발표를 즐길 수 있게 되었고, 다른 사람들에게 제 이야기를 전하는 것이 얼마나 기쁜 일인지 알게 되었습니다. 발표는 자신감과 열정이 가장 중요하며, 청중과 진정으로 소통하는 강렬한 메시지가 큰 효과를 발휘할 수 있습니다. 두려움을 마주하고 도전할 때 비로소 진정한 성장이 이루어집니다. 여러분도 자신의 이야기를 세상에 진솔하게 전달할 수 있는 능력을 갖추고 있음을 믿고, 자신감을 가지고 용기 있게 나아가세요!

6. 앗! 내 머리에 쥐가 난다! :
퇴근 후 펼쳐지는 눈물겨운 공인중개사 도전기

"좋아! 이제부터 나도 공인중개사 공부 좀 해볼까?"

   부천기업센터장 시절, 공장 전문 공인중개사들과의 만남은 제게 신선한 자극이었습니다. 능숙하게 일하는 그들의 모습은 제게 언젠가 저도 저렇게 멋진 전문가가 되어 은행을 떠나 부동산 분야에서 활약하겠다는 꿈을 꾸게 했습니다. 하지만 꿈은 꿈일 뿐, 현실은 녹록지 않았습니다. 민법, 부동산학개론, 공시법, 중개사법, 세법, 공법. 이처럼 방대한 범위와 생소한 용어들은 마치 거대한 미로처럼 저를 당황하게 했고, 책상 앞에만 앉으면 졸음이 쏟아지는 건 어찌할 도리가 없었습니다. 퇴근 후 지친 몸을 이끌고 책상에 앉는 것은 마치 고된 노동과도 같았습니다.

"이거…. 내가 할 수 있을까? 혹시…. 괜히 시작했나?"

퇴근 후에는 인강의 바다에 빠져 허우적거렸고, 주말에는 도서관에서 문제집과 씨름했습니다. 평일에는 은행 업무에 시달렸고, 밤에는 졸음과 사투를 벌였습니다. 스트레스는 날마다 쌓여갔고, 몸은 천근만근 무거워졌습니다. "으아아악! **내 머리에 쥐가 난다!**" 머리는 지끈거렸고, 눈은 침침했으며, 어깨는 곰 열 마리가 올라앉은 듯 뻐근했습니다. 온몸이 비명을 지르는 듯했습니다. 때로는 "내가 왜 이렇게까지 고생해야 하나…" 하는 회의감에 휩싸여 포기하고 싶은 순간도 셀 수 없이 많았습니다.

"아니야, 포기하면 안 돼! 꼭 합격해야 한다!"

하지만 그때마다 저를 일으켜 세운 것은 **간절함**이었습니다. 은행원으로 사는 삶 넘어, 부동산 전문가라는 꿈은 저를 다시 책상 앞으로 이끌었습니다. 잠을 쫓기 위해 커피를 들이부었고, 졸음이 쏟아질 때는 쪽잠을 자며 버텼습니다. 어려운 부분은 동료들에게 도움을 요청했고, 인터넷 카페에서 정보를 얻으며 꾸준히 앞으로 나아갔습니다. "다들 이 과정을 어떻게 극복했을까?" 다른 수험생들의 이야기는 큰 위로와 격려가 되어주었습니다.

"33회 공인중개사 시험, 드디어 합격!"

 합격 통지를 받은 날, 지난 시간이 파노라마처럼 스쳐 지나갔습니다. "드디어 해냈다!" 그 어떤 영화보다 짜릿한 클라이맥스였습니다. 노력과 인내가 만들어낸 값진 결실에 가슴이 벅차올랐습니다. 이제 저는 은행원이자 공인중개사라는 두 개의 날개를 갖게 되었습니다. "이제 고객에게 더 많은 가치를 제공할 수 있는 전문가가 되었어!" 스스로에 대한 자부심이 샘솟았습니다.

"공인중개사 시험, 험난했지만 값진 도전!"

 공인중개사 시험은 결코 만만한 상대가 아니었습니다. 몸과 마음이 만신창이가 될 때도 있었지만, 포기하지 않고 끈기 있게 도전한 덕분에 합격의 영광을 안을 수 있었습니다. 이 과정에서 얻은 것은 단순히 지식만이 아니었습니다. 어려움을 이겨내는 지혜와 목표를 향한 불굴의 의지를 선물 받았습니다.

'함께'의 가치 : 주변 사람들의 응원과 격려는 힘든 시간을 버티는 데 큰 힘이 되어주었습니다. 특히 같은 목표를 가진 동료들은 서로에게 든든한 버팀목이 되어주었습니다. **"혼자가 아니야, 우리 함께 해낼 수 있어!"** 라는 믿음은 어떤 어려움도 극복할 수 있게 해주었습니다.

성장의 촉매제 : 공인중개사 시험은 저를 한 단계 더 성장시키는 발판이 되어주었습니다. **"꾸준함이 답이다"** 라는 단순한 진리를 몸소 체험하며 앞으로 어떤 도전에 직면하든 포기하지 않고 나아갈 수 있는

힘을 얻었습니다.

"여러분도 꿈을 향해 끊임없이 도전하세요!"

이 글을 읽는 여러분도 각자의 꿈을 향해 나아가길 바랍니다. 도전은 힘들고 고통스러울 수 있지만, 그 과정에서 배우고 성장하는 값진 경험은 그 무엇과도 비교할 수 없을 만큼 소중합니다. **"포기하지 않고 꾸준히 노력하면, 반드시 꿈을 이룰 수 있다!"** 자신을 믿고, 끊임없이 노력하며, 그 과정을 즐기세요.

고된 도전 속에서 얻는 성찰: 마음의 여유를 가져라!

공인중개사 시험 준비는 단순히 지식을 쌓는 과정이 아닙니다. 자신을 돌아보고, 내면의 목소리에 귀 기울이는 성장의 기회입니다. **"나는 어떤 RM이 되고 싶은가?"** 끊임없이 자문하며, 나만의 색깔을 찾아가는 여정입니다.

7. 은행 생활, 그 빛과 그림자: 승진, 그리고 지점장으로서의 성장

숨 가쁘게 돌아가는 은행 생활 속에서 잠시 숨을 고르고 지난날을 되돌아봅니다. 직원들에게 늘 강조했던 말이 있습니다. **"직장 생활에서 가장 큰 행복은 승진이다."** 승진은 단순히 지위 상승을 넘어 주변의 시선, 가족들의 기대, 그리고 무엇보다 스스로에 대한 자부심을 높여주죠. 새로운 업무와 책임을 통해 더 넓은 시야로 은행 업무를 바라보고 성장할 기회를 제공합니다.

마산창동지점에서 꽃피운 열정

그토록 바라던 승진의 순간이 찾아왔습니다. 부지점장 승진 후 8년 6개월 만에 마침내 점포장이 되었죠. 힘들었던 시간과 마음의 상처를 딛고 이룬 승진이라 더욱 값졌습니다. 하지만 기쁨도 잠시, 발령지는 고등학교 시절 추억이 깃든 마산, 그중에서도 직원 9명의 소형 점포인 마산창동지점이었습니다.

한때 '7대 도시'로 불리며 활기 넘쳤던 마산은 이제 옛 영화를 잃고 텅 빈 도시로 변해 있었습니다. 밤이 되면 사람들은 창원으로 넘어가고, 창동은 적막감만 감돌았죠. 승진에 대한 간절함으로 8년간 열정을 불태웠지만, 누락의 고배를 마시며 조직에 대한 불만이 쌓여갔습니다. "승진하면 영업은 절대 하지 않겠다.", "전 직원 회의는 하지 않겠다." 반감도 생겼지만, 막상 지점장이 되고 나니 그런 불만들은 눈 녹듯 사라졌습니다. 조직의 리더로서 책임감이라는 무게가 어깨를 짓눌렀죠. 영업 목표 달성, 직원들과의 소통, 눈높이 리더십, 사고 예방까지 해야 할 일이 산더미처럼 쌓여 있었습니다.

그래도 "열정적으로 한 번 더 잘해보자"라는 신념으로 마산 점포의 상황을 파악하고 기존 거래처를 방문하며 발품을 팔아 새로운 고객을 찾아다녔습니다. 마산창동지점은 리테일 점포였기에, 작은 개인사업자와 상가 고객들이 주요 거래처였죠. 아침 10시, 상가들이 문을 열면 그 시간에 맞춰 인사를 다니며 저를 알렸습니다. RM 시절의 경험을 살려 외식업협회를 찾아가 이차보전 자금을 활용하는 전략을 세웠습니다. 외식업협회 회장과 사무국장, 경남신용보증재단 지점장과 팀장들에게 적극적으로 협조를 구했고, 그 결과 최고의 성과를 달성했습니다. 저와 당시 함께 했던 팀의 부지점장은 전국 챔프 RM을 수상했고, 마산 진해 커뮤니티는 으뜸상을 받는 쾌거를 이루었습니다.

서울에 집이 있어 주말부부를 해야 했던 어려움도 있었습니다. 처음에는 사택이 없어 친척 집에 머물렀고, 사택을 구한 후에도 아내는 일주일에 3일은 지방, 4일은 서울을 오가며 힘든 내조를 해주었습니다. 직원들을 위해 지점에 과일, 빵, 커피 등을 자주 사 갔고, 함께 회식하며 소통했습니다. 늘 고마운 아내에게 깊은 감사를 느꼈습니다. 가장 큰 거래처였던 학문당 사장님과는 자주 만나 인사하고 술잔을 기울이며 친목을 다졌습니다. 야유회도 함께 가고, 업체 소개도 많이 받아 우수한 성과를 이루었습니다. 그 결과 1년 만에 창원기업금융센터장으로 자리를 옮겨 본연의 기업 RM 업무를 맡게 되었습니다.

코로나19 속 창원에서의 고군분투

창원기업금융센터는 제가 서울 독산동 부지점장 시절 전 근무했던 곳이라 익숙했습니다. 하지만 부산·경남본부 유일의 기업센터이자 여·수신 계수와 직원 수가 가장 많은 곳이라는 부담감은 컸습니다. 게다가 코로나19가 발생하면서 창원공단 입주 기업들의 공장 가동률이 급락했고, 부도 업체가 속출했습니다. 경기 침체의 직격탄을 맞은 센터는 성과 부진에 시달렸습니다.

각종 모임과 행사가 취소되고, 섭외 방문조차 어려워지는 등 악조건 속에서도 직원들과 합심해 새로운 전략을 모색했습니다. 창원공단 지역을 3개 구역으로 나누어 각 RM이 전담하고, 미거래 기업은 2인 1조로 방문하며 적극적인 영업을 진행했습니다. 당행과 거래가 없는 기업은 면밀하게 스크린하여 타겟을 선정한 후 지점장과 센터장이 동반 방문하여 거래를 제안했습니다. 지역 소모임인 동 00라인 온스 클럽에 가입해 기업 대표들과 교류하며 인맥을 넓히고 소개 영업을 활용했습니다. 하지만 코로나19의 여파는 컸습니다. 부실 증가로 인해 성과는 기대에 미치지 못했고, 2년 연속 하위 30%에 머물렀습니다. 창원기업센터장 시절은 부실과 힘겨운 싸움이었습니다. 기업들의 매출 감소는 이자 유예 요청과 추가 자금 지원 승인 신청으로 이어졌고, 부실기업 정리에 따른 스트레스는 엄청났습니다. 당시 창원에 있는 은행들이 대부분 부실 여파로 그해 꼴찌를 했다는 이야기를 들었을 정도로 힘든 시기였습니다.

부천에서 꽃피운 고객 중심 금융

지방 점포 3년을 마치고 서울 복귀를 기대했지만, 부천기업금융센터장으로 발령받았습니다. 집에서 30km 떨어져 출퇴근에만 3시간이 걸리는 먼 거리였지만, 출퇴근이 가능하고 주말부부를 하지 않아도 된다는 점에 감사했습니다. 창원에서 아쉬움을 딛고 부천 지역 기업들의 특징과 전략을 분석하여 고객에게 더 쉽고 편안한 금융 서비스를 제공하기 위해 새로운 전략을 구상했습니다.

부천기업금융센터장으로 부임했을 때, 솔직히 막막함을 느꼈습니다. 낡은 준공업 지역에 활력을 잃은 구도심, 그리고 대부분 영세한 중소기업들… 쉽지 않은 환경이었습니다. 더군다나 코로나19 팬데

믹까지 겹쳐 기업들의 어려움은 더욱 가중되고 있었죠. 하지만 저는 좌절 대신 도전을 택했습니다. '위기를 기회로!'라는 마음으로 고객에게 '더 쉽고 편안한, 더 새로운 금융'을 제공하기 위해 끊임없이 고민하고 노력했습니다.

첫째, 정책 자금 활용의 문턱을 낮췄습니다. 부천시 중소기업육성 자금이라는 좋은 제도가 있었지만, 복잡한 절차와 정보 부족으로 활용률이 저조했습니다. 저는 직접 발로 뛰며 기업 지원 담당자들과 협의하고, 고객들의 의견을 수렴하여 필요 서류를 간소화하고 신청 절차를 안내하는 등 정책 자금 활용의 문턱을 낮췄습니다. 그 결과, 2021년 한 해 동안 많은 기업에 상당한 규모의 정책 자금을 지원하는 성과를 거두었습니다.

둘째, 보증서 발급의 어려움을 해결했습니다. 담보력이 부족한 중소기업들에 보증서 발급은 필수였지만, 까다로운 조건 때문에 어려움을 겪는 경우가 많았습니다. 신용보증기금 담당자들과 끊임없이 소통하며, Trust-on 보증 대출과 같은 새로운 상품을 적극 활용하는 등 보증서 발급의 길을 넓혔습니다. 그 결과, 같은 해 50여 개 기업에 150억 원의 보증서 여신을 지원할 수 있었습니다.

셋째, 잠재 부실기업에 대한 지원을 아끼지 않았습니다. 어려움에 부닥친 기업들을 외면하지 않고, 함께 고민하며 해결책을 찾기 위해 노력했습니다. 반도체 장비 업체 (주)XX테크의 경우, 대표이사 변경과 지분율 조정 등 다양한 솔루션을 제시하며 회생을 도왔습니다. 비록 (주)XX테크는 결국 다른 은행으로 대환 되었지만, 끝까지 포기하지 않고 고객과 함께했던 저희의 진심은 'Solution 중심 건전성 관리 우수상' 수상으로 이어졌습니다.

넷째, '디지털 전환 노력'을 통해 디지털 금융을 선도했습니다. Digital Spurt 앱(섭외 등록 앱)을 활용하여 정보를 공유하고, Paperless를 실천하며 업무 효율성을 높였습니다. 또한 직원들과 끊임없이 소통하고 의견을 나누며 함께 성장하는 조직 문화를 만들었습니다. 그 결과, 김OO RM은 전국 RM 경진대회에서 금상 수상, 챔프 RM 수상으로, 그해에 지점장으로 승진했으며, 박OO RM은 최우수 베스트 RM을 수상하는 등 모든 직원이 S등급의 성과를 달성했습니다.

부천에서의 1년, 저는 많은 것을 배웠습니다. 고객 중심의 마인드, 끊임없는 도전 정신, 그리고 직원들과의 소통과 협력의 중요성을 다시 한번 깨달았습니다. 이러한 경험을 바탕으로, 앞으로도 변화하는 금융 환경 속에서 고객에게 최고의 가치를 제공하는 금융인이 되도록 노력할 것입니다. 이 모든 과정이 저에게는 하나의 큰 여정이었습니다. 부천이라는 무대에서 고객과 직원들과 함께하는 이 여정은 앞으로도 계속될 것입니다. 고객의 목소리에 귀 기울이며, 함께 성장하는 길을 걸어가고자 합니다.

새로운 도전, 기업 단장의 길을 걷다!

부천기업금융센터장을 마치고, 동부본부 기업 단장이라는 넓은 무대로 자리를 옮겼습니다. 기업 영업의 방향을 설정하고, 실적을 관리하며, RM들을 육성하는 중요한 역할이었습니다. 동부본부라는 악단을 이끌고 아름다운 하모니를 만들어내야 하는 사명감을 느꼈습니다.

처음에는 솔직히 막막했습니다. 센터장으로서 한정된 범위에서 성과를 내는 것과 달리, 본부 전체의 기업 영업을 이끌고 RM들을 육성해야 한다는 부담감이 컸습니다. 하지만 저는 긍정적인 마음으로 새로운 도전을 받아들였습니다. '최고의 행복 본부'를 만들겠다는 꿈을 품고, 본부장님과 매일 아침 8시 35분에 머리를 맞대고 하루를 시작했습니다. 떠오르는 태양을 바라보며 힘찬 하루를 시작하는 기분이었습니다.

RM들의 성장을 위한 맞춤형 코칭!

RM들이 현장에서 겪는 어려움을 해결하고, 잠재력을 최대한 발휘할 수 있도록 돕는 데 집중했습니다. 숙련된 정원사가 나무를 가꾸듯, RM들이 각자의 개성을 살려 성장하도록 지원했습니다.

첫째, 저 성과 RM들을 위한 Coaching Day를 운영하여 개별 면담을 통해 어려움을 공유하고, 동반 영업 등 맞춤형 솔루션을 제공했습니다. RM들의 부족한 부분을 채워주고 강점을 강화하여 최고의 기량을 발휘하도록 이끌었습니다.

둘째, 매월 정기적인 Deal 점검 회의를 통해 RM들의 영업 활동을 꼼꼼하게 점검하고, 애로사항을 귀 기울여 들었습니다. RM들의 영업 활동을 세심하게 살펴 문제점을 진단하고 개선 방향을 제시했습니다.

셋째, Master RM(대표 RM)과의 소통 회의를 통해 현장의 생생한 목소리를 듣고, RM들의 고충을 이해하며 해결 방안을 함께 고민했습니다. 따뜻한 햇살처럼 RM들의 의견을 존중하고, 그들의 목소리를 본부 운영에 반영했습니다.

"기업 단장을 이렇게 활용하라!"

RM들에게 든든한 지원군이자 믿음직한 멘토가 되고 싶었습니다. 밤하늘을 밝히는 북극성처럼 RM들이 흔들림 없이 목표를 향해 나아갈 수 있도록 돕고 싶었습니다.

첫째, 여신심사부, 기업 여신지원부 등 관련 부서와의 긴밀한 협력을 통해 RM들이 업무를 효율적으로 수행할 수 있도록 지원했습니다. 튼튼한 다리가 되어 RM들이 어려움 없이 목표를 향해 나아가도록 연결했습니다.

둘째, 신용 등급 조정, 심사 승인 전략, 영업 스킬 등 다양한 분야에서 RM들에게 전문적인 코칭을 제공했습니다. 경험 많은 베테랑 선배처럼 RM들에게 실질적인 도움을 주고 자신감을 불어넣었습니다.

셋째, 신용 평가, 보증기금 보증서, 연체 관리, 섭외 등록 등 RM들이 현장에서 직면하는 다양한 문제에 대한 해결책을 제시했습니다. 지혜로운 조언자와 같이 RM들의 고민을 해결하고 어려움을 극복할 수 있도록 힘을 보탰습니다.

후배들을 위한 빛나는 등대, 기업 단장!

 단순히 RM들을 관리하는 것을 넘어, 그들의 성장을 돕고 꿈을 응원하는 멘토가 되고 싶었습니다. 푸른 초원을 밝히는 햇살처럼 RM들이 긍정적인 에너지를 갖고 꿈을 향해 나아갈 수 있도록 격려했습니다.

 먼저, 30여 년간 쌓아온 기업 금융 노하우를 아낌없이 전수하고, RM들이 스스로 성장할 수 있도록 끊임없이 격려했습니다. RM들에게 지식과 경험을 나누고 잠재력을 키워주었습니다.
 다음으로, "기업 단장이 롤모델이다"라는 메시지를 통해 후배들에게 동기 부여를 하고, 꿈을 향해 나아갈 수 있도록 용기를 북돋웠습니다. 희망찬 미래를 비추는 등대 역할을 하며 RM들에게 긍정적인 에너지를 전달하고 꿈을 이룰 수 있다는 믿음을 심어주었습니다.

 마지막으로, 1:1 코칭, 워크숍, 모임 등 다양한 방식으로 후배 RM들을 육성하고, 따뜻한 관심과 격려를 아끼지 않았습니다. 든든한 버팀목이 되어 RM들이 어려움 속에서도 좌절하지 않고 끊임없이 성장할 수 있도록 지지했습니다.

함께 성장하는 기쁨, 최고의 행복 본부!

 이러한 노력 덕분에 동부본부는 만년 하위권에서 벗어나 상위권으로 도약하는 놀라운 성과를 이루었습니다. 힘차게 날갯짓하는 독수리처럼 동부본부는 높이 비상하며 새로운 역사를 만들어 갔습니다. 기업 단장으로서의 1년을 '기업 단장 1년간의 여정'과 '멘토 활동 보고서'로 기록했습니다. 이는 단순한 기록물이 아니라, 저의 열정과 헌신, 그리고 RM들과 함께 성장했던 소중한 시간이 담긴 '성장 스토리'입니다.

앞으로도 후배들의 롤모델이자 든든한 지원군으로서 은행 발전에 기여하고, '최고의 행복 본부'를 만들어 가는 데 최선을 다할 것입니다. 새로운 도전과 변화의 바람 속에서도 항상 RM들과 함께하며 그들의 꿈을 응원할 것입니다. 일하는 즐거움, 동료와의 유대감, 그리고 함께 이루어가는 성과가 바로 제가 이 길을 걷는 이유입니다.

나의 커뮤니티장 도전기!

동부본부 기업 단장 시절, 1년 동안 거의 매일 아침 8시 35분부터 한 시간 이상 본부장님과 본부 스태프와 회의하며 지점 성과 향상에 몰두했습니다. 그때의 열정은 마치 미사일처럼 날아가는 기분이었습니다. 일선 영업 직원들의 어려움을 덜어주고자 제가 직접 만든 강의 자료, **'영업이 제일 쉬워요'**는 그 결실 중 하나였습니다. 과거 RM 경진대회에서 1위를 수상한 경험과 노하우를 바탕으로, 2개월간 심혈을 기울여 완성했죠. 때로는 새벽 4시에 잠에서 깨어 아이디어를 떠올리기도 했습니다. 이 자료는 제 인생의 중요한 이정표가 되었습니다.

이 자료를 바탕으로 센터장, 지점장, RM들을 대상으로 강의를 진행했고, 신입 RM들에게는 직접 찾아가 일대일 코칭을 하기도 했습니다. 그때마다 느낀 것은, "가르치는 것이 배우는 것이다"라는 진리였습니다. 가르치면서 저도 많은 것을 배우고, 성장할 수 있었습니다. 이러한 노력과 본부장님의 코칭 덕분에 저는 마침내 커뮤니티장으로 승진하게 되었고, XX 금융센터장을 맡게 되었습니다.

하지만 커뮤니티장으로서의 시작은 쉽지 않았습니다. 높은 기대감과 부담감 속에서 직원들과 소통하며 나름의 방식대로 끌어 나가려 했지만, 첫 1년은 '꽝'이었죠. 지점장 및 RM들과의 소통 문제, 불화 등으로 하위 30%의 성적을 받았습니다. 그때의 좌절감은 이루 말할 수 없었습니다. 마치 고속도로에서 길을 잃은 기분이었죠.

2024년 초, 두 개의 커뮤니티가 통합되면서 부담감은 더욱 커졌습니다. 하지만 이러한 어려움 속에서 커뮤니티장의 역할이 얼마나 중요한지 깨달았습니다. **'커뮤니티장이 움직이지 않으면 그 커뮤니티는 죽음'**이라는 생각이 머릿속을 스쳤습니다. 과거 동부본부 커뮤니티장들에게서 배웠던 것들을 되새기며 변화를 시도했습니다.

첫째, 적극적인 소통! 부서장들과의 만남을 통해 관계 개선에 힘썼습니다. 불암산 등산이나 팀워크를 다지는 커뮤니티 내 행사, 오디에스 행사 등을 통해 함께 시간을 보내며 긍정적인 분위기를 조성했습니다. 산을 오르며 나눈 대화들이 의외로 많은 문제를 해결해 주었습니다. 자연 속에서 대화는 서로의 마음을 여는 데 큰 도움이 되었습니다.

둘째, 단톡방 활용! 단톡방을 통해 끊임없이 직원들을 격려하고 소통했습니다. "오늘도 힘내세요!"라는 메시지 하나가 큰 힘이 되기도 했습니다. 서로의 소소한 일상을 공유하며 유대감을 더욱 깊게 만들었습니다. 이런 작은 소통들이 팀워크를 다지는 데 큰 역할을 했습니다.

셋째, 재미있는 프로모션! '맞다이 프로모션'(커뮤니티 내 지점 간의 건전한 경쟁 유도), '청담대 프로모션'(연체 관리), '3411운동'(특정 목표 달성을 위한 프로모션) 등 다양한 프로모션을 통해 직원들의 참여를 유도하고 동기 부여를 했습니다. 이 프로모션들은 단순한 행사 이상으로, 팀원들이 함께 웃고 즐길 기회를 제공했습니다. 특히, 재미있게 계획한 이벤트는 직원들 사이에서 큰 화제가 되었고, 자연스럽게 긍정적인 경쟁심을 불러일으켰습니다.

무엇보다 **"이번이 마지막이다"**라는 각오로 후배들에게 부끄럽지 않은 선배가 되기 위해 최선을 다하자는 메시지를 전달하며, 함께 성장하고 발전하는 문화를 만들고자 노력했습니다. 서로의 성과를 축하하는 자리를 마련하고, 작은 성취라도 함께 기뻐하는 모습을 통해 팀워크를 다졌습니다. 이러한 분위기 속에서 직원들은 자신의 성과를 자랑스럽게 여기게 되었고, 그 결과로 모두가 하나가 되는 경험을 하게 되었습니다.

이러한 노력의 결과, 우수한 성적을 거두며 커뮤니티를 성공적으로 이끌 수 있었습니다. 첫해의 아쉬움과 어려움을 뒤로하고, 우리는 함께 새로운 목표를 향해 나아갈 수 있었습니다. 시간이 흘러도 함께 하는 동료들과 행복하고 건강하게 '동행'하며 서로를 이해하고 배려하는 '헤아림'으로 멋진 성과를 만들어 나가고 싶습니다. 은행 생활은 결국 **'동행'**과 **'헤아림'**입니다.

앞으로도 동료들과 함께 소통하고 협력하며 더 큰 목표를 향해 나아가겠습니다. 우리의 여정은 끝나지 않았고, 아직도 많은 도전이 우리를 기다리고 있습니다. 새로운 기회와 경험을 통해 더 나은 내일을 만들어 가고 싶습니다. 이러한 모든 순간이 쌓여 우리의 이야기를 만들어 갈 것이라 믿습니다. 결국, 제가 가장 소중하게 여기는 것은 사람들입니다. 함께 웃고, 함께 고민하고, 함께 성장해 가는 이 여정에서 우리는 진정한 팀이 될 수 있습니다. 서로의 꿈과 목표를 이루어 나가기를 희망하며, 앞으로도 그 길을 함께 걸어가고 싶습니다. 언제나처럼, '헤아림'과 '동행'의 가치를 잊지 않고 살아가겠습니다.

38년, 쏜살같이 흘러간 나의 은행 이야기!

돌이켜보면, 38년이라는 시간은 마치 쏜살같이 흘러간 것만 같습니다. 10대는 시속 10km로 느리게 흘러가고, 20대는 시속 20km로 조금 빨라지더니, 50대에는 시속 50km로 가속이 붙고, 80대에는 시속 80km로 쏜살같이 지나갑니다. 나이가 들수록 시간의 흐름은 더욱 빠르게 느껴지죠. 젊은 시절엔 하루가 길게 느껴졌던 시간이 이제는 마치 한순간처럼 느껴지는 것이 아이러니합니다.

젊은 시절, 저에게는 승진이라는 목표가 있었습니다. 그 목표를 향해 앞만 보고 달렸습니다. 처음 입사했을 때의 설렘, 동료들과 함께 나눈 웃음, 그리고 매일매일의 작은 성취들이 모여 저를 성장하게 했습니다. 빛나는 성과를 이루었을 때의 희열, 승진의 기쁨, 그리고 팀원들과 함께 만들어낸 성공의 순간들은 아직도 제 기억 속에 생생하게 남아 있습니다. 하지만 그 과정에서 겪었던 실패와 좌절, 예상치 못한 어려움들은 저를 더욱 성장시키는 밑거름이 되었습니다.

은행 생활은 마치 롤러코스터와 같았습니다. 즐거움과 슬픔, 만족과 좌절, 성공과 실패… 이 모든 경험들이 모여 제 인생이라는 한 편의 드라마를 만들었습니다. 이제 와서 생각해 보니, 인생에는 정답이 없는 것 같습니다. 각자의 길을 걸어가며 만들어 가는 다양한 이야기들이죠. 우리가 겪는 모든 순간이 결국 우리를 만들어 가는 중요한 요소가 되며, 그 속에서 성장하는 것이 아닐까 싶습니다.

긴 세월을 통해 얻은 가장 큰 깨달음은 바로 **'사람'의 소중함**입니다. 힘들 때 힘이 되어준 동료들, 믿고 따라와 준 팀원들, 묵묵히 응원해 준 가족들, 그리고 저를 믿고 거래해 준 고객들… 이 모든 사람이 있었기에 제 은행 생활은 더욱 의미 있고 풍요로웠습니다. 그들의 존재가 없었다면 지금의 저도 없었을 것입니다.

저는 '헤아림'과 '동행'이라는 두 단어를 항상 마음속에 새기고 살아왔습니다. 직원들의 마음을 헤아리고, 그들과 함께 같은 곳을 바라보며 나아가는 리더가 되고자 노력했습니다. 서로 존중하고 배려하며 함께 성장하는 기쁨을 느끼는 것이 제 목표였습니다. 팀원들이 자신의 의견을 자유롭게 표현할 수 있는 환경을 만들기 위해 노력했고, 그 결과 팀의 결속력이 더욱 강해졌습니다.

이제 곧 은행 생활의 마침표를 찍게 되지만, 제 열정은 아직 끝나지 않았습니다. 38년간의 경험과 깨달음을 바탕으로 새로운 도전을 시작하고자 합니다. 책을 쓰기로 마음먹고, 밤샘 작업을 하며 원고를 써 내려갔습니다. 피곤한 몸을 이끌고 새벽 4시에 잠에서 깨어나 소파에 앉아 떠오르는 생각들을 정리했습니다. 그렇게 하나씩 완성되어 가는 원고를 보며, 지난날의 기억들이 파노라마처럼 스쳐 지나갔습니다.

좌절과 고난의 순간에도 긍정적인 마음으로 끊임없이 배우고 성장했던 시간, 그리고 '사람'의 소중함을 깨닫고 '헤아림'과 '동행'의 리더십을 실천하며 살아왔던 시간… 이 모든 경험들이 제 삶의 소중한 자산입니다. 이 글이, 그리고 앞으로 쓰게 될 책이, 저의 삶의 기록이자 앞으로 나아갈 길을 비추는 등불이 되기를 바랍니다.

또한 이 글을 읽는 모든 분께 희망과 용기를 전달할 수 있기를 소망합니다. **인생은 긴 마라톤과 같습니다. 힘들 때도 있겠지만, 포기하지 않고 꾸준히 나아가다 보면 언젠가는 목표에 도달할 수 있을 것입니다.** 저는 다시 한번 새로운 출발선에 서고 있습니다. 제 이야기를 통해 누군가가 위로와 영감을 받을 수 있기를 바라며, 앞으로의 여정이 더욱 의미 있는 나날이 되기를 희망합니다. 결국, 제가 가장 소중하게 여기는 것은 사람입니다. 함께 웃고, 함께 고민하고, 함께 성장해 가는 이 여정에서 우리는 진정한 팀이 될 수 있습니다. 서로의 꿈과 목표를 이루어 나가기를 희망하며, 앞으로도 그 길을 함께 걸어가고 싶습니다. 언제나처럼, '헤아림'과 '동행'의 가치를 잊지 않고 살아가겠습니다. 지속적인 성장은 멈추지 않는 **여정이며, 저는 그 여정을 계속해서 만들어 나갈 것입니다.**

제9장

고객과 마음으로 소통하라!

1. 적과의 동침? 알고 보면 든든한 아군, 다른 은행 RM들

"어? 저 사람은…. 경쟁 은행 RM 아니야?"

수많은 거래처를 만나러 다니다 보면, 가끔 다른 은행 RM이나 지점장들과 마주칠 때가 있습니다. 처음에는 경계심 가득! '저 사람이 내 경쟁자일까?' 하는 생각이 머리를 스치고, 순간 긴장감이 돌기도 합니다. 하지만 이내 깨닫게 되죠. 그들도 우리와 같은 목표와 고충을 가진 영업맨이자 동료라는 것 말입니다.

"피할 수 없다면 친해지자!"

　마산지점에서 근무하던 시절, 거래처에서 경남은행 RM을 만난 적이 있습니다. 처음에는 서로 어색한 기류가 흘렀지만, 금세 친해져서 함께 업체를 면담하고 정보를 공유했습니다. "우리 은행에서 대출이 안 되는 경우, 혹은 대출 규모가 큰 경우에는 **여러 은행이 함께 대출을 진행하는 '블록딜' 형식으로** 함께 취급해 보는 건 어떨까요?"라고 제안했을 때, 그는 밝은 표정으로 응답했습니다.

"좋은 생각이네요! 서로 돕고 돕자는 거죠!"

　이렇게 다른 은행 RM과의 협력 관계를 구축하면, **예상치 못한 시너지 효과**를 얻을 수 있습니다. 서로 부족한 부분을 채워주고, 더 큰 거래를 성사할 수도 있죠. 예를 들어, 특정 고객의 요구에 맞춰서 두 은행이 협력하여 더 나은 금융 상품을 제공할 기회를 만들 수 있는 것입니다.

"RM들의 애환을 나누며 끈끈한 우정을!"

　반포남금융센터에서 근무할 때는 기술 금융(TCB) 때문에 골머리를 앓았습니다. 기술 금융 건수를 채우기 위해 밤낮으로 뛰어다녔지만, 쉽지 않았습니다. 그러던 중, 우연히 업체 방문 중 만난 국민은행 RM과 차를 마시며 서로의 고충을 털어놓았습니다. "기술 금융, 진짜 힘들지 않나요?"라고 물었을 때, 그는 고개를 끄덕이며 대답했습니다.

"맞아요. 저도 요즘 기술 금융 때문에 죽겠어요….".

"혹시 서로 도움을 줄 수 있을까요?"라고 제안했더니, 그는 미소를 지으며 대답했습니다. "좋죠! 서로 정보를 공유하고 협력하면 좋겠네요."

그 후로 우리는 서로 정보를 교환하고, 기술 금융 건수를 채우는 데 힘을 보탰습니다. 각자의 경험을 바탕으로 서로에게 유용한 팁을 주고받으며, 자연스럽게 **끈끈한 우정을** 쌓아갔습니다. 지금도 가끔 만나서 밥도 먹고 술도 한잔하며 서로의 이야기를 나누고 있습니다. 이러한 유대감은 단순한 동료 관계를 넘어, 서로의 성장을 도와주는 든든한 아군이 되었습니다.

"경쟁자? No! 동료 RM들과 함께 성장하는 겁니다!"

다른 은행 RM들은 경쟁자이기 이전에, 같은 목표를 향해 달려가는 동료입니다. 서로 협력하고 정보를 공유하며 함께 성장하는 것이 진정한 RM의 길입니다. 함께 고민하고 해결책을 찾아가는 과정에서 진정한 우정과 신뢰가 쌓였고, 이는 제 경력에도 큰 도움이 되었습니다.

저는 다른 은행 RM들과의 관계에서 긍정적인 에너지를 얻었고, 그들의 경험과 지식을 통해 제 업무 능력을 한층 더 향상할 수 있었습니다. 이 과정에서 "**혼자서는 힘들지만, 함께라면 가능하다**"라는 깨달음이 있었습니다.

다른 은행 RM들과의 만남은 새로운 기회를 열어줄 수 있습니다. 열린 마음으로 다가가 서로 협력하고, 정보를 공유하며 함께 성장해 나가세요! 여러분의 경력이 한층 더 풍부해질 것입니다. 경쟁자를 넘어선 든든한 동료, 그들과의 관계가 바로 여러분의 잠재력을 폭발시킬 가장 큰 자산이 될 것입니다.

2. 좌충우돌 신입 시절, 섭외의 달인이 되기까지

"어서 오세요~ 뭘 도와드릴까요?"

  2001년, 울산지점에서 마산지점으로 승진 발령받은 저는 창구에서 고객들을 맞이하는 햇병아리 책임자였습니다. 하지만 저의 타고난 친화력과 활달함을 눈여겨보신 지점장님께서 제게 뜻밖의 기회를 주셨습니다. 바로 '섭외'라는 미지의 세계에 발을 들여놓게 된 것입니다!

"섭외? 그게 뭔가요? 혹시…. 밖에 나가서 사람들 꼬시는 건가요?"

  저는 섭외 업무가 뭔지도 모른 채 마산 수출공단으로 향했습니다. 마치 탐험가가 된 기분으로 A사, B사, C사, D사, E사 등 낯선 회사들을 방문하며 당행과 거래해 달라고 요청했죠. 처음부터 쉬웠던 것은 아닙니다. 문전박대는 기본, 냉담한 반응에 풀이 죽기도 하고, 심지어 경비 아저씨에게 쫓겨나기도 했습니다. 하지만 저는 굴하지 않았습니다! 마치 오뚝이처럼 다시 일어나 항상 발로 뛰며 **섭외 능력**을 키웠습니다. 마산, 함안, 심지어 푸른 바다가 펼쳐진 통영까지! 제 발길이 닿지 않은 곳이 없었죠.

"크레탑? 신용 평가? 이런 것도 알아야 하나?"

섭외는 단순히 발품만 판다고 되는 것이 아니었습니다. 방문 전에 크레탑(신용 정보)을 확인하고, 가망 고객을 선별하는 등 **전략적인 접근**이 필요했습니다. 이런 과정에서 저는 비즈니스의 복잡함과 매력을 동시에 느끼게 되었습니다. 각 기업의 상황과 필요를 이해하고, 그에 맞는 접근 방식을 고민하는 것은 섭외의 핵심이었습니다. 고객이 원하는 것이 무엇인지 파악하고, 그에 부합하는 솔루션을 제공하는 것이 저의 목표가 되었습니다.

영업의 절대강자, 최 지점장님을 만나다!

2004년, 김해 기업 금융 지점 개점 멤버로 발령받아 영업의 절대강자 최 지점장님을 만났습니다. 최 지점장님은 **"영업은 정도가 없다! 현장이 바로 영업이다!"** 라고 강조하며 저를 혹독하게 훈련 시켰습니다. 아침부터 밤까지 거래처를 방문하고, 점심도 현장에서 김밥으로 때우는 강행군 속에서 저는 **진정한 영업맨**으로 거듭났습니다. 덕분에 대리운전은 저의 베스트 프렌드가 되었죠.

최 지점장님과의 경험은 제게 큰 자산이 되었고, 영업에 대한 새로운 시각을 열어주었습니다. 그는 항상 **'실패는 성공의 어머니'** 라는 말씀하셨고, 그 말씀을 마음에 새기며 저는 더 많은 도전을 하기로 결심했습니다.

2009년, 서울 독산동금융센터 RM으로 승진 발령! 지방에서 쌓은 경험을 바탕으로 서울 영업 환경에 맞는 5대 특화 영업 전략을 수립했습니다. 수출진흥 금융, 신용보증기금, 기술신용보증기금 등 다양한 금융 상품을 활용하며 독산동을 휩쓸었습니다.

"닥치는 대로 방문하자!" 저의 **닥.방 정신**은 '제갈길'이라는 이름을 기업 그룹에 널리 알리는 계기가 되었습니다. 처음에는 서울의 빠른 템포와 큰 시장에 압도되었지만, 곧바로 적응해 나갔습니다. 다양한 고객과의 만남을 통해 소비자들이 원하는 것이 무엇인지 파악하고, 그에 맞춰 전략을 수정했습니다.

반포남금융센터에서도 저는 끊임없이 현장을 누비며 최고의 성과를 위해 달리고, 지방과 서울에서 쌓은 경험을 바탕으로 저만의 **특화 영업 전략**을 개발하고, 끊임없이 고객들에게 다가가고 있습니다. 고객의 요구를 이해하고, 그에 따라 맞춤형 솔루션을 제공하는 것이 저의 목표였습니다.

"두려움을 극복하고 자신감을 얻다!"

수많은 사장님을 만나고 공장을 방문하며 저는 더 이상 낯선 사람과의 만남이 두렵지 않습니다. 어떤 상황에서도 **자신감 있게 대화를 이어갈 수 있는 능력**을 갖추게 되었죠. 또한, 과거 거래 유치했던 기업들을 엑셀로 기록하고 관리하며, 혹시라도 당행 거래가 이탈되면 다시 연락하여 거래를 요청하는 등 **끈끈한 관계**를 유지하고 있습니다.

이런 방식으로 고객과의 관계를 지속적으로 관리하려는 노력은 저에게 큰 도움이 되었습니다. 영업은 단순히 한 번의 거래로 끝나는 것이 아니라, 전략적인 분석과 끊임없는 노력, 그리고 두려움을 극복하는 용기, 나아가 지속적인 관계 구축이 중요하다는 사실을 깨달았습니다. 저의 좌충우돌 섭외 경험담이 여러분이 섭외의 달인이 되는 데 작은 도움이 되기를 응원합니다! 끊임없이 도전하고, 배우며 성장하는 것이야말로 진정한 성공의 비결임을 잊지 마세요!

3. 선입견은 금물! 열린 마음으로 진짜 소통을 해봐요.

"白文(백문)이 不如一見(불여일견)!"

흔히 '백문이 불여일견(百聞不如一見)'이라 했습니다. 백 번 듣는 것보다 한 번 보는 것이 낫다는 뜻이죠. 하지만 우리는 가끔 겉모습이나 남들의 말만 듣고 섣불리 판단하는 실수를 저지르곤 합니다. 이러한 선입견은 마치 마음의 벽처럼 진정한 소통을 방해하고 관계를 망치는 주범이 될 수 있습니다.

저도 선입견 때문에 후회했던 경험이 있습니다. 독산동 금융센터에서 근무할 때였습니다. 전임 담당자로부터 A사에 대한 안 좋은 이야기를 듣고 선입견을 품게 되었죠. 그 회사를 방문할 때마다 부정적인 생각이 앞서, 정작 고객의 실제 니즈를 파악하려 노력하기보다는 방어적인 자세를 취하게 되었습니다. 결국 추가 여신이나 부수 거래를 활성화하는 데 실패했고, **나중에야 제가 선입견 때문에 얼마나 큰 기회를 놓쳤는지** 깨달으며 깊이 후회했습니다.

또한, 동료 직원들에 대해서도 마찬가지였습니다. 누군가에 대한 평가를 듣고 선입견을 품게 되면, 그 사람의 진짜 모습을 보지 못하게 되더라고요. 그래서 저는 "내 눈으로 직접 보고, 내 귀로 직접 듣고 판단하자!"라는 원칙을 세웠습니다.

선입견을 버리고 마음의 문을 활짝 열어보세요!

경청은 기본! 상대방의 이야기에 집중하고, 공감하는 모습을 보여주세요. "아~ 그랬구나!" "힘들었겠다!" 이렇게 말이죠. 경청은 단순히 듣는 것이 아니라, 상대방의 감정을 이해하고 공감하는 것이 중요합니다.
열린 마음으로! 새로운 사람이나 생각에 대해 열린 마음으로 다가가는 것이 중요해요. "어머, 이런 맛은 처음이야!" 이렇게 말이죠. 새로운 아이디어와 사람들을 수용하는 태도는 여러분의 시야를 넓혀줄 것입니다.
다름을 인정! 세상에 똑같은 사람은 없어요. 다른 점은 틀린 게 아니라, 특별한 거예요! 무지개처럼, 다양한 색깔들이 모여 더 아름다운 것처럼 말이죠. 각자의 개성을 존중하고 수용하는 것이야말로 진정한 성숙한 태도입니다.

선입견을 버리면 좋은 일이 생길 거예요!

찐친 획득! 선입견 없이 솔직하게 대하면, 더 깊고 진솔한 관계를 맺을 수 있어요. 마치 소울메이트처럼! 서로의 마음을 열고 진정한 소통이 이루어질 때, 우리는 진정한 친구가 될 수 있습니다.

무한한 가능성! 선입견을 버리면 세상이 달라 보여요. 사람들 속에 숨겨진 멋진 모습들을 발견하고, 함께 성장하는 기쁨을 느낄 수 있죠. 다양한 사람들과의 교류는 여러분에게 새로운 기회를 가져다줄 것입니다.

쑥쑥 성장! 다양한 사람들과 이야기하면서 나도 모르게 훌쩍 성장하는 걸 느낄 수 있어요. 마치 레벨업! 하는 것처럼! 새로운 경험과 지식은 여러분의 인생을 더욱 풍요롭게 만들어 줄 것입니다.

저는 앞으로도 선입견 없이 사람들을 만나고, 진심으로 소통하는 멋진 RM이 될 거예요! 여러분도 함께해보시겠어요? 열린 마음으로 세상을 바라보고, 다양한 사람들과의 소통을 즐겨보세요! 선입견이라는 좁은 틀을 벗어던지는 순간, 여러분의 삶에는 훨씬 더 넓고 풍요로운 세상이 펼쳐질 것입니다.

4. "윈-윈" 전략, 최고의 비즈니스 헌법

"나만 잘 살면 무슨 재미?"

험난한 비즈니스 세계에서 살아남으려면 혼자만의 힘으로는 부족합니다. 궁극적인 성공을 위해서는 다른 사람들과 함께 협력하고 '윈-윈(Win-Win)'하는 전략이 필수적입니다. 혼자 이득을 독차지하려는 욕심은 결국 모두를 불행하게 만드는 지름길입니다.

이런 생각은 제가 처음 영업을 시작했을 때부터 뼈저리게 느낀 점입니다. 고객과의 관계, 동료와의 협력 모두가 중요하다는 사실을 깨닫게 되었고, 이를 바탕으로 제 영업 전략을 세우기 시작했습니다.

'윈-윈' 전략, 어떻게 실천해야 할까요?

역지사지의 마음으로!

"내가 만약 고객이라면?" "내가 만약 동료라면?" 상대방의 처지에서 생각하고, 그들의 니즈를 충족시켜 주려는 노력이 필요합니다. 마치 퍼즐 조각을 맞추듯, 서로의 필요를 채워주면서 완벽한 그림을 만들어 가는 것이죠. 고객의 요구를 이해하고, 그에 맞는 솔루션을 제공하는 것이 첫걸음입니다.

진정한 파트너십을 쌓아가세요!

단순히 거래 관계를 넘어, **서로의 성장을 돕는 진정한 파트너**가 되어야 합니다. 마치 등산가들이 서로 밧줄을 연결하여 함께 정상을 향해 나아가듯, 서로에게 힘이 되어주고 함께 목표를 달성하는 기쁨을 누려야 합니다. 신뢰를 쌓는 것은 시간이 걸리지만, 그 결과는 무한한 가능성을 만들어냅니다.

장기적인 관점에서 바라보세요!

눈앞의 이익에만 급급하면, 결국 나무만 보고 숲을 보지 못하는 것과 같습니다. 장기적인 관점에서 상호 이익을 도모하고, 지속 가능한 성장을 추구해야 합니다. 인내심을 갖고 꾸준히 노력해야 합니다. 고객과의 관계도 마찬가지입니다. 단기적인 이익보다 장기적인 신뢰 관계를 구축하는 것이 더욱 중요합니다.

열린 마음으로 소통하세요!

마음의 벽을 허물고 솔직하게 소통해야 서로를 이해하고 신뢰를 쌓을 수 있습니다. 맑은 시냇물이 흐르듯, 끊임없이 소통하고 마음을 나누면서 더욱 깊은 관계를 만들어 갈 수 있습니다. 소통이 원활할수록 서로의 필요를 더 잘 이해할 수 있게 됩니다.

'윈-윈' 전략의 놀라운 효과!

끈끈한 파트너십 구축!

서로에게 도움이 되는 관계를 통해 끈끈한 파트너십을 구축할 수 있습니다. 마치 찰떡궁합처럼! 이러한 파트너십은 어려운 상황 속에서도 서로에게 힘이 되어주고, 함께 위기를 극복할 수 있도록 도와줍니다.

높은 고객 만족도!

고객 만족도를 높여 재구매율을 높이고, 충성 고객을 확보할 수 있습니다. 만족한 고객은 기업의 가장 좋은 홍보대사가 되어, 주변 사람들에게 기업을 추천하고 긍정적인 이미지를 심어줍니다. 이는 마치 바이럴 마케팅처럼 자연스럽게 확장되는 효과를 가져옵니다!

긍정적인 기업 이미지 구축!

'윈-윈' 전략을 통해 긍정적인 기업 이미지를 구축하고, 사회적 책임을 다하는 기업으로 인정받을 수 있습니다. 이는 기업의 지속적인 성장을 위한 밑거름이 되며, 더 나아가 사회 전체의 발전에도 이바지할 수 있습니다.

저의 경험을 소개할게요!

저는 항상 고객과의 '**윈-윈**'을 최우선 가치로 생각하며 영업 활동을 해왔습니다. 고객이 어려움을 겪을 때, 벗고 나서서 문제 해결을 도왔습니다. 단순히 금융 상품을 판매하는 것이 아니라, 고객의 사업 파트너로서 함께 고민하고 해결책을 찾기 위해 노력했습니다.

담보력이 부족한 고객에게는 필요한 정보를 제공하고 적극적으로 지원하여 어려움을 극복할 수 있도록 도왔습니다. 이는 단기적인 이익보다는 **장기적인 관점**에서 **고객과의 신뢰 관계를 구축**하는 데 집중했기 때문입니다.

고객의 사업이 어려워졌을 때도, 곁을 지키며 위기를 헤쳐 나갈 수 있도록 격려하고 지원을 아끼지 않았습니다. 이는 **진정한 파트너십을 통해 어려움을 함께 극복하고 더 큰 성공을 향해 나아갈 수 있다는 믿음** 때문입니다.

덕분에 많은 고객들이 저를 믿고 따랐으며, 회사가 부도 위기에 처했을 때도 저에게 먼저 연락을 주는 경우가 많았습니다. "담보가 부족하다고? 내가 도와줄게!" 고객이 어려움에 부닥쳤을 때, 저는 외면하지 않습니다. 마치 오랜 인연을 가진 사업 파트너에게 손을 내밀 듯, 진심으로 함께 해결책을 모색했습니다.

"사장님, 혹시 무슨 일 있으세요?"

회사가 부도 위기에 처했을 때, 저에게 먼저 연락하는 고객들이 많았습니다. "사장님, 혹시 무슨 일 있으세요?" 저는 진심으로 걱정하며 그들의 이야기에 귀 기울였습니다. 그리고 함께 문제 해결을 위해 머리를 맞댔습니다.

"역시 제갈길 RM 이 최고야!"

결국 많은 고객이 위기를 극복하고 다시 일어설 수 있었습니다. 그리고 저는 그들과 더욱 끈끈한 신뢰 관계를 쌓을 수 있었죠. "역시 제갈길 RM 이 최고야!"라는 칭찬을 들을 때마다 저는 'Win-Win' 전략의 위력을 실감합니다.

'윈-윈' 전략, 비즈니스 성공의 열쇠! 혼자 이기려 하면 결국 모두가 패배하는 결과를 맞을 수 있습니다. 하지만 함께 상생을 추구한다면, 모두가 승리하는 진정한 성공을 이룰 수 있습니다. '윈-윈' 전략을 통해 모두가 행복한 비즈니스를 만들어 나가세요!

5. RM, 직원들과 함께 성장하는 법 : 정보 공유 & 소통의 기술

"RM, 혼자서는 살아남을 수 없다!" 팀워크로 만들어내는 최고의 성과

RM에게 팀워크와 직원들과의 활발한 정보 공유 및 소통은 성공적인 영업을 위한 필수 조건입니다. 혼자서는 절대 이룰 수 없는 목표들이 많으며, 팀원들과의 협력이야말로 서로의 강점을 살려 시너지를 극대화하는 길입니다.

첫째, 정보는 곧 힘! RM에게 필수적인 정보 공유

방문 기록 : 거래처 방문 시 주요 내용을 스마트폰에 기록하고, 캘린더 앱이나 카톡을 활용하여 직원들과 실시간으로 공유하세요. 빠른 소통은 팀의 효율성을 높입니다.

영업 우수 사례 : 매월 영업 우수 사례를 직원들과 공유하여 서로 배우고 성장할 수 있도록 하세요. 성공 경험의 공유는 모든 RM에게 강력한 동기 부여가 됩니다.

징계 사례 : 징계 사례를 공유하여 직원들에게 경각심을 주고, 유사한 사례가 발생하지 않도록 예방하세요. 팀의 실수를 줄이는 중요한 학습 기회입니다.

보증서 여신 취급 주의 사항 : 보증서 여신 취급 시 주의 사항을 정확하게 숙지하고, 업무 처리에 오류가 없도록 하세요. 특히 잘못 취급하

면 대출금액 일부를 변상하거나 징계를 받을 수 있으니, 신용 여신보다 더욱 신중해야 합니다.

전행 여신 취급 : 전행 여신의 경우, 명확한 명분을 가지고 취급하고 RM 의견서에 그 내용을 기록하세요. 기록은 여신 부실 시 취급 경위서 작성에 큰 도움이 됩니다.

둘째, "함께 가면 멀리 간다!" RM의 소통 기술

"혼자 가면 빨리 가지만, 함께 가면 멀리 간다!" 혼자 일하는 것보다 팀워크를 통해 더 큰 성과를 달성할 수 있습니다. 마치 손을 맞잡고 함께 나아가는 것처럼, 아니면 서로 도와가며 함께 성장하는 것처럼 말이죠!

고등학교 명부 활용 : 고등학교 명부를 활용하여 사업하는 선후배를 타겟으로 영업 활동을 펼칠 수 있습니다. "오랜 친구들과의 연결고리가 새로운 기회를 가져다줄 수 있어요!"라는 생각으로 접근해 보세요.

승진의 중요성 강조 : 직원들에게 승진의 중요성을 강조하고, 자기 발전을 위한 동기를 부여하세요. "우리가 함께 성장한다면, 승진도 자연스레 따라올 거예요!"라는 긍정적인 메시지를 전해야 합니다.

"실적은 짧고 부실은 영원하다!" : "Life is short, Art is long!"을 패러디한 말로, 단기적인 실적에만 급급하지 않고 장기적인 관점에서 건전한 영업 활동을 해야 한다는 부실에 대한 강력한 경고입니다.

셋째, 실시간 공유! 정보가 힘이 되는 순간

회의 내용 공유: 부서장 회의, RM 회의 내용을 직원들에게 빠르게 전달하고 교육하세요. "오늘 회의에서 이런 내용이 나왔어요!"라는 식으로 정보를 제공하면 팀의 일체감이 높아집니다.

지속적인 소통 : 섭외 리스트가 내려오면 RM 및 직원들과 수시로 소통하고 정보를 공유하세요. "이번 주에 어떤 고객을 만나볼까요?"라는 질문으로 대화를 시작해 보세요.

우수 사례 벤치마킹 : 타 RM의 우수 영업 사례를 벤치마킹하여 자신의 영업 전략에 적용하세요. "저 친구가 이렇게 성공했어요. 우리도 시도해 봐요!"라고 말하면 서로의 발전에 이바지할 수 있습니다.

금리 절감 노하우 공유 : 고객의 금리를 절감할 수 있는 다양한 방법을 공유하세요. "이런 방법이 있어요, 고객님께 알려 드리면 좋을 것 같아요!" 이렇게 제안하면서 팀원들이 자연스럽게 정보를 공유하도록 유도하세요.

이러한 적극적인 정보 공유와 소통은 팀워크를 향상하고, 궁극적으로 영업 목표 달성에 큰 도움을 줍니다. 팀원들과의 신뢰를 쌓고, 함께 성장하는 경험을 통해 여러분 역시 최고의 RM이 되어보세요!

6. 나의 든든한 지원군: 인맥 관리, RM의 숨겨진 무기

RM의 숨겨진 무기 : 나의 든든한 지원군, 인맥 관리

RM에게 있어 인맥은 무엇과도 비교할 수 없는 소중한 자산입니다. 마치 전쟁터에서 함께 싸우는 동료 병사처럼, 든든한 지원군 역할을 합니다.

"인맥 지도를 만들어라!" 나의 영업을 돕는 이들의 체계적인 관리

핸드폰에 나의 영업을 도와주는 사람들의 리스트를 만들어 체계적으로 관리하세요. 공인중개사, 세무사, 공인회계사, 법무사, 신용보증기금 직원, 경영지도사, 컨설팅 업체, 보험 설계사, 은행 퇴직 선배, RM 동료, 다른 은행 직원, 거래처 대표이사와 직원, 체육 동호인, 가족 지인 등 다양한 분야의 사람들을 리스트에 담을수록 좋습니다. 이렇게 다양한 인맥은 필요할 때 적절한 솔루션을 제공하고, 영업에 시너지를 더하는 강력한 자산이 됩니다!

수시 소통, 관계를 돈독하게! "소통은 관계의 윤활유!"

리스트를 만드는 것에서 그치지 않고, 수시로 연락하고 소통하며 관계를 유지해야 합니다. 금융 정보 제공, 안부 인사, 축하 메시지 등을 통해 꾸준히 관심을 표현하고 유대감을 강화하세요. 마치 정원에 물을 주듯, 지속적인 노력만이 인맥이라는 자산을 더욱 풍성하게 가꿀 수 있습니다. 정기적인 안부 인사는 그 관계를 깊게 하는 작은 시작이 될 것입니다.

효율적인 정보 관리! "스마트폰을 활용하라!"

핸드폰에 정보를 저장하면 언제 어디서든 쉽게 접근하고 활용할 수 있습니다. 명함을 받으면 '제갈길 공인중개사 영업맨'과 같이 이름과 직업, 관계 등을 명확하게 기록하여 저장하세요. 나중에 '영업맨'으로 검색하면 관련 인맥을 한 번에 찾아 소통할 수 있습니다. 이렇게 체계적으로 관리하면, 인맥이 단순한 리스트에서 그치지 않고, 실제로 영업 성과로 이어집니다.

핵심 인맥, 공인중개사! "부동산 정보는 황금 정보!"

RM에게 있어 공인중개사는 매우 중요한 정보 제공자입니다. 부동산 거래 정보, 지역 정보, 기업 정보 등 다양한 정보를 얻을 수 있습니다. 과거 부천 기업 센터장 시절, 공인중개사를 만날 때 자신을 다음과 같이 소개하며 인맥을 쌓았습니다.

"안녕하세요, 저는 OO 은행 RM 제갈길입니다. 이 지역 기업 정보에 관심이 많습니다. 혹시 괜찮은 기업 매물이나 투자 정보가 있으면 알려주시면 감사하겠습니다. 저도 은행 관련 정보나 금융 상품에 대한 정보를 제공해 드리겠습니다."

이렇게 상호 이익을 추구하는 관계를 형성하면, 두 사람 모두에게 유익한 결과를 가져올 수 있습니다.

다양한 분야의 사람들과 관계를 맺고 꾸준히 소통하며 인맥을 넓혀 나가세요. 인맥은 RM에게 무한한 가능성을 열어주는 열쇠입니다. 각 인맥은 여러분의 전문성을 확장하고 영업력을 강화하는 소중한 자원이 됩니다. 인맥이 쌓일수록 여러분의 영업력도 강해지고, 고객의 신뢰도 쌓이게 됩니다.

이제 인맥이라는 가장 강력한 자산을 체계적으로 관리하고 활용하며 성공적인 RM의 길을 걸어가세요! RM의 미래는 여러분의 손에 달려 있습니다. 진정한 인맥왕이 되는 길은 고객과 동료를 넘어, 세상의 모든 관계에서 가치를 창출하는 데 있습니다.

PART 4

RM의 일상 및 성공 사례
▶ 현장의 마법

"전북 현대 최강희 감독의 '닥.공'? 그래, 난 '닥.방'이다!" '닥치고 방문' 전략의 시작이었습니다. 전쟁터에 나가는 용감한 장수의 마음, 이제는 더 이상 물러설 곳이 없다는 생각이 들었습니다.

제10장

RM, 생존을 위한 업무 꿀팁!

1. 디지털 전환! RM도 이제 스마트하게 일한다 : 필수 앱 목록 대 공개

"RM, 이제 스마트폰으로 무장해야 할 때!"

급변하는 금융 환경 속에서 RM들은 디지털 전환에 발맞춰 스마트하게 일해야 합니다. 스마트폰에 꼭 필요한 앱들을 설치하고 활용하면, 업무 효율성을 높이고 고객에게 더 나은 서비스를 제공할 수 있습니다. 더 이상 아날로그 시대의 종이와 펜만으로는 경쟁력을 갖추기 어렵습니다. 디지털 도구를 적극적으로 활용하여 업무의 질과 속도를 한 단계 끌어올려 보세요!

첫째, Mobile Fax 앱 : 업무 처리를 빠르게!
팩스 송수신! 언제 어디서든 팩스를 보내고 받을 수 있습니다. 더 이상 팩스 기기 앞에 묶여 있을 필요가 없죠!

둘째, CRETOP 앱 : 신용 평가 정보의 핵심
기업 정보 확인! 거래처의 신용 등급, 재무 상태, 사업 현황 등을 실시간으로 확인할 수 있습니다. 고객 이해의 깊이를 더하는 필수 도구입니다.

셋째, Remember 앱 : 명함 관리의 혁신
명함 정리! 고객의 명함을 스마트폰으로 촬영해 저장하고 관리할 수 있습니다. 더 이상 명함을 잃어버릴 걱정은 없습니다!

넷째, 캘린더 앱 : 체계적인 스케줄 관리
일정 관리! 고객 미팅, 회의 등 스케줄을 관리할 수 있습니다. 알림 기능을 활용해 중요한 일정을 놓치지 마세요!

다섯째, DART 전자공시 시스템 앱 : 투명한 기업 정보의 창
공시 정보 확인! 외감법인 등 기업의 공식 공시 정보를 확인할 수 있습니다. 고객 기업의 최신 동향을 파악하는 데 필수적입니다.

여섯째, 모바일 섭외 등록시스템 앱: RM의 통합 영업 비서!
실적 변동 확인! 전 일자 실적 변동 내용을 파악해 빠르게 대응할 수 있습니다.

연체 고객 관리 : 연체 고객 현황을 파악하고, 적절한 조처를 할 수 있습니다.
딜 관리 : 진행 중인 딜을 관리하고, 새로운 딜을 발굴할 수 있습니다.
기업 정보 검색 : 당행 거래 유무를 즉시 확인하고, 기업 정보를 검색할 수 있습니다.
영업 기회 검색 : 잠재적인 영업 기회를 발굴하고, 고객에게 맞는 금융 상품을 추천할 수 있습니다.
금융 시장 정보 : 금리, 환율 동향 등 금융 시장 정보를 확인할 수 있습니다.
제안서 작성 : 신규 제안서를 작성하고, 준비 서류를 관리할 수 있습니다.

이 앱 하나로 섭외부터 실적 관리, 고객 응대까지 RM의 모든 영업 활동을 통합 관리할 수 있습니다.

"스피드가 생명! 디지털로 무장하고 승리하라!"

빠르게 변화하는 시대에 스피드는 매우 중요합니다. 디지털 도구를 활용해 스피드를 높이고 경쟁에서 승리하세요!

디지털 전환은 RM에게 더 많은 가능성을 열어줍니다. 스마트폰 앱을 적극적으로 활용하여 업무 효율성을 습관화하고, 수집된 데이터를 분석해 고객 맞춤형 솔루션을 제공하며, 체계적인 스케줄 관리를 통해 최고의 RM이 되세요! 디지털 도구는 RM의 새로운 무기입니다. 이 강력한 도구를 활용해 업무의 질과 속도를 높이고, 고객에게 더 나은 서비스를 제공해 보세요. 디지털 전환의 물결에 올라타, 최고의 RM으로 성장하세요!

2. RM, 이제 스마트하게 일하자! : 효율적인 부서 운영 & 회의 관리

"시간은 금이다! 똑똑하게 일 해야지!"

RM은 촌각을 다투며 바쁘게 일하는 전사입니다. **번개처럼 빠르고 로켓처럼 신속하게 움직여야 하는 RM에게** 시간을 효율적으로 사용하고 업무 생산성을 높이는 것은 필수적입니다.

첫째, 모바일 캘린더 앱으로 일정 관리!

모든 일정을 한눈에! 고객 미팅, 회의, 개인 일정 등 모든 일정을 모바일 캘린더 앱에 등록하여 관리하세요. 한눈에 모든 계획을 확인할 수 있습니다.
언제 어디서든 확인 가능! 스마트폰 하나로 언제 어디서나 일정을 확인하고 수정할 수 있습니다. 바쁜 RM에게는 필수 아이템이죠!
기록은 필수! 캘린더 앱과 연동하여 매일 거래처 방문 기록과 섭외 거래처를 꼼꼼하게 기록하세요. 나중에 섭외 성과를 분석하고, 직원 평가 및 관리에도 큰 도움이 됩니다.

둘째, 회의 양식 통일!

협업 증진! 모든 직원이 동일한 회의 양식을 사용하면 정보 공유가 원활해지고 협업이 증진됩니다. 팀원 모두가 한 방향으로 나아갈 수 있게 하죠!
시간 절약! 딜 추진 계획서 등 부서 내 필요한 양식을 통일하면 자료 취합 및 분석 시간을 대폭 줄일 수 있습니다. 시간을 절약하는 가장 스마트한 방법입니다!

셋째, 종이 없는 회의!

　환경 보호와 효율성 증진을 위해 매주 화요일 아침 8시 35분에 진행하는 전 직원 주간 회의는 종이 없이 진행됩니다.

휴대폰 활용! 각자 딜 추진 계획서를 사진 찍어 카톡에 올리면, 회의 자료를 따로 준비할 필요가 없습니다. 스마트폰이 회의의 동반자가 됩니다!
컴퓨터 화면 공유! 컴퓨터 화면에 있는 보고 내용을 사진 찍어 공유하면, 프린터를 사용할 필요가 없습니다. 디지털 시대에 걸맞은 회의 방식이죠!

넷째, 실시간 소통!

카톡 활용! 센터장, 지점장, RM 등 모든 직원이 외부 섭외 일정을 카톡에 남겨 실시간으로 공유합니다. 마치 실시간 방송처럼, 정보가 즉시 전달됩니다!
효율적인 업무 지원! 외부 손님 방문 시에도 담당 직원의 위치를 쉽게 파악하여 신속하게 고객 응대를 할 수 있습니다. 고객 만족도가 쑥쑥 올라가는 순간이죠!

효율적인 부서 운영과 회의 관리는 RM의 중요한 역할 중 하나입니다. 디지털 도구를 활용하여 스마트하게 일하고, 팀워크를 향상해 최고의 성과를 달성하세요! 이제 RM은 디지털 시대의 단순한 사용자를 넘어, 주도적으로 업무 환경을 혁신하는 주인공이 되어야 합니다.

3. 신보, 기보 팀장님들과 친해지기? 어렵지 않아요! : RM의 특급 친화력

신보, 기보? RM에게 든든한 지원군을 만들다! : RM의 특급 친화력

신용보증기금(신보)과 기술보증기금(기보)은 기업의 담보 부족 문제를 해결해 주는 매우 중요한 기관들입니다. 마치 어려움에 부닥친 기업을 돕는 슈퍼 히어로 같죠! RM들은 신보, 기보 팀장들과 긴밀하게 협력하여 고객에게 더 나은 금융 서비스를 제공할 수 있습니다.

"전화 한 통이면 OK!"

신보, 기보 팀장들과 친해지는 건 생각보다 간단합니다. 단, 전화 한 통이면 충분하죠!
인터넷 검색! 네이버에서 신용보증기금이나 기술보증기금 지점을 검색합니다. 요즘은 구글보다 네이버가 더 친근하죠?
전화 연결! 해당 지점의 대표번호로 전화하여 담당 팀장에게 연결해 달라고 요청합니다.
인사와 소개! 안녕하세요, OO 은행의 제갈길 RM입니다. 업체 소개를 위해 연락드렸습니다." 진정성 있고 예의 바른 태도로 인사하는 것이 중요합니다. 팀장님도 기분 좋게 받아줄 거예요!
자료 전달! 팀장님께 팩스 번호를 확인하고, 필요한 자료를 팩스나 스캐너로 보냅니다. 신뢰를 쌓는 첫걸음이죠!

"직접 방문하면 더 좋겠지?"

가능하다면 직접 방문하여 인사를 나누는 것이 좋습니다. 악수하면서 밝은 표정으로 정중하게 인사하고, 명함을 건네는 거죠. 첫인상이 매우 중요하니까요! 또, 방문할 때 당행 거래처 중 신보, 기보의 보증을 아직 이용하지 않는 기업을 소개해 주는 것은 서로에게 좋은 기회를 제공하는 전략적인 방법입니다.

관계 구축을 위한 진심과 노력

신보, 기보 팀장들과 친해지기 위해서는 다양한 노력을 기울여야 합니다. 작은 성의를 표하는 선물이나 함께하는 식사는 좋은 관계를 맺는 데 큰 도움이 됩니다. "어떤 메뉴가 좋으신가요?"라는 질문으로 친근함을 더해보세요!
신보, 기보 팀장들과의 협력은 RM에게 큰 도움이 됩니다. 적극적으로 관계를 맺고, 윈윈(win-win)하는 전략을 세우세요! 관계를 맺는 것도 능력입니다.

　RM 여러분, 신보와 기보 팀장님들과의 특별한 친분을 쌓아보세요! 이러한 관계는 단순한 업무 협력을 넘어, 고객에게 더 폭넓고 안정적인 금융 솔루션을 제공하는 강력한 무기가 될 것입니다. 친화력으로 맺어진 든든한 네트워크가 여러분의 성공적인 RM 생활을 지지할 것입니다!

추가로 신보, 기보 팀장들과의 관계를 더욱 발전시키기 위한 팁을 드릴게요.

정기적인 소통! 간단한 안부 인사나 업무 관련 질문 등을 통해 꾸준히 연락을 유지하세요.
업무 협력! 팀장님의 도움을 받아 고객에게 더 나은 금융 서비스를 제공할 방법을 함께 모색하세요.
감사 인사! 팀장님의 도움에 감사하는 마음을 진심으로 전달하세요.
업계 정보 공유! 금융 관련 최신 정보나 시장 동향을 공유하며 서로에게 도움이 되는 관계를 형성하세요.

　신보, 기보 팀장님들과의 돈독한 관계를 통해, 고객에게 더욱 만족스러운 금융 서비스를 제공할 수 있을 것입니다.

제11장

RM의 삶,
즐거움도 놓치지 말자!

1. 탁구왕 RM, 피땀 눈물 어린 훈련 끝에 영광을 잡다!

"내 스트레스는 탁구장에서 날려 버린다!"

　마산지점에서 근무하던 시절, 저는 은행 노조위원장 배 탁구 대회에 참가하기 위해 불꽃 탁구 연습에 돌입했습니다. 지역 예선을 통과해 서울 본선까지 진출하면 탁구 실력을 인정받을 수 있었기 때문이죠. 저녁 업무를 마친 후, 탁구대에 달려가 직원들과 땀을 흘리며 탁구 게임을 즐겼습니다. 하지만 매번 예선 탈락의 고배를 마셔야 했습니다. 그때마다 마치 가슴이 찢어지는 듯한 좌절감과 함께 "내가 왜 이렇게 못할까?"라는 자책이 마음속을 맴돌았습니다.

"이대로는 안 되겠어! 탁구 고수가 되고 말겠다!"

그러던 어느 날, 거래처 부장님과 면담 중 우연히 탁구 이야기가 나왔습니다. "혹시 탁구 좋아하세요?" "네, 탁구 좀 칩니다." "그럼 제가 아는 탁구 클럽이 있는데, 한번 가보실래요?" 부장님의 권유로 탁구 클럽에 가입하게 된 저는 본격적으로 탁구 레슨을 받기 시작했습니다. 처음 클럽에 갔을 때의 긴장감은 아직도 생생합니다. 다양한 연령대의 선수들이 각기 다른 스타일로 경기를 펼치는 모습에 압도되었죠.

"자, 이렇게 라켓을 잡고…. 스매시! 드라이브! 커트!"

탁구 코치님의 지도로 저는 혹독한 훈련을 받았습니다. 기본자세부터 다시 배우고, 스매시, 드라이브, 커트 등 다양한 기술을 연마했습니다. 손목에 힘이 풀리고, 다리에 쥐가 날 때까지 탁구 연습에 매진했습니다. 처음에는 공이 제대로 맞지 않아 좌절하기도 했지만, 어느새 라켓에 공이 '착'하고 감기는 감각을 느끼며, 제 안의 희망이 조금씩 커졌습니다.

"헉…. 헉…. 힘들지만…. 포기하지 않겠어!"

때때로 너무 힘들어서 탁구채를 던져 버리고 싶을 때도 있었습니다. 하지만 저는 포기하지 않았습니다. 탁구하는 순간만큼은 모든 스트레스를 잊고, 오로지 탁구에만 집중했습니다. 그 과정에서 눈에 띄는 변화가 있었습니다. 체력이 향상되고, 스트레스는 줄어들었으며,

무엇보다도 자신감이 생겼습니다. 그리고 마침내….

"창원시장배 탁구 대회, 입상!"

6개월간의 피땀 어린 훈련 끝에 저의 탁구 실력은 일취월장했습니다. 창원시장배 탁구 대회에 참가하여 입상까지 하는 쾌거를 이루었죠! 그 순간, 제가 힘들게 쌓은 모든 노력이 보상받는 기분이었습니다. 2009년 서울로 발령받은 후에도 탁구에 대한 열정은 식지 않았습니다. 서울시장배 오픈 탁구 대회 단체전 우승, 매일경제 전국 직장인 탁구 대회 단체전 우승, 고용노동부 장관기 전국 직장인 탁구탁구 대회우승까지! 탁구 실력으로 은행의 이름을 드높였습니다.

"탁구는 나의 스트레스 해소제이자 건강 지킴이!"

탁구는 저에게 단순한 취미 그 이상의 의미를 갖습니다. 힘든 업무 속에서 스트레스를 해소하고, 체력을 단련하며 건강을 지키는 최고의 루틴입니다. 탁구를 통해 얻은 에너지는 제가 RM으로서 성공하는 데 큰 힘이 되었습니다. 물론, 이 과정에서 만난 동료들과의 유대감도 무시할 수 없습니다. 함께 훈련하고, 대회에 나가서 승리의 기쁨을 나누며 우리는 더욱 가까워졌습니다.

탁구는 단순한 게임이 아닙니다. 그것은 삶의 많은 것들을 배울 수 있는 훌륭한 교실이었습니다. 빠른 판단력, 반사신경, 인내심, 그리고 팀워크까지! 탁구를 통해 저는 많은 것을 배우고 스스로 성장할 수 있었습니다. 이제는 탁구가 저의 일상에서 뗄 수 없는 듯한 부분이 되어버렸습니다.

탁구는 스트레스 해소와 건강 관리에 도움이 되는 최고의 운동입니다. 여러분도 탁구를 시작해 보세요! 처음에는 서툴고 힘들 수 있지만, 꾸준한 노력은 분명 즐거움과 성취감이라는 멋진 보상으로 돌아올 것입니다. 여러분의 스트레스를 날려 버리고, 건강과 자신감을 모두 챙길 수 있는 최고의 경험이 될 것입니다!

2. 골프채 휘두르다 골병들 뻔한 사연 : 닭장 탈출기!

"어이, 제갈길 행원! 자네 골프 좀 쳐봤나?"

　울산지점에서 행원으로 근무하던 시절, 고참 행원 선배님이 골프 연습장에 가는 길에 저를 불렀습니다. "골프? 그게 뭔데요?" 난생처음 가본 골프 연습장은 마치 거대한 닭장 같았습니다. 빼곡히 들어선 칸막이 안에서 사람들이 쉴 새 없이 골프채를 휘두르고 있었죠. 선배님은 웃으며 말했습니다. "저건 닭이 아니라 사람이고, 저렇게 치는 게 골프라는 운동이야. 자네, 기업 업무를 하려면 골프는 필수야. 미리 배워두면 나중에 영업할 때 도움이 될 거야."

선배님의 말씀에 혹한 저는 집으로 달려가 아내에게 골프를 배우겠다고 선언했습니다. "여보, 나 골프 배우고 싶어!" 마침 신문에 랭스피드 풀세트 999,000원 광고가 있었고, 아내는 묻지도 따지지도 않고 골프채를 주문했습니다. 그 순간, 제 인생의 새로운 챕터가 시작되었습니다.

"자, 이제부터 닭장 탈출 훈련이다!"

새벽 5시 반, 아직 해도 뜨지 않은 시간에 골프 연습장으로 향했습니다. 닭장 안에서 3개월 동안 땀방울을 흘리며 연습에 매진했죠. 손에 물집이 잡히고, 허리는 끊어질 듯 아팠지만, 저는 포기하지 않았습니다. "내가 바로 닭장에서 탈출하는 첫 번째 닭이 될 것이다!" 매일 아침, 제 마음속에 타오르는 불꽃은 더욱 강렬해졌습니다.

그렇게 연습이 거듭될수록, 저의 골프 기술도 조금씩 발전하기 시작했습니다. 처음에는 공이 제대로 맞지 않아 좌절하기도 했지만, 어느 순간 드라이버 샤프트에 공이 '착' 감기는 듯한 짜릿한 타구감이 전해져 오기 시작했습니다. 그 순간, 제 안에 뜨거운 자신감이 불타올랐습니다. "오늘은 반드시 나의 실력을 보여주겠다!"라는 다짐과 함께 연습에 임했습니다.

"악! 팔이야, 허리야!"

드디어 선배님과 함께 필드에 나가는 날, 저는 긴장감에 몸이 떨렸습니다. 하지만 잔뜩 힘이 들어간 탓인지, 첫 티샷은 엉뚱한 방향으로 날아갔습니다. "앗! 공이 어디로 간 거야?" 18홀을 도는 동안 온몸이 쑤시고 아팠습니다. "아이고, 내 허리야…. 아이고, 내 팔이야…." 그런데도, 처음 치는 필드에서 100타 이내로 마감했다는 사실이 저를 더 열정적으로 만들었습니다. "이제 시작이야! 더 열심히 해야 해!"

10년, 80대 타수의 벽을 넘어서다

그 후로도 꾸준히 골프를 즐겼지만, 80대 중후반의 벽을 넘지 못했습니다. 79타를 칠 기회는 여러 번 있었지만, 마지막 18번 홀에서 꼭 무너지고 말았죠. "싱글은 하늘의 별 따기인가…." 그저 타수에 대한 갈망이 커져만 갔습니다. 매번 아쉬운 마음으로 집으로 돌아오며, "왜 나는 이렇게 못 치지?" 스스로에게 질문을 던졌습니다.

'싱글'을 위한 특별한 비법? 돼지머리 사진의 기적

서울 독산동에서 근무할 때, 싱글을 치는 거래처 회장님께 싱글 비결을 여쭤봤습니다. 회장님은 뜻밖의 답변을 내놓았습니다. "18번 홀에서 돼지머리 사진을 꺼내놓고 빌어봐!" 저는 그 말에 웃음을 참지 못했습니다. "설마…. 효과가 있을까?" 반신반의하며 돼지머리 사진을 준비했습니다. 그리고 기회가 왔을 때, 18번 홀에서 그 사진을 꺼내놓고 간절히 빌었습니다. 놀랍게도 그날 처음으로 싱글을 기록했습니다! "이럴 수가! 진짜 효과가 있었어!"

"골프는 연습뿐! 영업도 마찬가지!"

싱글의 기쁨도 잠시, 저는 언더파라는 새로운 목표를 세웠습니다. 하지만 언더파는 쉽지 않았습니다. "골프는 연습뿐이야! 하루 연습을 쉬면 내가 알고, 이틀 쉬면 캐디가 알고, 삼 일 쉬면 갤러리가 안다고!" 골프 고수의 조언을 따라 퍼터가 안 되면 퍼터를 안고 자고, 드라이버가 안 되면 드라이버를 안고 잤습니다.

"드디어 언더파 달성!"

끊임없는 노력 끝에 저는 최저타 -1언더를 기록했고, 필드 싱글 확률 70~80%, 홀인원 1회, 재경 동문 스크린골프대회 8언더파 우승 등 실력을 갖추게 되었습니다. 지역본부 부서장 골프대회에서도 여러 번 우승을 차지했죠. 지금도 고객과의 약속이 없는 날에는 퇴근 후 실내연습장으로 향합니다. "이제는 골프가 내 삶의 일부가 되었어!"

"골프는 인생과 같다!"

골프는 인생의 축소판과 같습니다. 끊임없는 노력과 연습만이 성공의 길을 열어줍니다. 이러한 끈기와 인내는 RM으로서의 직장 생활에도 고스란히 적용됩니다. 발품을 팔고, 진심을 담은 제안을 많이 하고, 사람들과 소통하는 자만이 진정한 비즈니스 승자가 될 수 있습니다. 매일매일의 작은 성공들이 쌓여 큰 성과로 이어지기 마련입니다.

골프는 단순한 스포츠가 아닙니다. 그것은 인생의 교훈을 담고 있습니다. 때로는 실패하고, 때로는 성공하며, 그 과정에서 우리는 성장합니다. 골프를 통해 배운 것은 단순히 타수를 줄이는 것이 아니라, 어떤 목표를 향해 나아가는 과정 자체가 소중하다는 것입니다. 골프는 실력 향상뿐만 아니라 스트레스 해소, 인맥 형성, 건강 관리에도 도움이 됩니다. 그리고 무엇보다, 골프장은 새로운 인연을 맺을 수 있는 특별한 공간이기도 합니다. 여러분도 골프의 매력에 빠져보세요! 새로운 도전을 통해 삶의 균형을 찾고, 인생을 더욱 풍요롭게 만들어 보세요!

3. "닥.공? 그럼 난 닥.방이다!": 최강희 감독님, 감사합니다!

"서울? 그곳은 나에게 미지의 세계….";

2009년, 저는 창원에서 서울 독산동금융센터로 승진 발령을 받았습니다. 하지만 기쁨도 잠시, 곧 걱정이 밀려왔습니다. "학연, 지연, 인맥도 없는 서울에서 내가 잘할 수 있을까?" 낯선 땅에 홀로 떨어진 로빈슨 크루소처럼 정말 힘든 나날이었습니다. 서울의 번잡한 거리와 높은 빌딩들 속에서, 작은 점처럼 느껴지는 저 자신이 한없이 초라하게만 느껴졌습니다.

"좌절의 연속…. 이대로 무너질 순 없다!"

서울에서 영업은 쉽지 않았습니다. "우리는 거래하는 은행이 따로 있어요! 바빠요, 다음에 오세요!" 문전박대는 기본이었습니다. 자금 담당 이사를 안 거치고 사장을 바로 만났다고 욕설까지 듣는 날도 있었습니다. 수많은 좌절을 겪으며 저는 점점 지쳐갔습니다. "이렇게 계속되면 안 돼! 포기하지 말아야 해!"라는 결심을 다지며, 반드시 다시 일어설 힘을 찾아야만 했습니다.

"닥.공? 그래! 난 닥.방이다!"

어느 날, 신문에서 전북 현대 최강희 감독님의 '닥.공(닥치고 공격)' 전술에 관한 기사를 읽게 되었습니다. 그 기사를 읽고 저는 큰 영감을 받았습니다. "닥.공? 그래! 난 '닥.방'이다!" 최강희 감독님의 '닥공'에서 영감을 받아 '닥.방(닥치고 방문)' 전략을 펼치기로 했습니다. 전쟁터에 나가는 용감한 장수의 마음을 먹었습니다. 이제는 더 이상 물러설 곳이 없다는 생각이 들었습니다.

"닥치고 방문! 그리고 또 방문!"

저는 거래처를 닥치는 대로 방문하기 시작했습니다. 마치 마라토너처럼 말이죠! 물론 쉽지는 않았습니다. 수많은 거절과 냉대 속에서도 저는 포기하지 않았습니다. "안 되면 될 때까지!"라는 신념으로 끊임없이 방문했습니다. 매일 아침 새로운 각오로 출근하며, "오늘은 꼭 성과를 내야 해!"라는 다짐을 하곤 했습니다.

가끔은 힘든 날도 있었지만, 그럴수록 더 많은 거래처를 방문하기로 마음먹었습니다. 그렇게 꾸준히 발로 뛰며 만난 수많은 사람들의 이야기는 저를 성장시켰고, 작은 성과들이 쌓일 때마다 "이제 조금씩 나아지고 있어!"라는 희망을 품게 했습니다.

"마침내 성공! 나도 이제 영업왕!"

결국 저의 '닥.방' 전략은 성공했습니다. 많은 거래처를 확보하고, 뛰어난 실적을 달성하며 영업왕으로 인정받았습니다. 마치 올림픽 영웅처럼 말이죠! 그 순간, 제가 겪었던 모든 좌절과 노력이 한꺼번에 보상받는 기분이었습니다. "드디어 해냈다!"라는 쾌감이 밀려왔습니다.

이 경험은 저에게 많은 것을 가르쳐주었습니다. **끈질긴 도전과 인내가 결국 성공으로 이어진다는 사실을 깨달았습니다.** 영업은 인내심과 불굴의 의지를 요구하는 힘든 과정이지만, 포기하지 않고 끊임없이 노력한다면 언젠가 반드시 성공의 빛을 볼 수 있을 것입니다. 최강희 감독님의 '닥.공' 정신에서 영감을 받은 저의 '닥.방'처럼, 여러분도 자신만의 열정과 끈기로 멋진 성과를 이루시길 바랍니다!

4. "열정? 그건 바로 성공으로 가는 급행열차!"

"열정! 그거 없이는 아무것도 할 수 없어!"

저는 직원들에게 항상 "열정을 가지자!"라고 강조합니다. 마치 불꽃처럼 타오르는 열정은 무슨 일이든 해낼 힘을 줍니다. 때로는 개개인의 역량 발휘가 중요하게 여겨지기도 하지만, 저는 팀워크와 조직에 대한 열정을 가진 사람만이 진정한 성공을 이룰 수 있다고 믿습니다. 함께 나아가는 힘이 바로 우리 조직의 원동력입니다!

"나의 꿈을 향해! 열정 풀파워!"

저도 멋진 리더가 되고 싶습니다. 하지만 그러기 위해서는 현재 위치에서 최선을 다해야 합니다. 마치 험난한 산을 오르는 등반가처럼, 열정을 가지고 끊임없이 노력하는 사람만이 꿈을 이룰 수 있습니다. 매일매일 작은 목표를 세우고, 그것을 이루기 위해 열심히 뛰어야 합니다. "오늘은 어제보다 한 걸음 더 나아가자!"라는 다짐으로 하루를 시작합니다.

"PASSION! 열정적인 RM, 제갈길!"

저는 항상 모든 일에 뜨거운 열정과 책임감을 가지고 임합니다. 맡은 일에 최선을 다하고 최고의 성과를 이루어내는 진정한 RM입니다. 고객과의 약속을 지키고, 그들의 기대를 뛰어넘는 서비스를 제공하기 위해 항상 노력합니다. "고객의 성장은 곧 나의 성장!"이라는 신념을 갖고 있기에, 저는 00 은행을 대표하는 열정적인 RM이라고 자신 있게 말할 수 있습니다.

"영업은 현장이다!"

"영업은 정도가 없다! 현장에 답이 있다!"라는 강한 신념으로, 저는 항상 현장을 누빕니다. "눈이 오나! 바람이 부나! 비가 오나!" 저는 RM 헌장을 되새기며 현장으로 달려갑니다. 이러한 열정만이 최고의 RM이 되는 지름길입니다. 고객의 목소리를 직접 듣고, 그들의 요구에 즉각적으로 반응함으로써, 신뢰를 쌓아가는 것이 중요합니다.

"최고의 RM이 되기 위한 3가지 조건!"

고객 중심의 업무 처리! 고객이 왕이라는 생각으로, 고객 만족을 최우선으로 생각합니다. 그들의 의견에 귀 기울이고, 최상의 해결책을 제공하기 위해 항상 노력합니다.
강한 주인 의식! 내 회사처럼, 아니면 내 가게처럼, 00은행을 위해 헌신합니다. 고객의 성공이 곧 저의 성공이라는 마음가짐으로 일에 임합니다.
끊임없는 변화와 혁신! 끊임없이 성장하는 나무처럼, 새로운 아이디어와 방법을 모색하며 발전해 나갑니다.

저는 이 3가지 조건을 항상 마음속에 새기고, 최고의 RM이 되기 위해 노력합니다. 매일매일 저 자신을 돌아보며, 어떻게 하면 더 나은 내가 될 수 있을지 고민합니다. 이 세 가지 핵심 가치야말로 여러분을 진정한 최고의 RM으로 이끌어 줄 것입니다.

열정은 성공을 위한 가장 강력한 무기입니다. 열정을 가지고 끊임없이 노력하면, 여러분도 꿈을 이룰 수 있습니다. 그러니, 여러분의 내면에 있는 열정을 깨워보세요! 함께 성공의 급행열차를 타고 달려가 봅시다!

5. 은행? 그건 바로 인생의 길잡이지!

"인생이라는 험난한 바다를 항해하는 우리에게 필요한 것은?"

바로 나침반과 지도입니다! 인생이라는 험난한 바다를 항해하는 우리에게 은행은 필요할 때 길을 알려주는 이정표 역할을 해야 합니다.

"은행? 그냥 돈 맡기고 빌리는 곳 아니야?"

물론 은행은 돈을 맡기고 빌리는 곳입니다. 하지만 단순히 돈만 넣고 빼는 곳이라고 생각하면 오산입니다! 은행은 돈을 넘어 꿈을 키우고, 미래를 설계하는 곳입니다. 여러분의 꿈을 현실로 바꿔줄 수 있는 마법의 공간이죠!

"어려움에 부닥쳤을 때, 손 내밀어 주는 은행!"

갑자기 돈이 필요하게 되었을 때, 사업 자금이 부족할 때, 혹은 미래를 준비하기 위해 투자를 하고 싶을 때, 은행은 든든한 지원군이 되어줍니다. 마치 어려움에 부닥친 사람을 돕는 슈퍼히어로처럼, 따뜻한 손길을 내미는 천사처럼 말이죠! 그 순간, 은행은 여러분의 인생에서 가장 믿음직한 친구이자 해결사가 되어줍니다.

"길을 잃었을 때, 방향을 알려주는 은행!"

인생의 갈림길에 서서 어떤 길을 선택해야 할지 고민될 때, 은행은 나침반과 지도가 되어 올바른 방향을 제시해 줍니다. 전문가 RM들이 고객의 이야기에 귀 기울이고, 상황에 맞는 최적의 솔루션을 제공합니다. "이 길이 맞는지 모르겠어요!" 고민을 하는 순간, 은행이 곁에 있어 여러분을 인도해 줄 것입니다.

"무지개처럼 다양한 금융 상품!"

은행은 예금, 적금, 대출, 펀드, 외환 등 다양한 금융 상품을 제공합니다. 마치 무지개처럼 다채로운 상품들은 고객의 니즈에 맞춰 맞춤형 솔루션을 제공합니다. 더 이상 "내가 필요한 것은 무엇일까?" 고민할 필요 없습니다. 여러분의 꿈과 상황에 맞는 최적의 금융 상품이 언제든 준비되어 있습니다.

"전문가 RM, 당신의 금융 파트너!"

은행에는 전문가 RM들이 있습니다. 그들은 단순히 숫자와 데이터로만 고객을 대하는 것이 아닙니다. 진심으로 고객의 이야기에 귀 기울이고, 고객의 상황과 목표에 맞는 최적의 금융 상품을 제안합니다. "당신의 이야기를 들려주세요!"라는 말로 시작하는 그들의 진심은, 고객과의 신뢰를 쌓는 첫걸음이 됩니다. RM은 단순한 조언자가 아닌, 고객의 금융 여정을 함께하는 진정한 파트너입니다.

"은행과 함께, 희망찬 미래를 향해!"

은행은 단순한 금융 기관이 아닙니다. 고객의 꿈을 응원하고, 미래를 함께 만들어 가는 동반자입니다. "당신의 꿈이 우리의 꿈입니다!" 이 마음 하나로 은행은 여러분의 성공을 위해 최선을 다합니다. 은행과 함께 희망찬 미래를 향해 나아가세요! 전문가 RM으로서 우리는 고객들의 인생 항해에서 가장 든든한 길잡이가 될 것입니다. 금융의 바다에서 길을 잃지 않도록, 항상 곁에서 함께하며 고객의 꿈을 현실로 만들어 나갑시다!

6. 난(蘭), 그것은 축하와 감사의 마법 : 68개 난(蘭) 선물의 비밀

"승진하면 뭐다? 바로 난(蘭)이지!"

인사이동, 특히 승진하게 되면 축하 난(蘭)을 주고받는 것이 관례입니다. 저는 부지점장 생활 8년 6개월 만에 드디어 승진하여 마산 창동지점으로 발령받았습니다. 그동안 저를 도와주신 고객분들께 감사 인사를 전했고, 곧 지점은 난(蘭)의 바다가 되었습니다. 마치 저의 지난 노력을 보상하는 듯, 난(蘭)이 들어오는 순간 제 마음도 꽃처럼 활짝 피어났습니다!

"난(蘭) 68개! 지점이 난(蘭) 화원이 되었네?"

무려 68개의 난(蘭)이 쏟아져 들어왔습니다! 지점 직원들은 깜짝 놀랐고, "대체 어떤 분이 오시길래 이렇게 난(蘭)이 많이 오는 거죠?"라며 웅성거렸습니다. 지점장실은 물론이고 영업장까지 난(蘭)으로 가득 찼습니다. 마치 화려한 꽃집으로 변모한 듯한 풍경에 고객들도 놀라워하며, "이곳은 정말 난(蘭) 화원 같아요!"라는 말이 절로 나왔죠.

"난(蘭) 때문에 힘들어하는 사람? 바로 청소 여사님!"

난(蘭)이 너무 많다 보니, 물도 줘야 하고 햇볕도 쬐어줘야 하고, 시든 잎도 정리해야 하는 등 관리가 쉽지 않았습니다. 특히 지점 청소를 담당하는 여사님은 난(蘭) 때문에 힘들어했습니다. "아이고, 난(蘭)이 너무 많아서 힘들어 죽겠네!"라고 투덜거리셨죠. 하지만 그 모습이 정겹게 느껴져서, "여사님, 제가 도와드릴게요!"라며 함께 난(蘭)을 돌보는 시간이 되었습니다.

"난(蘭) 재활용? 고객과의 친밀도 UP! UP!"

저는 난(蘭)을 은행에 오시는 고객분들과 직원들에게 나눠주고, RM들이 거래처에 인사 갈 때 리본을 교체하여 재활용했습니다. "와! RM님이 난(蘭)을 선물해 주시네요! 감사합니다!" 거래처에서도 난(蘭)을 받고 좋아했습니다. 덕분에 고객과의 친밀도가 더욱 높아졌습니다. 난(蘭) 하나가 고객의 마음을 사로잡는 마법 같은 순간이었습니다.

"난(蘭)은 단순한 선물이 아닙니다!"

난(蘭)은 단순한 선물을 넘어, 축하와 감사의 마음을 전하고 관계를 돈독하게 만들어 주는 마법의 매개체입니다. 저는 난(蘭)을 통해 고객과의 소중한 관계를 더욱 발전시킬 수 있었고, 그 과정에서 느끼는 기쁨은 이루 말할 수 없었습니다. RM 여러분, 난(蘭)을 현명하게 활용하여 고객과의 관계를 더욱 발전시켜 보세요! 작은 **난(蘭) 하나**

가 당신의 손을 통해 사랑과 감사의 메시지를 전달하며, 고객의 마음에 큰 변화를 만들어낼 수 있다는 것을 잊지 마세요!

제12장

닥 방의 RM,
제갈길! 영업 우수 사례 모음!

1. 닥치고 정보 공유! 80억 퇴직연금 유치 대작전

떡잎부터 알아본 VIP 고객!

 새로운 지점에 부임한 '제갈길' 센터장은 눈에 불을 켜고 고객 리스트를 뒤졌다. 그중에서도 단연 돋보이는 기업이 있었으니, 바로 낚시 릴을 수출하는 재무구조 초우량 기업 'A사'! 당행의 수신, 외환 거래처이면서도 퇴직연금은 가입하지 않은 상태였다. RM으로서 놓칠 수 없는 절호의 기회였다! 나는 담당 김OO RM과 함께 곧바로 회사로 달려갔다.

회장님, 사모님과의 특급 작전! 잭 니클라우스 정복기!

　회장님과 사모님께 부임 인사를 드리던 중, 나는 회장님의 취미가 골프라는 사실을 알게 되었다. 게다가 국내 최고의 골프장 잭 니클라우스 회원권까지 가지고 있다니! 이 기회를 놓칠 수는 없었다. 나는 넌지시 "잭 니클라우스에서 꼭 한번 공을 쳐보고 싶습니다!"라며 회장님께 은근한 부탁을 드렸다.

　며칠 뒤, 드디어 잭 니클라우스에서 회장님, 사모님, 김OO RM과 함께 라운딩하게 되었다! 푸른 잔디밭을 누비며 즐겁게 지내던 중, 나는 자연스럽게 퇴직연금 이야기를 꺼냈다. 하지만 회장님은 "직원들이 관심이 없다"며 시큰둥한 반응을 보이셨다. "쉽지 않겠군…." 잠시 실망했지만, 나는 포기하지 않고 다른 접근법을 고민하기 시작했다.

닥치고 정보 공유! 사모님의 SOS를 놓치지 마라!

　어느 날, 창구 담당 배OO 차장으로부터 뜻밖의 소식을 듣게 되었다. 사모님이 창구에 오셔서 퇴직연금 자료를 요청했다는 것이다! '드디어 기회가 왔다!' 싶었던 나는 즉시 김OO RM에게 회사 방문을 지시했다. 알고 보니, 경쟁사인 OO생명에서 먼저 접근하여 퇴직연금 가입을 권유했던 것이다.

　나는 곧바로 '고객 조직화 작전'에 돌입했다. 마침, 제철을 맞아 품질 좋은 진영 단감 한 박스를 사모님께 배송하며 카톡 메시지를 보냈다. "사모님, 퇴직연금은 우리 은행에서! 세금 절세 효과도 놓치지 마세요!" 회장님께도 똑같은 메시지를 보내며 적극적으로 어필했다.

끈질긴 설득과 감동 서비스! 챔프 RM의 탄생!

김OO RM은 퇴직연금 PPT 자료를 활용하여 퇴직연금 도입 시 예상되는 법인세 절세 금액을 산출하여 사모님께 전달했다. 또한, 회사의 낚시 대회에 참석하여 직원들과 스킨십을 쌓는 등 진심으로 고객에게 다가가기 위해 노력했다. 심지어 낚시 대회에 가던 중 교통사고가 날 뻔한 아찔한 순간도 있었다! 이처럼 진정성 있는 노력과 끈기 덕분에, 드디어 12월 27일! 'A사'의 퇴직연금 80억을 유치하는 데 성공했다! 퇴직연금 서류 자서를 받으러 회장님을 찾아뵙자, 회장님은 뜻밖의 말씀을 하셨다. "제 센터장은 정말 운이 좋은 사람이야! 센터장한테 가입하려고 지금까지 기다린 것 같애!"

나는 감격의 눈물을 흘릴 뻔했다. 그리고 회장님의 특별 요청으로 창구 담당 배OO 차장은 S등급의 인사 고과를 누리게 되었고, 김OO RM은 그해 은행 최고의 상인 '챔프 RM'을 수상하며 지점장으로 승진했다!

닥치고 정보 공유, 그리고 고객 감동!

이 모든 것은 '닥치고 정보 공유'라는 적극적인 자세와 고객의 마음을 움직인 '감동 서비스'가 결합한 끈질긴 노력 덕분이었다. 우리는 이 성공 사례를 통해 고객과의 소통과 정보 공유의 중요성을 다시 한번 깨달았다. 앞으로도 고객 감동을 최우선으로 생각하며 최고의 금융 서비스를 제공하기 위해 끊임없이 노력할 것이다!

2. 꿀잠 베개로 맺어진 따뜻한 동행

잠 못 이루는 밤, 제갈길 RM의 고민!

"아, 도대체 어떻게 하면 좋지?"

제갈길 RM은 깊은 고민에 빠져 밤잠을 설쳤다. 그의 머릿속을 가득 채운 것은 바로 'B사'였다. 미국 ○○ 그룹이 100% 투자한 외투기업으로, 국내에선 '○○ 침대'라는 유명 브랜드를 판매하는 알짜 기업이었다.

하지만 'B사'는 설립 이후 수신 거래 외에는 다른 거래가 전혀 없었다. 제갈길 RM은 부임 이후 줄곧 'B사'의 마음을 사로잡기 위해 노력했지만, 까다로운 외국계 기업 특성상 좀처럼 새로운 거래를 트기가 어려웠다.

베개 속에 숨겨진 기회!

"혹시… 베개도 판매하시나요?"

제갈길 RM은 'B사' 사장님과의 면담 중 우연히 침대와 함께 베개도 판매한다는 사실을 알게 되었다. 순간 그의 머릿속에 번뜩이는 아이디어가 떠올랐다. "바로 이거다!"

제갈길 RM은 3년 전 지인 소개로 알게 된 베개 제조업체 ○○기업㈜를 떠올렸다. ○○기업㈜는 자체 생산 시설을 갖춰 가격 경쟁력이 뛰어났지만, 대부분 소규모 기업에 판매하다 보니 자금 회수에 어려움을 겪고 있었다. 그 순간, "B사의 높은 품질 요구와 ○○기업㈜의 생산 능력을 연결하면 어떨까?" 하는 기발한 아이디어가 떠올랐다. "'B사'는 좋은 품질의 베개를 저렴하게 공급받고, ○○기업㈜는 안정적인 판로를 확보하면… 서로 윈윈할 수 있겠어!"

두 기업의 운명적인 만남!

제갈길 RM은 'B사' 사장님과 ○○기업㈜ 사장님의 만남을 주선했다. 품질 좋고 저렴한 베개에 매료된 'B사'는 곧바로 5,000개의 베개를 주문했고, 이후 10,000개를 추가 주문하며 ○○기업㈜를 외주 업체로 지정했다. 덕분에 'B사'는 베개 마진율이 20% 이상 증가하며 매출과 수익성이 크게 향상되었고, ○○기업㈜는 안정적인 대기업 매출처를 확보하여 오랜 자금난을 해소하고 당행과 여·수신 거래를 시작하게 되었다.

따뜻한 금융, 세상을 밝히다!

"제갈길 RM님, 정말 감사합니다! 덕분에 회사가 다시 살아났어요!"
두 기업 사장님의 감사 인사에 제갈길 RM은 뿌듯함을 느꼈다. 그는 단순한 금융 거래를 넘어, 진정으로 기업의 성장을 돕고 함께 발전하는 '따뜻한 금융'을 실천한 것이다.

이 사례는 RM이 단순한 금융 상품 판매자가 아닌, 고객의 숨은 니즈를 정확히 파악하고, 기업 간의 시너지를 발굴하며 최적의 솔루션을 제공하는 진정한 금융 파트너임을 보여준다. RM의 헌신적인 노력과 탁월한 문제 해결 능력은 두 기업의 '윈윈'을 넘어, 지속적인 성장과 발전을 위한 '따뜻한 동행'을 가능하게 했다. 앞으로도 RM은 고객의 눈높이에서 숨은 가치를 발굴하고, 상생의 연결고리가 되어 금융의 선한 영향력을 펼쳐나갈 것이다.

3. 벼랑 끝에 선 IT 기업, '제갈길' RM의 신의 한 수

'20년 지기 '단골손님'에게 날아든 청천벽력'

"'C사'가… 여신 감축 대상이라고요?"

제갈길 RM은 믿을 수 없다는 표정이었다. 20년 가까이 당행과 거래해 온 충성 고객 'C사'는 코스닥 상장 IT 기업으로, 탄탄한 기술력을 바탕으로 꾸준히 성장해 왔다. 하지만 몇 년 전 해외 투자 실패로 큰 손실을 보면서 위기에 처하게 된 것이다.

"심사부의 결정입니다. 어쩔 수 없습니다."

담당 심사역의 단호한 말에 제갈길 RM은 가슴이 철렁 내려앉았다. 'C사'는 당행뿐 아니라 다른 은행에서도 대출 상환 압박을 받고 있었다. 이대로라면 코스닥 상장 기업이 도산이라는 최악의 상황을 맞이할 수도 있었다.

'기업 사냥꾼' vs '따뜻한 금융 전사'

"이대로 포기할 수는 없다!" 제갈길 RM은 'C사'를 살리기 위해 팔을 걷어붙였다. 그는 '기업 사냥꾼'처럼 냉철하게 'C사'의 상황을 분석하는 동시에, '따뜻한 금융 전사'처럼 기업의 어려움에 공감하고 함께 해결책을 찾기 위해 노력했다.

제갈길 RM은 밤낮없이 'C사'를 방문하여 대표이사와 키맨들을 만났다. 그는 마치 탐정처럼 기업의 재무제표 구석구석을 뜯어보고, 기술력과 시장 경쟁력을 꼼꼼히 분석했다. 그리고 'C사'가 가진 잠재력과 성장 가능성을 발견했다.

"유상증자? 지금 우리 주가에 말도 안 돼요!"

제갈길 RM은 'C사'에 '유상증자'라는 카드를 제시했다. 코스닥 상장 기업인 만큼, 유상증자를 통해 자금을 조달하여 위기를 극복할 수 있다는 판단이었다. 하지만 'C사' 대표이사는 난색을 보였다.
"현재 주가가 너무 낮아 유상증자가 쉽지 않습니다. 더군다나 최근 부모님까지 연이어 여의면서 심신이 지치는 등 개인적인 어려움마저 겹친 상황이었습니다."

"힘내세요, 대표님! 저희가 함께하겠습니다!"

제갈길 RM은 센터장과 함께 대표이사의 상가를 찾아 진심으로 위로를 전했다. 그는 단순한 금융 거래처가 아닌, '사람'을 먼저 생각하는 따뜻한 금융인의 모습을 보여주었다.

"대표님의 어려움을 잘 알고 있습니다. 하지만 포기하지 마십시오. 우리 은행이 끝까지 함께 하겠습니다." 제갈길 RM의 진심 어린 격려에 대표이사는 마음을 열고 속내를 털어놓았다.

'신의 한 수' 유상증자, 기적을 만들다!

대표이사와 허심탄회하게 이야기를 나누면서 제갈길 RM은 확신했다. "C사'는 아직 충분히 살아날 수 있다!' 그는 대표이사의 재력과 주식 지분, 그리고 회사의 숨겨진 가치를 분석하여 유상증자 성공 가능성을 제시했다.

"지금은 어렵지만, 조금만 기다리면 기회가 올 겁니다. 저희가 돕겠습니다." 제갈길 RM은 희망의 끈을 놓지 않았다. 그리고 마침내 기회가 찾아왔다! 기대했던 '○○게임'의 국내 출시로 'C사'의 주가가 그야말로 폭등한 것이다. 제갈길 RM은 즉시 증권사 직원과 함께 'C사'를 찾아 유상증자를 제안했고, 그의 예상대로 유상증자는 성공적으로 마무리되었다. 'C사'는 100억 원의 자금을 확보하여 재무구조를 개선하고 유동성 위기를 극복했다. 다시 한번 도약할 발판을 마련한 것이다.

"따뜻한 금융, 기업을 살리다!"

제갈길 RM은 기쁨의 눈물을 글썽였다. 그는 단순히 여신 관리를 넘어, 기업의 어려움에 진심으로 공감하고 함께 해답을 찾아내어 새로운 희망을 선물한 것이다. 그의 노력은 '따뜻한 금융'의 진정한 가치를 증명했다. 제갈길 RM의 따뜻한 금융은 벼랑 끝에 서 있던 'C사'에 다시 날 수 있는 힘을 주었다. 그는 단순한 금융 거래를 넘어, 기업의 진정한 파트너로서 함께 성장하는 기쁨을 맛보았다. 냉철한 분석과 따뜻한 공감, 그리고 적극적인 지원으로 기업의 위기 극복을 위해 헌신적인 노력을 아끼지 않은 제갈길 RM. 이것이 바로 금융인이 추구해야 할 '따뜻한 금융'의 진정한 모습일 것이다.

4. 적자의 늪에서 흑자 기업으로! 외투 기업의 화려한 비상

"외투 기업의 가능성을 꿰뚫어 본 RM, 제갈길의 끈질긴 도전"

제갈길 RM은 늘 새로운 도전을 갈망했다. "신시장 개척은 쉽지 않다. 하지만 불가능은 없다!" 그에게 주어진 미션은 바로 외투 법인 신규 유치! 쉽지 않은 과제였지만, 제갈길 RM은 특유의 긍정적인 에너지와 끈기로 무장하고 목표를 향해 나아갔다.

'D사', 그들의 숨겨진 가능성

제갈길 RM은 외투 법인 'D사'의 감사보고서를 꼼꼼히 분석했다. 설립 이후 지속적인 적자, 하지만 2020년 말부터 흑자 전환에 성공하며 터닝 포인트를 맞이한 기업이었다.

"바로 이거다!"

제갈길 RM은 'D사'에 숨겨진 가능성을 직감했다. 재무제표의 숫자 뒤에 숨겨진 성장 잠재력을 꿰뚫어 본 것이다. 곧바로 'D사'를 방문하여 대표이사 마이클 김을 만났다. "우리 은행과 거래하시면 더 좋은 금융 혜택을 제공해 드릴 수 있습니다." 자신감 넘치는 제갈길 RM의 모습에 마이클 김은 호기심을 보였다.

높은 금리, 부담스러운 담보. 기업의 고민

마이클 김은 'D사'의 어려움을 털어놓았다. "기존 주거래 은행인 A 은행에서 높은 금리로 대출을 받았고, 심지어 부친의 아파트까지 담보로 제공해야 했습니다. 그런데 최근 아버지께서 아파트를 매각하셔서 대출금을 상환해야 하는데 정말 막막합니다." 마이클 김은 깊은 한숨을 내쉬었다.

신용보증기금, 해결의 실마리를 찾다

제갈길 RM은 'D사'의 재무 상태를 꼼꼼히 분석했다. "신용보증기금을 통하면 문제를 해결할 수 있겠어!" 그는 곧바로 신용보증기금 B지점 이00 팀장에게 연락하여 'D사'를 소개했다. "이 기업은 충분히 성장 가능성이 있습니다. 보증서 발급을 꼭 검토해 주십시오!" 제갈길 RM은 열정적으로 설득했다.

RM의 끈질긴 노력, 그리고 결실

신용보증기금 이00 팀장은 흔쾌히 'D사'의 보증서 발급을 승인했다. 제갈길 RM은 직접 'D사'를 방문하여 필요한 서류를 챙겨 신용보증기금에 제출했다. 그리고 신용보증기금 실무 담당자인 김OO 차장과 함께 'D사'를 다시 찾아 면담을 진행했다.

"추가 자금 지원도 가능합니다!" 김OO 차장의 말은 막다른 길에 선 마이클 김에게 한 줄기 빛과 같았다. 며칠 뒤, 'D사'는 신용보증서를 발급받았고, 당행에서 OO억 원의 운전자금 대출을 받을 수 있었다.

외국인 투자법인 성공 그 이후

"제갈길 RM 님 덕분에 큰 어려움을 해결했습니다. 정말 감사합니다!" 마이클 김은 진심으로 고마움을 전했다. 'D사'는 당행으로 주거래 은행을 바꾸고, 법인카드, 전 직원 급여 이체, 유동성예금까지 맡겼다.

제갈길 RM은 외투 법인 유치라는 목표를 달성했을 뿐만 아니라, 기업의 든든한 금융 파트너로서 신뢰를 쌓았다. 그는 이 경험을 통해 '따뜻한 금융'의 진정한 의미를 깨달았다. 단순히 이윤을 추구하는 것을 넘어, 고객의 어려움에 공감하고 창의적인 해결 방안을 제시하여 함께 성장하는 것. 그것이 바로 RM의 역할이자, 금융의 진정한 가치임을 확신했다.

5. 베트남에서 날아온 SOS! '수출 보증' 히든카드로 응답하다

"베트남 공장 살려주세요!" 가방끈 기업 사장님의 눈물겨운 호소

'금융 명의' 제갈길 RM은 오늘도 고객의 '금융 건강'을 책임지기 위해 진료실(상담실)에 앉아 있었다. 그때, 긴급 환자 발생을 알리는 듯한 다급한 목소리로 도움을 요청하는 전화가 걸려 왔다.

"베트남 공장의 기계가 너무 낡아서 교체 자금이 긴급하게 필요합니다!" 가방끈 제조 기업을 운영하는 사장님은 울먹이며 말했다.
"주거래 은행인 B 은행에서는 담보가 부족하다며 거절당했어요." 사장님은 하늘이 무너지는 듯한 심정이었다. 베트남 공장은 사장님의 '심장'과도 같은 곳이었다. 주거래 은행에서조차 외면당한 상황은 그를 벼랑 끝으로 몰아세우고 있었다.

"제갈길 RM 님, 이 환자를 살릴 수 있겠습니까?" 리테일 RM의 SOS!

사장님의 안타까운 사연을 전해 들은 리테일 RM은 '금융 명의' 제갈길 RM에게 도움을 요청했다. "제갈길 RM님, 이 환자를 살릴 방법이 있겠습니까?"

"흠" 제갈길 RM은 잠시 고민에 빠졌다. 개인사업자에, 담보도 부족하다니 일반적인 방식으로는 쉽지 않은 상황이었다. 하지만 그의 머릿속에는 이미 수많은 솔루션들이 번개처럼 스쳐 지나갔다. 그리고 마침내! '수출'이라는 키워드에 번뜩이는 아이디어를 떠올렸다.

"사장님, '무역금융'이라는 '특효약'을 처방해 드리겠습니다!"

제갈길 RM은 리테일 RM과 함께 사장님을 찾아갔다. "사장님, 고객님의 상황에 딱 맞는 '특효약'인 '무역금융'을 처방해 드리겠습니다!" 사장님은 처음 듣는 단어에 의아한 표정을 지었다.

"네! 수출 실적이 있는 기업은 한국무역보험공사에서 보증을 받아 자금을 지원받을 수 있습니다. 자세히 설명해 드릴 테니 걱정 마십시오!" 제갈길 RM은 사장님에게 무역금융에 대해 상세히 설명하고, 필요한 서류를 안내했다.

"제갈길 RM님 덕분에 베트남 공장이 살았습니다!"

무역보험공사 담당자와의 긴밀한 협력은 필수였다. 제갈길 RM은 미리 무역보험공사 담당자에게 연락하여 'E사'를 소개하고, 보증 심사를 위한 협조를 요청했다. 덕분에 사장님은 무역보험공사의 보증을 받아 필요한 자금을 지원받을 수 있었다.

"제갈길 RM님 덕분에 베트남 공장이 살았습니다!" 사장님은 감격의 눈물을 흘리며 감사 인사를 전했다.

"따뜻한 금융, 기업의 든든한 '주치의'가 되겠습니다!"

제갈길 RM은 '따뜻한 금융'으로 고객의 어려움을 해결했고, 그는 단순히 돈을 빌려주는 것을 넘어, 고객의 사업 성공을 돕는 든든한 '금융 주치의'가 되어주었다. 제갈길 RM의 '따뜻한 금융'은 국경을 넘어 베트남까지 그 온기를 전하였으며, 금융의 역할과 가치를 다시 한번 생각하게 하는 사례이다. 금융의 본질은 단순한 이윤 추구가 아닙니다. 고객의 어려움에 깊이 공감하고, 창의적인 해결 방안을 제시하며, 함께 성장하는 것이 진정한 금융의 역할이자 RM의 가장 큰 보람입니다.

6. 스크린 골프 인연으로 해외 전환사채 0백만 불과 운전자금 00억 유치

"감사보고서, 너에게 모든 것을 털어놓겠다!" 제갈길 RM의 예리한 분석!

스크린 챔프 제갈길 RM은 '금융 셜록 홈스'라 불릴 만큼 분석력이 뛰어난 RM이다. 그는 코스닥 등록 기업 'F사'의 감사보고서를 샅샅이 뒤지며 숨겨진 정보를 찾아내는 데 몰두했다.

"흠, 해외 전환사채(CB) 0백만 불이 만기 도래한다고? 이것은 분명 새로운 비즈니스 기회다!" 제갈길 RM은 예리한 눈빛으로 중요한 사실을 포착했다.

"전임 RM님, 정보 좀 주세요!" 끈끈한 'RM 네트워크'

제갈길 RM은 곧바로 전임 RM인 김○○ 부지점장에게 연락했다. "'F사'에 대한 정보가 필요합니다!" 이는 RM의 가장 강력한 자산 중 하나인 '네트워크'의 중요성을 보여주는 순간이었다. 김○○ 부지점장은 'F사'의 키맨과 스크린 골프를 즐기며 쌓아온 끈끈한 관계를 바탕으로, 제갈길 RM에게 귀중한 정보를 제공했다. "'F사'는 해외 공장 때문에 자금이 필요할 거야."

"사장님, 캐나다에서 오시느라 고생하셨습니다!"

'글로벌 미팅' 성사

제갈길 RM은 'F사' 사장님이 캐나다에서 귀국하는 날짜에 맞춰 센터장과의 면담을 주선했다. "사장님, 뵙게 되어 영광입니다!"

그는 사장님에게 해외 전환사채 만기, 환율 변동 위험, 그리고 캐나다 공장 운영 자금 필요성 등 'F사'가 직면한 핵심적인 금융 이슈를 정확히 진단하며, 그에 대한 명쾌한 '맞춤형 금융 솔루션'을 제시했다.

"선물환? 운전자금 대출? 이렇게 좋은 제안을" 사장님의 마음을 사로잡다!

"사장님, 해외 전환사채 상환 시 환율 변동 위험을 '선물환'으로 헤지(Hedge)하세요!" 제갈길 RM은 전문가다운 식견으로 사장님을 설득했다.
"그리고 운전자금 대출도 도와드리겠습니다!" 그는 'F사'의 재무 상황과 성장 가능성을 고려하여, 최적의 금리와 조건으로 대출을 제안했다.

"본부 심사역님, 제발 승인해 주세요!" 제갈길 RM의 '불꽃 영업'

제갈길 RM은 본부 심사역에게도 적극적으로 '영업'했다. 단순한 자료 제출을 넘어, 'F사'의 사업 모델과 성장 잠재력을 열정적으로 설명하고, 잠재적 위험에 대한 철저한 분석과 대응 방안을 제시했다.
"'F사'는 잠재력이 엄청난 기업입니다! 이번 기회를 놓쳐서는 안 됩니다!" 그는 'F사'의 강점을 부각하며 승인을 요청했고, 마침내 승인을 받아냈다.

"제갈길 RM님 덕분에 사업이 더욱 번창할 것 같습니다!"

'F사'는 제갈길 RM의 도움으로 해외 전환사채 상환 부담을 덜고, 운영 자금까지 확보하여 사업 확장에 박차를 가할 수 있게 되었다.
"제갈길 RM님, 정말 감사합니다!" 사장님은 만족스러운 미소를 지었다.

제갈길 RM은 '금융 셜록 홈스'와 같은 예리한 분석력과 '불꽃 영업'으로 고객의 니즈를 정확히 파악하고, 최적의 금융 솔루션을 제공했다. 이 사례는 금융의 역할이 단순한 자금 공급을 넘어, 고객의 어려움을 진정으로 이해하고 함께 해결하며 성장을 지원하는 데 있음을 명확히 보여준다. 고객 중심 마인드와 전문성을 바탕으로 따뜻한 금융을 실천하며 고객과 함께 성장하는 금융 서비스를 지속적으로 제공할 것이다.

7. "인사가 뭐길래?" : 00억 대출을 불러온 제갈길 RM의 매직

"어서 와, 이 동네는 처음이지?"

새로운 지점에 부임한 제갈길 RM. 낯선 환경에 적응하랴, 새로운 고객을 발굴하랴 그야말로 발이 닳도록 뛰어다니는 정신없는 나날을 보내고 있었다. 그러던 어느 날, 외투법인 'H사'를 방문하게 된 제갈길 RM. 00억 규모의 다른 은행 대출 만기 건을 유치하기 위해 열정적으로 뛰어다녔다.

"안녕하십니까! 이번에 새로 온 제갈길 RM입니다!"

제갈길 RM은 방문할 때마다 마주치는 양00 본부장에게 쩌렁쩌렁한 목소리로 인사를 건넸다. 처음에는 무심히 눈인사만 하던 양 본부장도, 두 번째 방문에서는 고개를 끄덕이며, 세 번째 방문에서는 환한 웃음으로 답례를 해주었다.

"어라? 이 사람 좀 괜찮은데?"

세 번째 방문, 드디어 법인 대출 계약을 위한 자리였다. 그런데 놀랍게도 양 본부장이 제갈길 RM을 따로 불러낸 것이다.

"사실은 말이죠."

양 본부장은 00억 원의 개인 사업자 대출 만기가 다가오고 있다며, 제갈길 RM의 싹싹하고 적극적인 모습에 호감을 느껴 OO 은행으로 대출을 옮기고 싶다고 털어놓았다.

"이게 웬 떡이냐!"

제갈길 RM은 쾌재를 불렀다. 곧바로 담보 평가를 진행하고 신용 평가를 거쳐, 순조롭게 다른 은행 대출을 대환 처리했다.
"인사가 뭐길래 이렇게 큰 효과를?"
제갈길 RM은 새삼 인사의 중요성을 깨달았다. 단순히 인사를 건넨 것이 OO억 원이 넘는 대출 유치로 이어진 믿기 힘든 경험이었다.

★ 제갈길 RM의 "인사가 뭐길래?"

인사는 마법의 주문!
밝고 긍정적인 에너지를 담아 활력 넘치는 인사를 건네자. 상대방에게 좋은 첫인상을 심어주고 강한 호감을 얻어 관계의 첫 단추를 꿸 수 있다.

작은 관심이 큰 기회를 만든다!
고객에게 진심으로 다가가고 작은 것에도 관심을 두자. 진심 어린 관심은 고객의 마음을 열게 하고, 예상치 못한 비즈니스 기회로 이어진다.

꾸준함이 답이다!
한 번의 인사로 끝내지 말고 꾸준히 관계를 유지하자. 진정성 있는 태도로 고객과 소통하면 끈끈한 신뢰를 쌓을 수 있으며, 이는 곧 RM의 가장 강력한 자산이 된다.

★ 오늘부터 나도 관계 구축의 달인!

  이 이야기는 우리에게 인사의 중요성을 넘어, 일상 속 작은 행동 하나하나가 고객과의 신뢰를 쌓고 궁극적으로 큰 성과로 이어질 수 있다는 사실을 다시 한번 일깨워준다. 오늘부터라도 주변 사람들에게 먼저 따뜻한 인사를 건네고 진심으로 소통해 보는 건 어떨까? 그 적은 노력이 당신의 비즈니스와 인생에 예상치 못한 마법 같은 행운을 가져다줄지도 모른다!

(정보)
§ 외투법인: 외국인 투자 기업
§ 대환: 기존 대출금을 다른 대출로 바꾸는 것

"닥치고 방문",
돈과 사람을 잇는
영원한 마법의 유산

38년의 긴 여정을 돌아보면, 그 중심에는 항상 "RM(Relationship Manager)"이 있었습니다. 은행원으로서 첫발을 내딛던 날이 엊그제 같은데, 이제는 많은 시간과 경험이 저를 한층 더 성장시켜 주었죠. 처음 은행에 입사했을 때의 설렘과 긴장감, 그리고 그 후에 맞이한 수많은 도전이 지금도 생생합니다. 어릴 적부터 꿈꿔온 금융 분야의 길을 걸으며 겪었던 다양한 사건들은 **제 인생의 중요한 이정표**가 되었습니다.

길고도 짧았던, 그러나 수많은 드라마와 감동, 땀과 열정이 응축된 저의 금융 여정, 그 대단원의 막이 다가오고 있습니다. 이 책은 단순히 한 금융인의 회고록이 아닙니다. '**닥치고 방문**'이라는 제목처럼, RM이라는 직업이 어떻게 차가운 숫자에 따뜻한 온기를 불어넣고,

복잡다단한 비즈니스 관계를 신뢰하는 끈으로 엮어내며, 궁극적으로는 사람과 기업의 동반 성장을 끌어내는 **마법 같은 존재**가 될 수 있는지를 보여주고자 했습니다. 그리고 그 모든 마법의 시작점이자 핵심 철학은 다름 아닌 '닥치고 방문', 즉 **현장과 끊임없는 소통과 발로 뛰는 열정**이었습니다.

RM, 격정적인 삶의 드라마

저의 RM 인생은 마치 한 편의 격정적인 드라마 같았습니다. 파릇파릇한 신입 시절, 군대보다 엄격했던 서열문화 속에서 좌충우돌하며 "은행을 뒤집어 놓으셨다"라는 소리를 듣던 모습은 어쩌면 이 길을 걷는 모든 이들의 첫발과 다르지 않았을 겁니다. 하지만 아찔했던 위기들과 기구한 인연들은 **저를 더욱 단단하고 지혜롭게 만들었습니다**.

그 모든 순간을 통해 저는 깨달았습니다. RM은 단순한 금융 상품 판매자가 아니라, **고객의 가장 가까운 곳에서 함께 숨 쉬고, 기업의 어려움을 자기 일처럼 여기며 해결책을 찾아주는 든든한 동반자**가 되어야 한다는 것을요. 기업의 주치의이자 담임 선생님처럼 아픔을 진단하고, 때로는 절망의 순간에 손 내밀어 주는 '생명의 전화'가 되어야 한다는 **사명감**을 가슴 깊이 새겼습니다. "불이 났어요? RM이 출동합니다!"라는 말처럼, 고객이 위기에 처했을 때 소방관처럼 달려가고, 창구 직원들의 짐을 덜어주며, **끊임없이 배우고 성장해야 하는 직업**임을 제 몸으로 체득했죠. 이 모든 깨달음은 사무실이 아닌 **고객의 현장에서, 직접 만나고 대화하며 얻어낸 소중한 가르침**이었습니다.

저의 은행 생활에서 기업 금융, 리테일, 지역본부 영업 관리, 커뮤니티 지점 관리 등 다양한 분야에서 경험은 정말 소중했습니다. 각 분야에서 쌓은 노하우와 지식은 단순히 업무 능력을 향상하는 것을 넘어, **고객의 요구를 이해하고 그들의 꿈을 실현하는 데 큰 도움이** 되었습니다. 고객의 목소리를 듣고, 그들의 필요를 파악하는 과정에서 진정한 파트너십이 형성되었고, 이는 **제 경력 전반에 걸쳐 큰 자산**으로 작용했습니다.

현장에서 체득한 영업의 비법

이 책에서 저는 제가 현장에서 직접 부딪히며 체득한 영업 비법들을 아낌없이 공개했습니다. 영업을 낚시에 비유하며 '핵인싸 RM'이 잡어가 아닌 '돔' 한 마리를 낚는 비법을 이야기했고, **"영업은 두려움을 극복하는 것"** 이라는 좌우명 아래 '닥치고 마케팅' 정신으로 무장했습니다. 그리고 '따뜻한 금융'이 고객의 마음을 사로잡고 **입소문의 놀라운 힘을 발휘하는 핵무기**가 될 수 있음을 강조했습니다.

키맨과의 면담 전략, 콜드 콜의 '10%의 법칙', RM의 성공을 결정하는 '첫인상의 골든타임' 등, 이 모든 것은 단순히 기술적인 접근이 아닌, 고객의 진정한 필요를 이해하고 그들의 마음을 얻기 위한 진정성 있는 노력의 결과였습니다. RM에게 영업은 곧 고객과의 연애이자 신뢰를 쌓아가는 섬세하고도 열정적인 과정임을 역설했죠. 이 과정에서 '닥치고 방문'은 가장 기본적인, 그러나 가장 강력한 RM의 영업 비밀 병기가 되었습니다.

집토끼를 지키고 산토끼를 잡는 RM의 지혜

저는 또한 기존 고객(집토끼)을 관리하는 노하우와 신규 거래처(산토끼)를 확보하는 전략을 상세히 다루었습니다. "고객 지도를 그려라!"라는 말처럼, 고객을 세분화하고 분석하며 AP(Account Planning)에 기반한 완벽한 제안 영업 계획을 세우는 과정은 마치 한 편의 스릴 넘치는 사냥 다큐멘터리 같았습니다. 고객과의 교감을 통해 릴레이션십을 유지하고 강화하는 방법, 그리고 독심술사처럼 경영자의 행동 특성을 읽어내는 기술은 RM에게 있어 **관계의 중요성**을 다시 한번 상기시켜 주었습니다.

새로운 사냥감을 찾아 잠재 고객을 발굴하고, 우량 기업이라는 황금 토끼를 잡기 위해 타겟 고객을 선정하며, 두려움을 넘어 고객에게 다가가는 용기는 RM이 **끊임없이 도전하고 혁신해야 할 이유**였습니다. "다른 은행과의 경쟁에서 '산토끼'를 사수하라!"는 외침처럼, 고객 중심의 패러다임으로 무장하고 점주권을 나의 왕국처럼 여기며 관리하는 것이 **RM의 생존 전략**이었죠. 이 모든 과정의 시작과 끝에는 고객에게 직접 다가가 그들의 목소리를 듣고, 그들의 눈빛을 마주하는 '닥치고 방문'의 정신이 깊이 자리 잡고 있었습니다. **리스크 관리와 이상 징후 포착 능력** 또한 끊임없는 현장 방문과 관찰을 통해 길러진 RM의 **핵심 역량**이었습니다.

금융 전문가를 넘어, 성장하는 리더로

무엇보다 RM의 전문성은 필수 불가결인 요소였습니다. 다수의 성공 경험들은 RM의 전문성이 빛을 발한 순간들이었습니다. 여신 심사의 중요성, 재무제표 10분 속독법, 그리고 여신 지원, 신중 또 신중을 통해 기업의 속살을 들여다보는 능력은 RM이 단순히 영업맨이 아닌, **기업의 재무 상태를 정확히 진단하고 미래를 예측하는 진정한 금융 전문가**로 거듭나야 함을 보여주었습니다. 또한, 심사역의 마음을 훔치는 여신 승인 공략법은 RM이 단순히 서류를 접수하는 것을 넘어, **기업의 가치를 설득하고 투자를 끌어내는 전략가**가 되어야 함을 의미했습니다. 이 모든 전문 지식은 결국 현장 방문을 통해 얻은 고객의 생생한 정보와 결합할 때 비로소 **진정한 가치를 발휘**했습니다.

'발품' 열정과 성공의 DNA

이 모든 여정 속에서 저는 탁구, 골프, 그리고 가족과의 '장락(長樂)'을 통해 삶의 균형을 찾고자 노력했습니다. '닥.방' 과 '닥.공'을 외치며 **끊임없이 도전**했고, '마티즈'를 타고 서울 강남을 누비며 **고객과의 관계를 더욱 굳건**히 했습니다. 이 작은 마티즈에는 수많은 고객과의 만남, 희로애락의 순간들, 그리고 저의 열정이 고스란히 담겨 있었죠. 봉사를 통해 나눔의 기쁨을 알게 되었고, 신한인임을 자부하며 살아왔습니다. 난(蘭) 선물을 통해 고객에게 감사와 축하의 마음을 전했던 수많은 순간은 RM의 삶이 단순히 업무의 연속이 아니라, **사람과 사람의 정이 오가는 따뜻한 관계의 장**임을 보여주었습니다. 이 모든 소소한 일상조차 고객과의 관계를 돈독히 하고, 다시 현장으로 나아갈 힘을 주는 원동력이었습니다.

이 책에 담긴 수많은 영업 우수 사례들은 RM 제갈길이 걸어온 길을 생생하게 보여주는 증거입니다. 80억 퇴직연금 유치, 꿀잠 베개로 맺어진 따뜻한 동행, 벼랑 끝 IT 기업의 신의 한 수, 그리고 적자 늪에서 흑자 기업으로 변모시킨 외투 기업의 비상까지, 이 모든 이야기는 RM의 **끈질긴 집념과 열정, 그리고 문제 해결 능력**이 만들어낸 기적이었습니다. 특히 기술 금융을 통해 잠자는 기술을 깨우고, 낡은 부품에 새 생명을 불어넣었으며, 국경을 넘어선 금융 파트너십을 구축했던 사례들은 RM이 단순히 자금을 연결하는 것을 넘어, **기업의 혁신과 성장을 주도하는 핵심적인 임무**를 수행할 수 있음을 증명했습니다.

이 모든 놀라운 성과 뒤에는 '닥치고 방문'이라는 저의 흔들림 없는 신념이 숨 쉬고 있었습니다. 발로 뛰고, 직접 눈으로 보고, 고객의 이야기를 경청하며 얻어낸 **현장의 정보와 신뢰**가 있었기에 가능한 일들이었죠. 100억 대출을 유치하고, 다른 은행 대출 리파이낸싱에서 희비를 교차 시키고, 심지어 "인사가 뭐길래!" 00억 대출을 불러온 기적 같은 이야기들은 RM의 **작은 행동 하나하나가 얼마나 큰 파급력을 가질 수 있는지**를 보여줍니다.

이 책을 통해 독자 여러분께서 RM이라는 직업의 깊이와 매력을 이해하고, 돈과 사람이 어떻게 마법처럼 연결될 수 있는지에 대한 통찰 얻으셨기를 진심으로 바랍니다. 제가 걸어온 길이 정답은 아닐지라도, 이 작은 이야기가 RM의 길을 걷고 있거나, 앞으로 걸어갈 모든 이들에게 **따뜻한 위로와 용기, 그리고 실질적인 지침**이 되기를 간절히 기원합니다.

결국 RM은, 돈이라는 도구를 통해 사람과 사람을 잇고, 그 연결 속에서 새로운 가치를 창출하는 '마법사'입니다. 이 마법은 단 한 번의 성공으로 끝나지 않습니다. '닥치고 방문'이라는 현장 중심의 자세로 **끊임없이 배우고, 소통하고, 도전하며 성장할 때**, 비로소 '영원한 마법의 유산'이 펼쳐질 것입니다. 여러분의 앞날에도 그 마법 같은 연결이 언제나 함께하기를 응원하며, 제갈길의 RM 이야기가 여러분의 길에 **밝고 따뜻한 빛**이 되기를 바랍니다.

MEMO

MEMO

MEMO

MEMO